재외동포 강국을 꿈꾼다
-한국 재외동포정책이 가야할 길

김봉섭

도서
출판 **엠 - 애드**

발간사

　지금으로부터 150여 년 전, 아니 그보다 훨씬 이전부터 작은 물방울 하나로 시작된 '한민족의 물줄기'[韓江]가 오랜 세월 모진 비바람과 세찬 서리에도 끄떡 않은 채 산 넘고 바다 건너 새로운 생명의 씨앗을 5대양 6대주 구석구석까지 뿌리고 굳게 터 잡은 것 자체가 경이로움의 극치였다. 대한민국사가 '기적의 역사'라면 재외동포사회사는 '역경극복과 도전 그리고 희망의 역사'였다. 재일민단·중국연변조선족자치주 등을 비롯한 전 세계 재외동포사회는 우리가 생각하고 상상하는 것 이상의 놀라운 생명력과 뛰어난 역량으로 오늘의 재외동포 네트워크를 구축하였으며, 우리말과 글을 지켰으며, 우리 역사와 문화를 계승·발전시켰으며, 아들·딸 그리고 손자녀·증손자녀들을 세계 최고의 경쟁력을 갖춘 훌륭하고 멋있는 '글로벌 인재'(Global Talent)들로 키워 놓았다. 조국(祖國)과 모국(母國)이 자신들의 존재를 잊고 도움의 손길조차 외면할 때도 자신의 근원(根源)을 향한 관심과 그리움은 더욱 깊어만 갔다.
　대한민국은 이제 어느 누구도 부인할 수 없는 '재외동포 강국'(强國, powerful nation)이다. 남·북한 인구의 10%에 달하는 700만 명 이상의 세계한인이 전 세계 주권 독립국가의 80%와 국제연합(UN) 회원국의 90%에 달하는 170여 국가들에 흩어져 살면서 자신들의 민족정체성과 고유문화를 유지·발전시키고 있다는 것이 가장 객관적인 증거다. 하지만 우리가 아무리 명목상의 '재외동포 강국'이라 하더라도 재외동포 개개인이 피부로 느끼는 모국과의 유대와 네트워크수준이나 재외동포사회 간의 교류협력과 소통(疏通)의 정도가 만족스럽지 못하다면 어느 누구도 이를 선뜻 '재외동포 강국'이라고 말하기 어려운 것 또한 현실이다. 따라서 "대한민국은 재외동포 강국이다!"를 아무 거리낌 없이 말할 수 있으려면 우리 정부의 국가미래전략과 재외동포 관련 법·제도·정책, 보호·지원·예산시스템 구조, 전문인력 확보와 조사연구역량이 글로벌 스탠더드(Global Standard)에 뒤처지지 않을 때라야 '재외동포 강국'의 반열에 정정당당하게 오를 수 있는 것이다. 많은 전문가들이 이스라엘(Israel), 중국(China)/대만(Taiwan), 인도(India) 등을 '재외동포 강국'의 대표적 사례로 들고 있는 것도 이들 국가가 보여주고 있는 정책의지나 재외동포사회의 호응과 내국민의 지지가 상당히 통합적이고 균형적이기 때문이다.

  따라서 우리 사회가 재외동포를 대한민국임시정부(大韓民國臨時政府)를 지탱케 한 사실상의 국민으로, 정치·경제·외교·문화적 후원자로, 구(舊)한말 국권회복운동-일제강점기 독립운동-대한민국 건국 이후 산업화·민주화운동의 주역이자 유공자로 솔직히 인정하고 이에 어울리는 예우를 하는 일은 '성숙된 세계국가' 대한민국이 해야 할 가장 초보적인 일들이다. 사할린동포를 비롯하여 제3국 땅에서 이제나저제나 자유를 찾아 떠도는 탈북난민동포·무국적(無國籍)동포들, 심지어 '경계인' 또는 '주변인'으로 살아가고 있는 해외입양인·국제결혼자녀·국외 불법

체류자·조선적(朝鮮籍)동포들의 실존을 제대로 조사·보호하고 이들의 미래를 걱정하고 갈 길을 제시해주는 것 또한 '더 큰 대한민국'이 당연히 감당해야 할 일들이다.

물론 우리 사회도 최근 들어 긍정적 변화의 조짐이 하나둘 드러나고 있다. 그렇지만 정책추진의 현실은 정치적 공언(公言)이나 외교적 수사(修辭)만큼 그리 간단치가 않다. 다시 말해 제대로 된 재외동포정책과 사업을 기대하기 위해서는 재외동포 이주동기, 형성과정, 역사적 공헌 등에 대해 제대로 된 인식·평가가 선행되어야 하며, 이들이 이룩해 놓은 막대한 인적·물적 자산의 전략적 가치를 논하기 위해서는 그 이전에 재외동포의 과거와 현재 그리고 미래를 총체적으로 보는 복안(複眼)과 균형 잡힌 '사심'(史心)이 있어야 한다.

2012년 4월 총선과 12월 대선에서 재외국민 참정권 행사를 계기로 우리 사회는 또 한 차례 외연(外延)을 확장하게 될 전망이다. 여·야 정치권은 앞서거니 뒤서거니 재외동포정책의 진일보를 호언장담하고 있지만 과연 그런 공약들이 현 정부의 재외동포정책 개선에 어떤 영향을 미칠지, 앞으로 제정될 통일헌법(統一憲法)이나 아직까지 전혀 입법화되지 못하고 있는 재외동포기본법·재외국민보호법의 통과에는 어떤 식으로 기여할지, 여·야 정당의 당헌·당규나 정강·정책 그리고 기구·조직에 재외동포 관련 조항이 얼마나 체계적으로 녹아들어갈지도 여전히 미지수다.

따라서 더 이상의 실기(失機)는 곤란하다. 앞으로 남은 10년(2011~2020)을 최대한 활용해야 한다. 대한민국의 국익은 물론 한민족공동체와 재외동포사회의 권익이 동시에 신장되어야 하며, '재외국민 참정권'

과 '복수국적'이라는 '양면의 칼'을 제대로 다루어서 재외동포사회의 '양적 확장'과 재외동포 개개인의 '질적 성숙'이라는 두 마리 토끼를 모두 잡아야 한다. "화교는 중국혁명의 어머니"[華僑是革命之母]라는 실천이념 아래 전체 화교사회를 결집시켰던 중국의 국부(國父) 손문(孫文, 1866~1925), '귀환법'(Law of Return, 1950.7.5)으로 전 세계 해외유태인 혈통자·개종자들을 신생 이스라엘국민으로 귀환시켰던 이스라엘의 국부 벤구리온(David Ben-Gurion, 1886~1973), 이런 걸출한 인물을 우리도 필요로 한다.

이번에 펴내게 된 『재외동포 강국을 꿈꾼다』는 박사학위논문(2010) 이후 저자의 고민과 문제의식이 담겨 있는 책이기에 오늘도 각양각처에서 한민족의 정체성 회복과 미래한국을 위해 열심히 살아가고 있는 모든 해내외동포들에게 정성을 담아 바치고자 한다.

2011년 11월 17일

제72회 '순국선열의 날'을 추념하며

金 奉 燮

목 차

서언: 재외동포를 다시 보자! · 11

제1장 재외동포와 '국민동포' · 16
 1. 해외이주의 기원과 과정 · 16
 2. 재외동포를 바라보는 5가지 관점 · 22
 3. 동포·국민·민족의 관계 재정립 · 54

제2장 재외국민보호의 의의와 과제 · 73
 1. 여는 말 · 73
 2. 재외국민보호법(안)의 쟁점 · 75
 3. 맺는 말 · 108

제3장 국적제도 개선과 복수국적 · 116

1. 여는 말 · 116
2. 복수국적 허용확대 여부 논란 · 120
3. 복수국적 허용 논의의 전개 양상 · 129
4. 정책적 함의와 과제 · 141
5. 맺는 말 · 145

제4장 재외국민 참정권과 패러다임의 변화 · 166

1. 재외국민 참정권의 의미 · 166
2. 재외국민의 마음을 사로잡아야 · 172
3. 정책의 우선순위 · 175
4. 10대 핵심과제 · 184

결언: 재외동포가 희망이다! · 201

부록

1. 국내 주요 정당의 재외동포 정강·정책 비교(2011) · 206
2. 지역별·국가별 재외동포 현황(2010) · 207
3. 재외국민·외국시민권자 인구규모별 현황(2010) · 213
4. 세계 각국의 재외선거 실태(2007) · 218
5. 2012 재외선거 일정 및 주요국가 재외선거 투표율(2011) · 228
6. 재외국민보호법 제정에 관한 공청회 · 230

서언: 재외동포를 다시 보자!

한국인의 해외이주(海外移住)역사가 길어지고 대한민국의 국력 신장과 국제사회 속에서의 위상이 달라짐에 따라 700만 재외동포를 바라보는 시각이 점차 우호적으로 변해가고 있다. 특히 세계화의 급속 진전으로 재외동포사회를 보호·지원하고 있는 정부 정책이 그 틀을 서서히 바꿔나가고 있다.

물론 아직은 재외동포 한 사람 한 사람이 피부로 느낄 만큼 세세한 부분까지 배려하고 있지는 못하지만 재외동포를 바라보는 시각이나 사업을 진행하는 방법론에 있어서는 상당한 변화가 진행되고 있다. 예를 들어 전문연구자들은 대한민국의 역사발전과정 속에서 재외동포가 중요한 인자(因子)의 하나임을 입증하기 위해 다양한 방법으로 조사·분석에 임하고 있다. 재외동포사회도 자신들이 감당해야 할 현재 과제와 미래 역할을 찾기 위해 열심히 뛰고 달리고 있다. 재외동포 스스로의 생존문제, 전체 구성원의 정체성문제, 그리고 본국 정부와 디아스포라사회 모두가 풀어야 할 민족통합문제는 미시적인 것에서 거시적인 것으로, 현실적인 것에서 미래적인 것으로 논의의 초점이 맞춰져 나가고 있다.

따라서 과거 정서나 짧은 경험만으로 재외동포정책을 수립해서는 그 처방이 시대착오적인 것이 될 수 있다. 한번 토라진 재외동포들의 마음을 되돌려놓기란 정말 힘들다. 외국국적동포라고 해서 이들을 단순하게 '또 하나의 외국인'으로 간주한다거나 귀찮은 존재로 치부하여 이들의 요구를 외면·방치해서는 대한민국의 미래가 그만큼 어두워질 수밖에 없다. 그렇다고 재외동포사회의 다양한 요구 분출에 허둥지둥 대처해서는 곤란하다. 그동안 각계각층에서 제기된 문제의식과 대안의 장단점을 비교분석한 다음 어떤 정책이 국가이익과 민족이익에 부합되는지를 현명하게 판단할 필요가 있다. 특히 재외동포의 생명·재산·인권 보호는 우리 정부가 최우선적으로 다뤄야 할 중요한 민족적 과제이다. 거주국 내의 지위향상에 최우선적으로 힘을 쏟아야 하며, 스스로 '한국계'임을 밝힐 수 있는 민족정체성교육을 지속적으로 강화해야 한다. 우리 사회 전반이 '국적=혈통'이라는 고정관념에서 벗어나 국익과 경쟁력 확보차원에서라도 외국국적동포나 국내 일시체류 외국인들을 포용하고, 이들의 인권과 권익을 인류애와 동포애로 보호하는 '열린 민족' → '열린 국가' → '열린 세계'로 당당히 나아가야 한다.

우리는 지금 2012년 '재외국민 참정권' 실현을 목전에 두고 있다. 여기서 반드시 짚고 넘어가야 할 사항이 있다. 9·11 뉴욕테러(2001) 이후 전 세계가 자국민 보호를 국익 차원에서 최우선 가치로 내세우고 있고, 해외 출생 자국 혈통자들까지 각종 각색의 네트워크 안으로 통합하는 국가의 수가 점점 늘어나고 있는 상황에서 우리 정부는 700만 재외동포를 어떻게 다룰 것인가 하는 점이다. 대한민국이 가깝게는 중국과 일본, 멀게는 러시아와 미국 등 세계 4강의 틈바구니에 끼여 있다는 지정학적 여건의 불리함과 남·북한 관계가 파행을 거듭하는 현실에서 재외동포에 대한 전략적 가치를 어떻게 정립할 것인가 하는 점이다.

그렇다면 "재외동포는 어떤 존재인가?" 과연 우리는 재외동포를 출신지역이나 경제수준이나 국적 유무에 상관없이 우리의 민족자산이자 자랑이며 든든한 후원자라고 공감하고 있는가? '한번 해병대는 영원한 해병'이라는 말처럼 '한번 한국인이면 영원한 한국인'이라고 동질감을 느끼고 있는가? 700만 재외동포는 한민족의 과거역사이자 대한민국의 현재 자산이며 미래 한민족공동체의 초석이라고 할 때 우리 역사의 폭은 그만큼 넓어지게 된다.

물론 재외동포를 대하는 현재 우리 사회의 반응은 반반이다. '이 땅을 떠난 사람들'이라는 시각이 여전히 많다. 이들의 현지정착과 권익보호를 위해 투입되고 있는 정부 예산규모나 지원조직의 전문역량도 매우 열악하다. 모국 이해나 모국어 구사에 어려움을 겪는 차세대 동포들이 늘어나면서 모국과의 유대감도 예전 같지 않다. 거주지역에 따른 정치·경제·사회·문화 수준 차이로 재외동포 상호간 공감대 형성이 좀처럼 쉽지 않다. 재외동포의 역량을 통합적으로 관리하고 경쟁력 있는 글로벌 인재를 유치·활용할 국가시스템도 제대로 갖춰져 있지 않다. 지금 와서 남 탓을 하거나 시시비비를 가리는 것은 너무나 무의미한 일이다. 이제라도 새 판을 짜야 한다. 정부는 강력한 정책의지로 재외동포의 무한한 가능성을 십분 활용해야 하며, 대륙·국가·지역·전문분야·연령·성별 네트워크를 집중적으로 보호·육성하고, 소외·낙후지역의 동포 한 사람 한 사람의 목소리에도 귀를 기울여야 한다.

우리가 세계일류국가로의 도약을 위해 새로운 국정비전과 중장기 국가전략수립에 몰두할수록, 그리고 열악한 주변여건과 불투명한 미래 속에서 국가이익과 민족이익의 공통분모를 찾을수록 국가역량과 민족잠재력을 최대한 발휘할 수 있는 재외동포정책의 출현이 요청된다. 국익을 극대화하면서도 인류보편적 정의를 실천할 수 있는 미래정책이 재외동포정책이라고 할 때 재외동포정책이 깔끔하고 명확하게 수립된다면 우리의 국격(國格)과 외교역량을 한층 높아질 것이며, 민간공공외교(Public Diplomacy)의 성과도 극대화될 것이다. 특정지역이나 계층만을 겨냥한 '반쪽짜리' 재외동포정책으로는 재외동포사회의 부가가치(附加價値)와 역량결집은 물론 성숙(成熟)을 기대하기 어렵다.

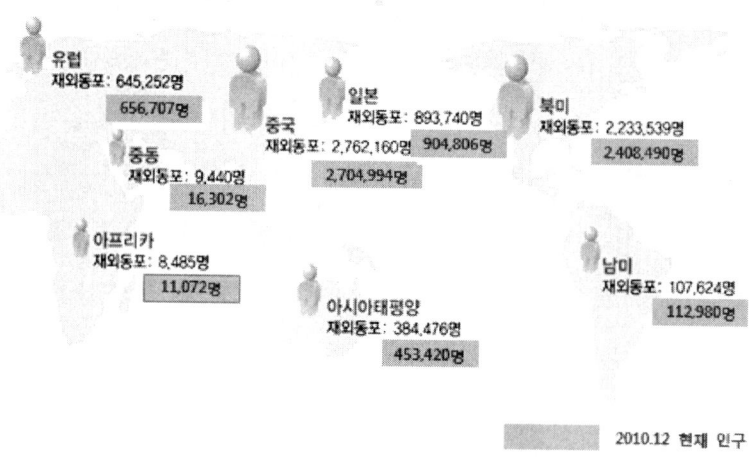

이제 선택만이 남았다. 대한민국의 미래를 재외동포와 함께 풀어나가자는 국민적 합의가 있어야 하며, 그동안의 재외동포정책과 지원사업의 성과를 면밀히 분석해야 하며, 대한민국과 재외동포사회가 서로에게 원하는 것이 무엇인지 분명히 밝혀야 한다. 그럴 때 앞으로 다가올 어떤 시련과 난관도 극복할 수 있다. 냉철한 머리와 뜨거운 가슴으로 재외동포를 맞이하는 그날, 우리 모두 희망을 꿈꿀 수 있다.

제1장 재외동포와 '국민동포'

1. 해외이주의 기원과 과정

우리 재외동포사회의 역사적 기원을 찾다보면 단군조선(檀君朝鮮)을 비롯한 기자조선(箕子朝鮮), 위만조선(衛滿朝鮮), 삼한(三韓) 등 고대국가 형성기에 있었던 중국 요동반도, 만주(간도), 몽고, 시베리아지역의 민족이동에까지 역추적 할 수 있다. 또한 한반도와 그 주변지역을 중심으로 출몰하였던 고조선(古朝鮮)·부여(夫餘)·가야(伽倻)·고구려(高句麗)·백제(百濟)·신라(新羅)·통일신라(統一新羅)·발해(渤海)·고려(高麗)·조선(朝鮮)·대한제국(大韓帝國)·대한민국(大韓民國) 등의 모든 구성원을 하나의 범주로 묶는 욕심까지도 부릴 수 있다.[1]

그러나 당시의 해외이주·거주가 오늘날처럼 적극적인 의미의 이민(移

---

[1] 주돈식, 『조선인 60만 노예가 되다: 청나라에 잡혀간 조선백성의 수난사』(학고재, 2007), 113~115쪽. 그는 우리 민족의 범위를 백두산을 민족발원지로 하는 여진족(특히 건주여진), 만주족까지 확대·포용해야 만주에 대한 우리의 연고성이 더욱 강해진다고 주장.

民)이라기보다는 전쟁포로, 영토확장 편입, 조공, 인질, 망명, 귀화 등 주로 정치적·경제적 피난민(避難民)이 아니면 거의 대부분이 유민(遺民)의 성격이 강하였다[2]는 점에서 근대 이후 본격화된 우리 재외동포의 해외이주사는 1860년대 연해주(沿海洲)이주를 그 시발점으로 보는 것이 일반적이다. 그 결과 현재 우리 재외동포사회는 1962년 해외이주법 제정 이후 대한민국 국외로 이주하였던 100만[3](2010년 현재 938,733명) 재외국민까지 포함하면 세계 10위권 수준으로까지 급성장하였다.

〈표 1-1〉 국가별·지역별 해외이주자 현황(1962~2009)[4]

구분	미국	캐나다	호주	뉴질랜드	남미	유럽	아시아·기타	총계	비고
1962	209	2	2	-	170	-	3	386	보사부 집계
1963	2,015	9	-	-	476	389	12	2,901	
1964	2,176	40	1	-	908	588	33	3,746	

---

2) 한국보건사회연구원, 『2000년대를 향한 인구정책구상』(한국보건사회연구원, 1991), 30쪽. "신라의 삼국통일로 인한 고구려, 백제유민의 당나라로의 포로 및 망명, 백제유민의 일본으로의 이주 등 정치적 요인에 의한 이주. 통일신라시대 도당유학이나 신라방 형성, 백제문화의 일본전래에 수반됐던 백제예술·문화인의 일본이주 등 문화적 요인에 의한 이주. 통일신라 상인들의 대륙왕래 및 주거 등 경제적 요인에 의한 이주. 고려 초기 송, 일본, 거란, 여진족들 사이에 빈번한 교역과 이주·귀화. 고려말기 고려가 원의 속국으로 전락함에 따라 많은 여자들이 결혼도감, 과부처녀추고도감 등을 통해 원으로 강제 징발. 조선시대에도 다수의 처녀들이 명으로 조공. 1627년 인조 5년 청나라가 강화회맹을 강제 체결하고 이에 따라 조선인의 만주 및 간도지역 월경을 금지. 1712년 숙종 38년 백두산에 정계비를 세우고 조선인의 월경을 금지. 1869년 고종 5년 육진지방의 대흉작으로 인하여 많은 조선인들이 간도지방으로 유입되자 청은 1875년 이민관리처를 설치하고 이들 이주민들을 관리."
3) 외교통상부 홈페이지
(http://www.mofat.go.kr/consul/overseascompatriot/index.jsp) 참조.
4) 외교통상부 홈페이지
(http://www.mofat.go.kr/consul/overseascitizen/policy/index.jsp) 참조.

연도									
1965	2,344	20	-	-	2,396	63	7	4,830	
1966	2,670	87	1	-	731	136	15	3,640	
1967	3,067	507	-	-	195	217	26	4,012	
1968	4,242	786	3	-	404	352	26	5,813	
1969	7,377	760	34	-	1,100	457	27	9,755	
1970	11,549	986	32	-	2,680	993	28	16,268	
1971	14,601	915	45	-	2,038	1,519	45	19,163	
1972	19,902	1,023	75	-	2,978	2,006	58	26,042	
1973	28,523	1,553	25	-	624	2,566	142	33,433	보사부 집계
1974	34,526	3,308	86	-	1,159	2,575	332	41,986	
1975	33,409	4,084	55	-	3,185	2,468	254	43,455	
1976	32,503	1,968	728	-	8,368	2,538	428	46,533	
1977	35,592	1,142	454	-	1,921	2,527	455	42,091	
1978	34,295	639	476	-	250	2,988	429	39,077	
1979	31,611	818	509	-	148	1,793	562	35,441	
1980	33,638	968	188	-	237	1,817	662	37,510	
1981	31,574	1,502	501	-	524	1,968	736	36,805	
1982	26,841	1,430	636	-	865	2,529	508	32,809	
1983	24,015	886	542	-	1,917	2,293	729	30,382	
1984	25,820	553	266	5	3,995	117	355	31,111	
1985	21,147	771	619	2	4,623	122	509	27,793	
1986	30,548	981	1,155	5	3,992	158	258	37,097	
1987	26,282	2,091	1,556	14	4,499	164	192	34,798	외교부 집계
1988	24,466	2,444	1,442	16	2,833	120	165	31,486	
1989	21,336	2,643	1,333	59	793	37	71	26,272	
1990	19,922	1,611	1,162	119	456	14	30	23,314	
1991	12,754	2,651	1,113	308	550	3	54	17,433	
1992	11,473	3,407	1,093	1,320	594	11	29	17,927	한국 국제 협력단 집계
1993	8,133	2,735	538	2,569	467	14	21	14,477	
1994	7,975	2,356	542	3,462	257	4	8	14,604	
1995	8,535	3,289	417	3,612	49	2	13	15,917	
계	699,673	104,686	20,386	16,549	56,470	33,553	7,416	938,733	

1996	7,277	3,073	519	2,045	24	-	11	12,949	
1997	8,205	3,918	216	117	3	-	25	12,484	
1998	8,734	4,774	322	96	-	-	48	13,974	
1999	5,360	6,783	302	174	8	-	28	12,655	
2000	5,244	9,295	392	348	-	1	27	15,307	
2001	4,565	5,696	476	817	1	-	29	11,584	
2002	4,167	5,923	330	755	3	-	-	11,178	외교부 집계
2003	4,200	4,613	256	435	5	-	-	9,509	
2004	4,756	4,522	350	127	4	-	-	9,759	
2005	5,083	2,799	327	67	1	-	-	8,277	
2006	3,152	1,605	357	49	14	-	-	5,177	
2007	2,227	1,517	347	15	21	-	-	4,127	
2008	2,227	1,517	347	15	21	-	-	4,127	
2009	1,034	820	405	6	4	2	22	2,293	
2010	555	191	118	10			15	899	

시기별 일반화든 지역별 세분류든 여기서 주목할 것은 해외이주와 본국귀환이 다소 엇박자로 움직이지만 상당부분 맞물려 가고 있다는 점이다. 즉 해외이주는 유출(Push-out)요인에 해당하는 '이산(離散)·해외진출'의 흐름과 유인(Pull-in)요인에 해당하는 '귀환(歸還)·재정착'의 흐름이 교대로 상호작용하는 패턴을 보이고 있다.

그렇게 본다면 우리의 해외이주사가 단순히 '이산기→귀환기→해외진출기→민족재통합기'라는 특징으로 일반화 되기보다는 각 시기별 특징들이 시기불문하고 동시다발적으로 또는 일정 정도의 시차를 두고 발생한다는 점에 유념해야 한다. 예를 들어 이산(離散)의 과정이 구한말기(1860~1905)→국권상실기(1905~1919)→삼일운동 이후기(1920~1939)→일제 강제징용기(1939~1945)→해방 이후(1945~)로 이어지듯 귀환

(歸還)의 과정도 해방직후기(1945~1950)→재일동포귀환기(1948~1965)→재소동포귀환기(1948~1990)→재미동포귀환기(1970년대~)→재중동포귀환기(1990년대~)로 계속 이어지고 있다.

해외진출의 과정을 구한말기(1902~)→한국전쟁기(1950~)→해외이주법기(1962~)→유신헌법기(1972~)→국민진출계획기(1982~)로 구분할 수 있듯이 민족재통합의 과정도 한민족공동체기(1988~)→신교포정책기(1993~)→출입국·법적지위기(1999~)→방문취업제기(2007~)→제한적 복수국적기(2011~)로 구분할 수 있다.

외교부에서 2년마다 발표하는 '재외동포현황'5)에 따르면 재외국민 범주에 "영주권자, 일반체류자(주재상사원, 외교관 등), 유학생"까지 포함되는데 그 수는 2009년 5월 현재 일반체류자 1,306,462명, 영주권자 1,219,561명, 유학생 343,462명 등 2,869,921명으로 추산된다. 이는 2009년 통계청 추계 국내인구(48,746,693명)의 5.88%에 해당되는 엄청난 인구집단이다.6)

---

5) 해외에 주재하는 우리 재외공관(대사관, 총영사관, 분관 또는 출장소)에서 작성한 공관별 재외동포현황을 취합, 정리(2009.5.1 기준)한 것으로서 주재국의 인구 관련 통계자료, 한인회 등 동포단체 조사자료, 재외국민등록부 등 공관 민원 처리기록 직접조사 등을 근거로 산출한 추산치. 본 자료는 2년에 한 번 조사가 이루어지며, 홀수년도 하반기에 업데이트.
(http://www.mofat.go.kr/consul/overseascitizen/policy/index.jsp).

6) 1980년 6월 30일 현재 재외국민 수는 1,470,916명(1981.5.13 국회 외무위원회 노신영 외무장관 현황보고). 2009년 현재 영주권자가 많은 순서(미국 656,223명, 일본 486,471명, 캐나다 80,705명, 호주 34,367명, 브라질 22,114명, 아르헨티나 14,419명, 뉴질랜드 11,819명), 일반체류자가 많은 순서(미국 469,528명, 중국 350,995명, 필리핀 85,707명, 베트남 82,327명, 일본 78,414명, 호주 32,959명, 캐나다 21,508명, 영국 15,200명, 말레이시아 11,165명, 독일 11,101명), 유학생이 많은 순서(미국 105,242명, 중국 58,921명, 호주 38,103명, 필리핀 29,122명, 일본 27,113명, 캐나다 22,249명, 영국 18,700명), 외국국적자가 많은 순서(중국 1,923,329명, 미국 1,003,429명, 일본

"재외동포가 어떤 이유로 고향땅을 떠났으며, 낯선 이국에서 어떻게 뿌리를 내리고 정착하게 되었는가"를 놓고 갑론을박(甲論乙駁)하기보다는 이들로 인해 우리 고향땅이 자연스럽게 확장되고, 우리 고향사람이 널리 퍼져 살게 되므로 전 세계 이곳저곳에 인적·물적 네트워크와 지식·정보 네트워크가 형성되고 있다는 식으로 이해한다면 재외동포를 더 이상 낯선 존재, '배신자'가 아닌 우리와 같은 뿌리를 가진 형제·자매로, 글로벌시대의 동반자로 받아들이는데 한결 수월할 것이다.

━━━ 一事一言 ━━━

해외 이민 '1호'

대세는 신라 내물왕의 7세손이자 이찬 동대의 아들이다. 하루는 승려 담수에게 좁은 신라를 벗어나 드넓은 바깥세상으로 나가자고 제의했으나 거절당했다. 하는 수 없이 자신과 뜻을 같이하는 친구 구칠이와 함께 일엽편주에 몸을 싣고 떠났다.

삼국사기에 기록된 실화로 진평왕 9년 7월 어느 날의 일이었다. 허구한 날 좁은 땅덩어리 안에서 남북과 동서로 갈려 서로 잘났다고 물고 뜯는 우리네 삶을 생각하면, 대세와 구칠이야말로 얼마나 멋진 친구들인가! 예로부터 우리 민족에게는 이 땅을 좁게 여기고, 미지의 세계를 개척하려는 기상이 있었다. 대세와 구칠이는 자발적 해외이민의 첫 사례인 셈이다. 그간 역사의 질곡 속에서 자의 반 타의

반으로 떠나간 수백만의 동포들이 세계 각처에 흩어져 살고 있으며, 지금도 자녀교육이나 경제문제 때문에 떠나는 이민자들로 공항은 연일 만원이다. 이민 가는 사람들은 우리를 버리고 가는, 섭섭한 이웃들이 아니다. 새로운 삶의 터전을 마련하고 넓히기 위해 미지의 세계로 나아가는 고마운 핏줄들이다. 동포들이 현지에 잘 뿌리내리도록 도와주는 일은 이 땅에 남은 자들의 의무이다. 그런 사람들을 도와주지 못한다면, 이 나라는 그들의 조국일 수 없다.

○ ○ ○

대세와 구칠이의 후손들은 지금 어느 곳엔가 살고 있을 것이다. 오늘도 두근대는 가슴을 안고 이민을 떠나는 이웃들이 수백년 후 우리 기록에 진평왕대의 그들처럼 간 곳 모르는 존재로 기록되어서야 되겠는가? 앞서가는 나라들처럼, 우리도 체계적인 지원을 통해 21세기의 대세와 구칠이들에게 용기를 불어넣어 주어야 한다. 이것만이 우리의 살길이다.

/조규익·숭실대 국문과 교수

출처: ≪조선일보≫(2001.6.9)

320,657명, 러시아 215,845명, 우즈벡 174,300명, 카자흐 102,000명, 캐나다 98,860명, 브라질 24,234명, 호주 20,240명, 키르기즈 18,200명, 우크라이나 12,711명, 뉴질랜드 10,618명).

2. 재외동포를 바라보는 5가지 관점

1) 단일민족론

 인류역사 초창기부터 존재해 온 공통의 혈통이나 거주지역으로 결합된 종족집단(예: 씨족·부족 등)과 달리 '민족'[7]은 역사적·문화적 구성물이자 매우 유동적 공동체로서 특정한 환경이 주어질 경우 종족집단이 민족으로 발전할 수도 있고, 그보다 더 크고 강한 민족에 의해 흡수될 수도 있다. 이광규(1972)는 "민족이란 개념은 하나의 문화유형을 갖고 있는 집단이다. 혈연공동체, 지연공동체, 언어공동체 등의 세 가지가 조건이 되어 공동지역에서 유사한 생활을 영위할 때 민속문화가 성숙되고, 생활 등을 지배하는 종교관이 첨부되어 운명공동체적인 민족연대의식이 강화된다. 우리 민족은 어떤 타민족보다 단일성, 동질성을 발견할 수 있어 이런 민족의식은 역사가 바뀌어도 면면히 흘러왔다."[8]고 설명

---

[7] 일반적으로 '인종'은 피부색, 머리카락, 눈의 빛깔, 골격구조, 외모 등 여러 가지 유전적·신체적 특징이나 생물학적으로 타고 난 고정적 특징을 위주로 하는 반면 '민족'은 공통의 역사, 언어, 종교, 문화를 공유하는 지역기반의 공동체로서 다른 민족성원들보다는 훨씬 더 자주 접촉하거나 같은 지역에 모여 사는 것을 주요 특징으로 한다. 임지현, 『민족주의는 반역이다: 신화와 허무주의의 담론을 넘어서』(소나무, 1999), 22쪽. 민족이란 "종족·조상·종교·언어·영토라는 원초적 유대에 기초해 있다"고 보는 원초론(Primordialism)과 "영원한 실체가 아니라 근대화와 도시화라는 특정한 역사적 조건 속에서 발현한 이데올로기"라고 간주하는 도구론(Instrumentalism)이 있다.; 철학연구회 편, 『역사를 어떻게 볼 것인가』(철학과 현실사, 2004). 1903년 중국의 양계초가 블룬츨리의 학설을 빌려 '민족'이라는 표현을 처음 사용. 우리는 1905년 이후부터 사용; ≪황성신문≫ 1907년 6월 20일자(2면 논설: 민족주의).

[8] 이광규, 「민족형성과 단일민족의식」(크리스찬 아카데미, 1972.9.29~30) 참조. ≪조선일보≫ 1972년 10월 4일자(5면).

한 바 있다.

우리의 경우, 구한말 이후 일본에 의한 식민경험과 3·1운동(1919)이라는 공동의 역사경험을 겪으면서 "우리는 한 민족이고 공동운명체"라는 민족의식이 강하게 대두되었다. 물론 고려조 몽고(蒙古)의 침입으로 '단군신화'(檀君神話)와 같은 끈끈한 공동혈연의식이 생겨났고, 일제의 언어말살정책으로 우리 문화·사상·감정·생각을 표현할 '한글'(조선어학회)운동도 가능하였다. 상고사(上古史)와 고유사상·문화연구에 천착하였던 신채호·박은식·정인보·안재홍·최남선 등 민족주의적 국학자들은 소중화(小中華)의식과 식민사관을 극복할 수 있는 '민족정체성'(Ethnic Identity) 근거 발굴에 천착하였다.9) 또한 1910~20년대 민족주의자들이 사회유기체설·국가유기체설·민족유기체설을 받아들인 결과 전체가 개인보다 강조되었다.10) 결국 이런 생각들과 사조들이 대한민국정부수립 이후 교육이념(홍익인간), 국경일(개천절), 연호(단기) 등 국가제도·의례의 하나로 편입됐고11), 이범석의 민족청년단(민족지상·국가지상주의)과 이승만·안호상의 대한청년단(일민주의)으로까지 이어져 나왔다.12)

---

9) 한국정신문화연구원 편,『한국 고유사상·문화론』(2004), 42~43쪽.
10) 임지현,『근대의 담 밖에서 역사읽기』, 313쪽. "자율적 개인에 대한 민족이라는 전체를 앞세우는 유기체적 민족이론은 영속적인 민족과 국가의 고유정신을 강조함으로써 무한한 힘을 가진 국가권력 아래 개개인을 종속시키는 결과를 낳았다."
11) 정영훈,「근대 한국민족주의사학의 고유문화 연구」, 한국정신문화연구원편, 위의 책(2004), 74~108쪽.
12) 박찬승,「20세기 한국 국가주의의 기원」,『한국사연구』제117호(한국사연구회, 2002.6) 참조.

오직 건전한 민족정신에 의한 우리 민족의 자유와 독립이 절대 지상과제. 우리가 끝까지 잊어서는 안 될 또 하나의 일은 민족을 떠나서 개인이 없다는 것. 우리 민족은 자랑스러운 전형적인 단일민족. 우리 민족의 발전을 위해 타민족을 침략하는 것은 불가피한 일. … 우리가 세우려는 국가는 완전한 주권국가인 동시에, 단일민족국가이며, 제도적으로 개인적, 집단적 특권을 허용치 않는 국가이다.(민족청년단)

민족은 어떠한 개인과 계급보다 더 귀중하며, 국가는 어떤 단체나 정당보다 더 크다. 민족과 국가를 가장 높게 또 귀중히 여김은 인생의 본성이요, 한 백성 일민의 본무이다.(일민주의)

특히 이와 같은 단일민족의식은 이승만을 비롯한 박정희・김영삼・김대중 등 역대 대통령의 정치적 메시지에서 오랫동안 재생・반복되었다.13)

단군시조의 전통적인 역사와 단일민족으로서 찬란한 문화를 승계하여 온 우리 대한민국은 역대 순국선열의 끊임없는 가호와 세계민주주의의 제국가의 절대적 동정적 성원에 의하여 이제 바야흐로 국권을 회복하고 신생 자주독립, 민족적 민주주의국가로 탄생하여 순국선열의 대의에 부답케 됨은 대한민족 전체의 천재일우의 기쁨이며 또한 자손만대의 광영이 아닐 수 없습니다.(1948.9.30, 국회 본회의에서 시정방침연설/ 이승만)

---

13) 공보처, 『대통령 이승만박사담화집 2』(1954), 59쪽(1954.12.31, 조속히 통일하여 단일민족의 전통을 빛내자. 북한동포에 신년 메시지); 박정희, 「개천절 기념사」(1972.10.3); 박정희, 「개천절 기념사」(1973.10.3); 김영삼, 「대통령 취임사」(1993.2.25); 한경구・한건수, 「한국적 다문화사회의 이상과 현실」, 한국사회학회, 『동북아시대위원회 용역과제 07-7. 한국적 '다문화주의'의 이론화』(동북아시대위원회, 2007.8), 95~96쪽. "단일민족론은 단순한 식민주의의 유산이 아니며 전후의 상황에서 끊임없이 새로이 재생산되고 발전된 것이다."

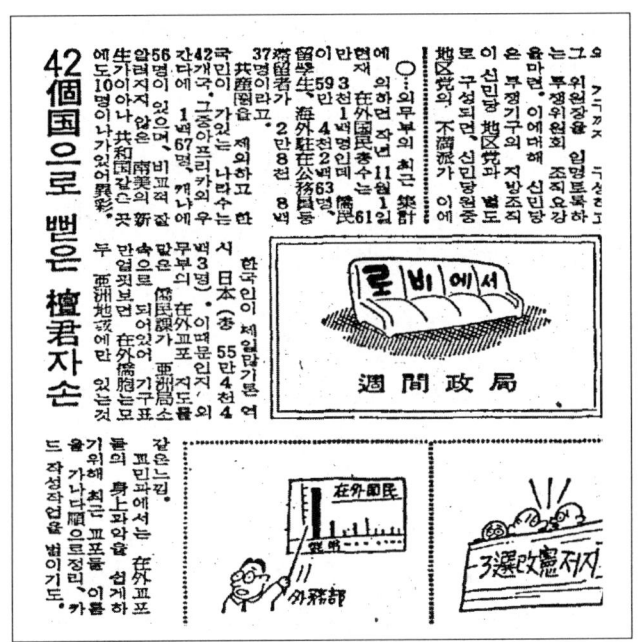

출처: ≪조선일보≫(1969.4.6)

세계는 대결이 아니라 평화와 협력의 시대로 나아가고 있습니다. 다른 민족과 국가 사이 어느 동맹국도 민족보다 더 나을 수는 없습니다. 어떤 이념이나 어떤 사상도 민족보다 더 큰 행복을 가져다주지 못합니다. … 참으로 민족을 더 중요하게 생각한다면, 그리고 남북한 동포의 진정한 화해와 통일을 원한다면, 이를 논의하기 위해 우리는 언제 어디서라도 만날 수 있습니다. … 그때 우리는 같은 민족이라는 원점에 서서 모든 문제를 풀어나갈 수 있을 것입니다.(1993.2.25 제15대 대통령 취임사 / 김영삼)

배달민족이라고도 불리는 우리 민족은 오랜 옛날부터 만주와 한반도에 흩어져 살아왔다. 단군 이후 국가생활을 시작하여 마침내 통일된 민족국가를 이루어왔으며, 오늘날까지도 단일민족국가로서의 전통이 내려오고 있다.

그러나 세상에는 여러 민족이 하나의 국가를 이룬 경우도 많다. 이러한 나라들 가운데는 민족적 갈등으로 말미암아 국가적 분쟁과 내전이 자주 벌어지는 경우도 있었다. 우리 민족은 세계사에 보기 드문 단일민족으로 국가생활을 유지해 왔다. 때로는 정치적 분열과 항쟁이 없지 않았고, 이민족의 지배하에 놓인 때도 있었다. 그러나 우리 민족은 민족문화의 수호를 위한 힘찬 노력으로 그 시련을 극복하여 오늘에 이르고 있다.(1996, 『중학교 국사(上)』)14)

우리는 한 핏줄의 단일민족입니다. 하지만 세계에서 유일하게 분단의 상황 속에서 동족간에 극한의 적대관계를 계속해 왔습니다. 이 어찌 부끄럽고 비통한 일이 아니겠습니까. … 우리는 공산주의를 단호히 반대합니다. 그러나 동족간의 증오와 대립의 시대로부터 이해와 협력의 시대로 나아갈 역사적 시점에 지금 와 있다는 것을 나는 여러분에게 강조하고 싶습니다.(2000.6.5, 제16대 국회 제212회 제6차 국회본회의 개회식연설/ 김대중)

이처럼 항몽(抗蒙)운동 이후 지금까지 역사적으로 단일민족의식이 특유의 결속력으로 민족단합과 일체감조성에 일조하였지만 과도한 자민족중심주의('우리민족끼리')나 민족개념의 변경('김일성민족')15)으로 변질될 가능성이 항상 도사리고 있다는 점에서16), 그리고 2000년대 이후

---

14) 『중학교 국사(상)』(교육부, 1996), 9~10쪽.
15) ≪연합뉴스≫ 1997년 6월 21일자. 김정일, 「혁명과 건설에서 주체성과 민족성을 고수할 데 대하여」(1997.6.19). "오늘 세상 사람들은 우리 민족을 경애하는 수령 김일성 동지의 존함과 결부시켜 부르고 우리 인민의 민족성을 김일성민족의 우수성으로 칭송하고 있다. 김일성민족의 민족성에서 핵을 이루는 것은 자기 수령에 대한 충효심이다."; ≪로동신문≫ 2004년 4월 5일자「김일성 민족」). "우리 민족은 위대한 수령님에 의하여 일떠서고 륭성번영하게 된 김일성민족이며 현대조선은 수령님의 사상과 령도로 세계에 빛을 부리게 된 위대한 나라, 주체의 사회주의나라이다."

한국사회가 다문화사회로 진입함에 따라 교과서 기술변경 등 단일민족·순수혈통중심에 대한 자성의 목소리가 높아가고 있다.17)

<표 1-2> 초·중·고등학교 교과서 기술

구분	학년	과목	교과서 원문내용
초등학교	2	생활의 길잡이	우리나라는 한 핏줄을 이어받은 한 민족으로 이루어져 있습니다.
	6	도덕	우리는 본디 하나 땅도 하나 민족도 하나 말도 하나였습니다.
	6	사회	우리는 생김새가 서로 같고, 같은 말과 글을 사용하는 단일민족입니다.
중학교	1	도덕	우리 민족은 단일민족으로서 오랜 세월을 …
	2	도덕	… 바로 우리가 같은 핏줄을 이어받은 한 민족이라는 …
	3	사회	민족, 언어, 문화가 같은 단일민족인 우리나라는 …
고등학교	1	도덕	본래 우리 민족은 동일한 언어와 문화, 혈통을 지닌 단일민족으로서 …
	1	국사	우리 민족은 세계사에서 보기 드문 단일민족국가로서의 전통을 이어오고 있다.
	1	정치	우리 민족은 … 단일민족국가를 형성해 왔다.

출처: 교육인적자원부 보도자료(다문화가정 품에 안는 교육지원대책, 2006.4.28)

---

16) 한홍구, 『대한민국: 단군에서 김두한까지』(한겨레신문사, 2003), 63~64쪽, 69쪽. "'단군할아버지'라는 한 분의 조상에서 오늘날의 한국인이 모두 퍼져 나왔다는 것은 극단적 민족주의와 부계혈통주의가 결합된 아주 난폭한 주장이라 할 수 있다. … 단일민족이란 실제 존재하지 않는 허상일 뿐 아니라 단일민족의식이 역사의 발전에서 긍정적인 역할을 수행할 수 있는 시기도 지나갔다. … 민족적 동질성이 상당히 강한 사회와 단일민족사회는 엄청나게 다른 이야기다. … 우리는 단일민족의 허상, 혈통의 순수성이라는 신화에 집착하지 말고 현실을 보아야 한다."
17) 국회사무처, 『제17대 국회 제258회 제10차 국회본회의 회의록』(2006.2.28), 9쪽. 김춘진 의원의 질의에 대해 김진표 교육부총리는 "다문화가족·다문화사회에 대한 이해를 높이기 위한 교과서의 보완이 필요하다고 생각해서 금년 5월에 이런 시급한 부분을 보완하는 지도 자료를 개발하여 보급할 예정이고, 또 앞으로 교육과정을 개정할 때 다문화에 대한 이해와 수용을 적극 반영하는 방법으로 이 부분을 보완해나갈 생각"이라고 답변.

우리 정부나 사회가 재외동포를 바라보는 시각이 각 시기별로 조금씩 달랐으나 대체로 체제안보에 필요한 수단으로 활용하거나 경제·사회적 이용가치에 따라 편의적으로 다루어 왔다는 지적이 있다. 예를 들어 재일동포를 '친일파'로, 재미동포를 '배신자'나 '이 땅을 떠난 자'로, 재중동포(재한조선족동포)를 '불법체류 외국인노동자'[18]나 '1회용 노동자'[19] 등으로 폄하하는 것이 그 대표적인 예다.

그렇다면 왜 이런 현상이 나타났을까? 이는 재외동포를 바라보는 우리 정부나 사회의 시각이 정립되는데 상당히 오랜 시행착오가 있었기 때문이며, 그로 인해 사회적 합의 또는 공감대 형성이 지체됐기 때문이다.

우리 재외동포사회를 바라보는 시각도 한동안 단일민족의식이 강하였다.[20] 이승만정부 시절 한국전쟁의 부산물로 발생한 혼혈고아들을 해외로 입양시켰던 것이 '순혈주의 고수' 때문이었다는 점[21]이나 외무부가 작성한 『재외국민현황』(1968)에서 "한국민은 원래 단일민족으로서 백두산을 그 발상지로 만주대륙에서부터 한반도에 걸친 지역을 토대로

---

18) 김용필, 「국내에서 바라보는 중국동포에 대한 시각」.
19) ≪동북아신문≫ 2006년 9월 15일자(조선족을 보는 두 가지 시각/ 문민).
20) ≪조선일보≫ 1954년 2월 21일자(조간 2면, "우리는 백의민족 단군의 자손, 반공청년들 궐기"); ≪조선일보≫ 1969년 4월 6일자(조간 2면, "42개국으로 뻗은 단군자손").
21) 국회사무처, 『제17대 국회 제259회 제4차 국회본회의 회의록』(2006.4.11, 통일외교안보에 관한 질문), 10쪽. 우리 국민의 타민족·외국인에 대한 태도는 상당히 배타적이라는 김성곤의 질의에 대한 한덕수 국무총리직무대행의 답변. "예로부터 우리나라는 단일민족을 자랑으로 여기고 또 순혈주의를 고수해 왔습니다. 특히 외세의 끊임없는 침입에 대한 저항의식으로 배타적인 순혈주의가 심화되어 왔다고 생각합니다. … 이제 우리나라도 체류외국인의 증가 등으로 급속도로 인구구조가 다변화되고 있는 현실을 감안해서 혼혈인 역시 우리사회의 건전한 구성원으로 적응하고 통합할 수 있도록 사회전반의 인식전환이 필요하다고 생각하고 있습니다."

국가를 형성하여 왔는바 … 자기고향을 떠나는 것을 심히 싫어하는 관념이 강하여지는 일방 더욱 외래 민족의 침입을 원치 않았기 때문에 이 조시대에는 쇄국령을 발포하고 선영의 땅을 지키는데 많은 노력을 하여 왔던 것"이라고 기술한 점 등이 여기에 해당된다 하겠다.[22]

그러나 1992년 미국 L.A흑인폭동사건(4.29~5.4)을 겪으면서 "단일민족의 경험이 너무 오래여서 다른 민족과 더불어 사는 지혜가 별로 없다. 재미한인들은 이번 사건을 통해 다른 민족, 특히 유색인종과 더불어 사는 지혜를 배우는 엄청난 대가를 지불"하였다는 이광규(1992)의 지적[23]이나 "우리 민족은 수천 년 동안 세계에서 유례를 보기 드문 단일민족 단일국가를 형성하여 왔으며 국내외적 역사의 흐름 속에서 현재 136개국 523만여 명의 우리 동포가 지구촌 곳곳에 흩어져 살면서 민족공동체의식을 꿋꿋이 이어오고 있습니다. … 이제는 재외동포들을 본국에서 파견시켜 내보낸 상주국의 주재원이자 외교관이라는 개념으로 재외동포에 대한 시각이 전환되어야 할 것입니다."라는 김호일(1995)의 질의[24]처럼 한국사회가 "민족정체성과 단일민족의식은 다르다"는 점을 서서히 배우고 있는 과정에 있다.

또한 재외동포재단이 전 세계 한인회 회장을 대상으로 실시한 설문조사(2008.10)[25]에서 나타났듯이 재외동포사회마다 자신들에 대한 이미

---

22) 외무부 아주국, 『재외국민현황』(1968.12.1), 3쪽.
23) 《조선일보》 1992년 5월 5일자(5면 시론: 한·흑 더불어 사는 길)
24) 국회사무처, 『제14대 국회 제177회 제10차 국회본회의 회의록』(1995.10.25), 47쪽.
25) 재외동포재단이 중앙리서치에 의뢰하여 실시한 조사. 총 256명(1차 조사: 235명/ 2차 조사: 21명). 개별면접조사(10월 1일~4일/ 3박 4일간), 온라인조사(10월 13~31일/ 19일간)

지를 각각 다르게 갖고 있으므로 더 이상 동일한 잣대로 재외동포사회를 바라보는 것은 적절하지 않음을 알 수 있다.

<표 1-3> 재외동포하면 떠오르는 이미지

구분		사례수	민족자산	국가발전의 동반자	애국자	근현대사의 아픔	이 땅을 떠난 자	나도 조국이 있다	타국에 살지만 항상 고향생각	잘 모름
	전체	(256)	38.6	32.1	15.3	10.2	7.7	1.3	0.4	1.7
국가권역	북미	(105)	39.0	41.9	15.2	5.7	5.7	0.0	0.0	0.0
	일본	(26)	38.5	19.2	19.2	19.2	0.0	0.0	0.0	11.5
	중국	(30)	36.7	30.0	16.7	10.0	10.0	3.3	0.0	0.0
	러시아 CIS	(8)	50.0	25.0	0.0	25.0	12.5	0.0	0.0	0.0
	아주	(20)	50.0	20.0	15.0	0.0	10.0	0.0	10.0	0.0
	대양주	(18)	33.3	38.9	11.1	0.0	16.7	0.0	0.0	0.0
	중남미	(10)	20.0	30.0	30.0	10.0	10.0	0.0	0.0	10.0
	유럽	(25)	24.0	52.0	8.0	4.0	16.0	0.0	0.0	0.0
	아중동	(14)	35.7	21.4	28.6	7.1	0.0	0.0	0.0	7.1
보유국적	한국국적	(125)	43.6	24.1	13.7	10.0	9.1	0.0	0.6	2.9
	외국국적	(121)	34.3	41.1	18.9	11.6	6.7	0.0	0.0	0.1
	무응답	(10)	11.7	53.6	2.9	0.0	0.0	31.8	0.0	0.0

<Base=( ) / 단위=%, 복수응답>

2) 민족통합론

현재 지구상에는 대규모의 해외거주 동포집단을 갖고 있는 나라들이

다수 있다. 중국, 이스라엘, 이태리, 그리스, 인도 등이 이에 해당하는데 이들 국가들은 일찍부터 해외거주 자국민 또는 혈통자를 민족통합적 시각에서 최대한 보호·우대하였으며, 국가발전전략을 위해 최대한 육성·활용하고 있다.26)

우리의 경우, 이런 민족통합적 접근법을 공식화한 것은 노태우정부 시절의 '7·7선언'(1988.7.7)과 '한민족공동체통일방안'(1989.9.11)이 처음이었다.27) 이는 남북한이 상이한 이념·체제로 분단되어 있지만 단일민족국가로서의 역사나 민족의 동질성을 감안할 때28) "민족의 혈통·역사·문화의 공유 및 단일성 등 객관화된 특질을 기초로 한민족이 서로 협력하는 공동체를 이룩하자"는 '한민족통합론'의 서막이기도 하였다.

> 우리가 지향할 역사적 일차과제는 역사주체로서의 민족을 통합하는 일이다. … 향후 1세기를 조망해보면 국경과 주권의 개념이 변할 것으로 예상된다. … 엄격한 국경의 개념이 퇴색되면서 생활중심 또는 문화(민족)권

---

26) 이종훈, 「재외동포정책의 국가간 비교분석: 독일·이스라엘·이태리·그리스·인도의 경우」, 『21세기 해외 한민족공동체발전전략 발표논문집』(전남대학교 개교 20주년기념 국제학술회의, 2000), 13~32쪽.
27) 노태우, 「민족자존과 통일번영을 위한 대통령 특별선언」(1988.7.7), 노태우, 「한민족공동체통일방안 대통령 특별선언」(1989.9.11), 김영삼, 「광복절 경축사 중 한민족공동체 건설을 위한 3단계 통일방안」(1994.8.15); 해외한민족대표자협의회(1987~). 88서울올림픽 개최를 계기로 지구상의 한민족이 뭉치자는 취지로 1987년 11월 도쿄에서 처음 개최(매2년마다 개최 원칙).
28) 이상우, 『우리들의 대한민국』(기파랑, 2006), 21~24쪽, 84~89쪽. "민족과 국가는 엄연히 다르다. 민족은 영원하고 국가는 상대적으로 그 수명이 짧다. … 동포라는 개념은 인간의 마음 속에서 느끼는 '동포애'가 기준이 되므로 우리 국민 대부분이 북한 주민에 대한 동포로서의 사랑을 느끼는 한, 북한주민은 모두 동포라고 해야 한다."

중심의 새로운 형태의 단위로 변천할 것이며 이에 수반하여 영토주권의 개념도 바뀌게 될 것이다. … 우리는 앞으로 인류문화사의 변천을 조망하면서 한반도와 연변, 연해주를 연결하는 이른바 한민족공동체(Korean Commonwealth)의 꿈을 가꾼다.(해외한민족연구소 설립취지문.1989.6.1)

이후 김영삼정부가 '신교포정책'(1995.1)[29], '재외동포사회 활성화지원방안'(세계화추진위원회, 1995.12) 등 일련의 재외동포정책 구상[30]을 발표하고 "재외동포들이 민족적 유대감을 유지하면서 거주국 안에서 그 사회의 모범적인 구성원으로 살아 갈 수 있도록 하는데 이바지"하기 위한 목적의 재외동포재단을 외무부 산하에 설립(1997.10.30)할 수 있었던 것도 1995년 6월, 공보처가 광복 50주년을 맞아 한국갤럽조사연구소에 의뢰해 해방 후 최초로 실시한 '한민족공동체의식조사' 결과[31]나

---

29) '신교포정책'의 기본방향: ①거주국에서 확고한 경제·사회적 위상확립 지원, ②민족동질성 회복유지를 위한 민족교육 강화, ③자유민주적 가치하의 교포사회 단합 지원, ④교포들의 자립을 촉진하기 위한 자조노력 장려, ⑤교포 불편해소를 위한 국내 법·제도 개선 지속 추진; 해외교포문제연구소 교포정책간담회('재외동포재단의 추진경과와 향후과제', 1996.6.18)에서 이광규는 "정부의 신교포정책 중에 하나 빠진 것이 있는데 앞으로도 계속 이민정책을 강화해야 된다는 것"임을 지적.
30) 세계화추진위원회의 53개 세계화 추진과제 중에 '재외동포사회 활성화지원방안'(1995.12)을 의제로 채택. 서진영은 문민정부 출범을 계기로 신교포정책을 수립하여 교포들의 현지적응 및 주류사회진출 지원 등 지속적인 노력을 하고 있으나 ①지역별·국가별 특성에 따른 재외동포정책방향이 정립되지 않았고, ②재외동포의 양적 확대에 비해 활용실적이 미흡하며, ③영주귀국 희망 재외동포·북한탈출자·중국조선족문제 등 새로운 재외동포문제가 대두되고 있으며, ④재외동포지원 관련업무가 여러 부처에 분산되어 종합조정이 어려운 실정임을 지적하면서 재외동포정책의 전면 재검토를 건의.
31) 전국 만20세 이상 성인남녀와 해외 3개국 거주 만20세 이상 동포 총 2,200명(국내거주 1,000명, 해외거주 1,200명) 무작위 추출방법으로 조사. "평소에 자신이 '한민족(고려인/한인)'이라는 생각을 어느 정도 자주 하십니까?"라는 물음에 한국국민 75.5%(매우 자주 17.6%, 가끔57.9%), 재미동포 95%, 재일동포 81.6%라고 대답. 한민족으로서의 심리적 동질성이 강한 것으로 나타났으며,

통일원(1996)이 발행한 『세계의 한민족』[32] 등 한민족통합의 길을 모색하기 위한 이론적 배경이 뒷받침됐기 때문이었다.

<표 1-4> 재외동포 네트워크 구축현황

네트워크명	온라인명	분야	운영주체
한상네트워크	코리안넷(korean.net)	재외동포	재외동포재단
	한상(hansang.net)	상공인	
	한국어교육(studykorean.co.kr)	재외동포	
세계해외한인무역인네트워크	무역인넷(tradekorea.comt)	무역인	KOTRA, 무역협회 지원
	차세대지도자네트워크	-	
세계한인상공인총연합	상공인넷(hansangkorea.com)	상공인	동연합회
소상공인네트워크	두래21(dure21.com)	소상공인	개인 운영
세계한민족 과학기술자네트워크	과학기술자(korea.kofst.or.kr)	과학기술자	교과부 후원, 과학기술정보연구원
세계한민족IT네트워크	KIN(koreait.org)	IT기술자	방통위 후원
한민족글로벌벤처네트워크	INKE(inke.org)	벤처기업	벤처기업협회
한민족여성네트워크	여성(kowin.or.kr)	여성	여성부
언론 및 방송인네트워크	언론 및 방송	언론, 방송인	-
국제한인법률인네트워크	IAKL	법률인	-
한민족농업인네트워크	IKAN	농업인	-
기타: 금융인 네트워크, 해외입양인네트워크 등				

자료: 제13차 재외동포정책 실무위원회 안건 3. 「재외동포네트워크 활성화 및 활용방안」.

"평소 생활하시면서 한민족(고려인/한인)의 핏줄을 이어받았다는데 대해 얼마나 긍지를 갖고 계십니까?"라는 질문에 한국국민 78.3%, 재미동포 92.3%, 재CIS동포 78.9%, 재일동포 65.3%가 긍정적으로 답변.

32) 1권 총괄: 이광규 편; 2권 중국: 권태환 편; 3권 미국·캐나다: 최협, 박찬웅 공편; 4권 일본: 이문웅편; 5권 독립국가연합: 권희영 편; 6권 중남미: 전경수 편; 7권 유럽: 이광규 편; 8권 아시아·태평양: 한경구 편; 9권 중동·아프리카: 전경수 편; 10권 편람: 해외교포문제연구소 편.

김대중정부 역시 전 세계에 흩어진 한민족성원들을 좀 더 긴밀하고 응집력이 강한 연결망으로 결합시켜 공동번영을 도모하자는 취지의 '한민족공동체론'33)이나 참여정부 시절 컴퓨터와 인터넷을 활용한 온라인 가상공동체(cyber community)와 오프라인 공동체를 연계하려고 하였는데 이것도 민족통합주의적 관점과 무관하지 않았다.

  그러나 '한민족공동체'류의 민족통합주의 자체가 기존의 민족개념을 바탕으로 한다는 점에서 모국과 민족문화와의 유대가 강한 이민 1~2세에게는 적합하겠지만 모국과의 유대가 약하고 거주국문화에 거의 동화된 이민 3~4세에게는 적합하지 않다는 점, 혈통과 동질성을 강조하는 입장에서 볼 때 한인과 비(非)한인 사이에서 출생한 국제결혼자녀(혼혈아)들을 어떻게 포용할 것인가 하는 점, 한국어를 구사하지 못하거나 한국역사·문화에 대한 지식이 없는 사람들이나 한인으로서의 객관적인 조건은 갖추지 못하였지만 주관적으로는 자신을 한인으로 동일시하는 외국인들은 어떻게 할 것인지가 하는 점, 통일정책의 하위정책으로서가 아니라 독립된 민족통합정책의 하나로 재외동포정책이 자리잡아야 한다는 점, 그리고 한민족공동체라는 용어 자체에 대한 주변국들의 오해 등에 대해서도 정부는 앞으로 보다 분명한 입장을 가져야 할 것이다.34)

---

33) 조선대학교, 『세계화시대의 재외한인언론과 한민족공동체』(조선대, 2001), 정영훈, 「한민족공동체 형성과제와 민족정체성 문제」, ≪재외한인연구≫ 제12권 2호(재외한인학회, 2002.12).
34) 공동체보다는 네트워크라는 용어가 더 어울린다는 지적이 있음.; 이종훈, 「교민정책의 문제점과 향후과제」(국회도서관 입법자료분석실, 1993.4), 8쪽. "우리의 교민정책은 싫건 좋건 북한의 교민정책과 다분히 경쟁관계 속에서 발전해온 측면이 있다. 북한은 1955년 조총련 결성을 시발점으로 해외동포를 북한정권 주위로 결집시키는 작업을 진행해왔는데 … 북한의 이러한 다분히 공세적인 교민정책에 맞서 우리 정부는 수세적인 교민정책을 추진해왔다고 보인다. 그러나 그 정책을 통일정책의 한 부분으로 간주된 점은 북한과 마찬가지였다

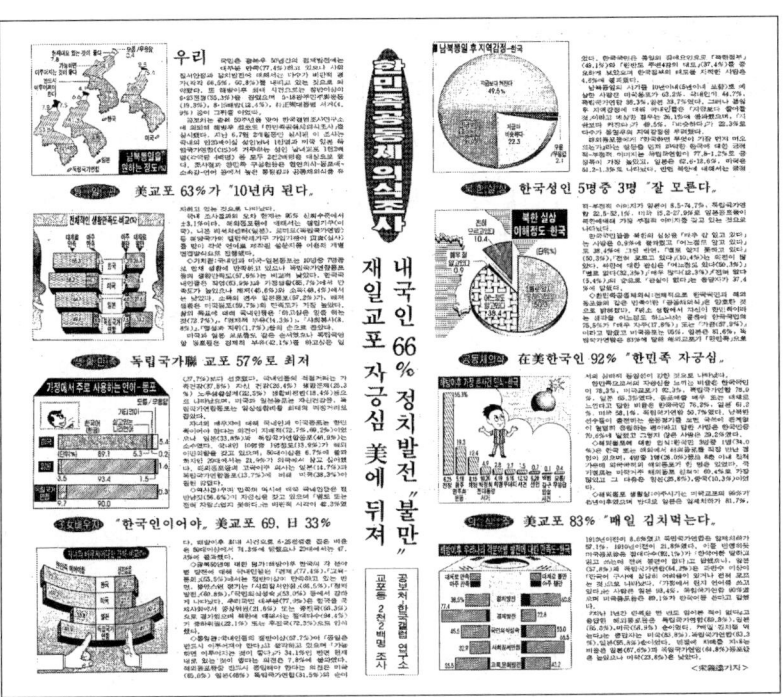

출처: ≪조선일보≫(1995.8.13)

3) 소수민족론

 일반적으로 소수민족은 "일정지역에 사는 사람들과 구체적이고 특별한 차이(인종·언어·종교·관습·전통·의상·사회조직 등)가 있는 일단의 민족집단"35)을 말하는데 여기서는 사회의 다른 구성원들과 같이

고 할 수 있다."
35) Thomas Herberer, *China and Its National Minorities: Autonomy or Assimilation?*(New York: 1989), pp.7~10; 배재식(1984)은 "법학적으로 좁게 보면 국적을 가진 국민 속에 민족을 달리하는 소수가 사실은 소수민족입니다. 같은 국민이면서 다수에 의해서 차별을 받고 박해를 받기 때문에 그들의 민족성을 유지 발전할 수 있는 권리를 부여한다. 이것이 관례"라고 설명. 이

사회의 재화를 공평하게 나누는데 차별을 받거나 그 결정과정에 참여하지 못하는 것을 어떻게 해소할 것인가가 중요해진다.36)

이런 소수민족의 관점은 우리 재외동포의 절대다수가 다민족국가인 미국, 중국, 러시아・CIS 등지에 거주하는 현실에서 재미동포를 'Korean Americans'(한국계 미국인)으로, 재중동포를 '중국조선족'으로, 재러・CIS동포를 '고려인'(카레이스키)으로 불려지고 있으며, 단일민족의식이 강한 일본에서는 재일동포가 '한국국적의 특별영주자' 또는 '한국계 일본인'37)으로 살아가고 있음을 보여준다.

특히 자신의 민족적・문화적 특성을 어떻게 유지・포기하느냐에 따라 자신과 그 후손들이 정치적・사회적 소수자로 살아가느냐 주류사회(다수민족)로 진출하느냐가 결정되는 현실적 구조이므로 '한국계 소수민족'에 대한 보다 많은 관심과 정책적 배려가 필요해지고 있다.

1965년 한・일 국교정상화 체결을 전후로 '교포문제'를 본격적인 연구대상으로 삼았던 해외교포문제연구소는 자신의 설립취지문(1964)에서 재일동포가 일본 내 소수민족으로 살아가고 있음을 지적하고 이들을

광규, 「국제인권규약과 재일교포의 지위」, 『교포정책자료』 제22집(해외교포문제연구소, 1984.9), 136~137쪽.
36) 국회사무처, 『제17대 국회 제259회 제14차 국회본회의 회의록』, 13쪽. "미국, 일본, 또 중국, 러시아에서 우리 한민족은 아주 소수민족이고 약자의 위치에 있기 때문에 이렇다 할 노력이 없으면 이 사람들이 거주국 문화에 융화되어서 사라져버릴 염려가 있습니다. … 우리 동포들이 일본에서 그리고 러시아에서 처절할 정도로 주류민족의 차별을 받아가면서 우리 민족의 정체성을 유지하려고 기울이는 노력을 우리 정부는 간과해서는 안 됩니다."
37) 福岡安則, 『在日韓國・朝鮮人: 若い世代のアイデンテイテイ』(東京: 中央公論社), 17쪽. 저자는 "일본어로 在日은 일시적 체재를 의미할 뿐이다. … 일본사회에서는 '코리아계 일본인'이라는 개념이 성립되지 않는다. 다만 在日할 뿐이다"라고 말한다.

위한 장기적인 정책수립을 강조하였다.38)

> 60여 만 우리 민족이 일본에서 한 소수민족으로 생활하고 있는 이들에게 우리는 뚜렷한 교포정책을 수립하여 그들을 보호·육성해야 함에도 불구하고 과거의 역대 위정자들은 교포들을 외국인 취급을 하며 색안경을 쓰고 대해왔다는 것이 사실 … 온 국민이 교포에 대해서 온정으로 그들을 인도함이 긴요한 것이다. 위정자들은 좀 더 긴 안목으로 교포정책을 다루어야 하겠다.(1964) … 일본에는 무려 60여만의 동포가 한 소수민족으로 정치적·경제적·사회적으로 차별대우 속에 오늘도 조국의 따뜻한 손길을 기다리고 있다.(1965)

서울대학교 법과대학의 배재식(1980) 역시 같은 맥락을 견지하였다. 즉, 샌프란시스코강화조약(1952)과 한일협정(1965) 체결 이후에도 "소수민족으로서의 재일한인의 법적지위"가 보장되지 않는 현실을 지적하고 "영토권변경에 따르는 국적변경문제는 본질상 조약으로서 규정되는 국제법상의 문제이자 소수민족보호의 문제"임을 강조하면서 대한민국국적을 회복하지 아니한 무국적자(이른바 조총련계) 보호문제와 이들을 추방·동화하려는 일본정부의 정략을 문제시하였다.39)

그런데도 우리 외교부는 1990년대 이후 줄곧 미국·일본지역은 물론 그동안 단절됐던 북방지역 재외동포를 '현지 거주국 내 소수민족'40)이

---

38) 1964.5.1 창립준비위원회 구성. 해외교포문제연구소, 「재일교포를 중심으로」, 『교포정책자료』 제1집(1965. 6.10) 참조.
39) 배재식, 「국제법과 소수민족의 보호」, 『대한국제법학회논총』 제25권 제1·2 합병호(대한국제법학회, 1980.12), 215~231쪽. 일반적으로 소수자와 소수민족은 동의어로 사용되었다. '소수자'는 종교상의 소수자, 언어상의 소수자, 인종상 또는 민족적 소수자(소수민족)를 포괄하는 넓은 개념이며, '소수민족'은 민족적 또는 인종상의 소수자만을 의미하는 보다 좁은 개념으로 사용.

40) J. 스테픈·안중기역, 「소련내 한국 소수민족」, 『북한』 제12호(북한연구소, 1972.12), 221~231쪽; 루시안 파이, 「중공의 소수민족정책」, 『북한』 제64호(북한연구소, 1977.4), 138~154쪽; 나창주, 「중공의 소수민족에 대한 정책」, 『북한』 제128호(북한연구소, 1982.8), 158~174쪽; 이성연, 「소수민족 언어정책에 관한 연구」, 『한국언어문학』 제24집(한국언어문학회, 1986.5), 29~49쪽; 강홍주, 「소련의 소수민족정책과 한국인」, 『동완교수 정년퇴임기념논문집』(한국노어노문학회, 1987.9), 65~84쪽; 문흥호, 「중국의 소수민족정책」, 『북한』 제208호(북한연구소, 1989.4), 95~104쪽; 김응렬, 「전후일본의 소수민족정책(1945~1952)」, 『아세아연구』 83호(고려대 아세아문제연구소, 1990.1), 147~177쪽; 권희영, 「소련사회주의와 소수민족주의」, 『국제정치논총』 제29집 2호(한국국제정치학회, 1990.3), 207~219쪽; 강석윤, 「서구민주사회의 대표적 다민족국가, 미국의 소수민족문제」, 『통일한국』 제89호(평화문제연구소, 1991.5), 38~41쪽; 김연진, 「신소수민족론(New Ethnicity): 미국의 백인소수민족에 대한 새로운 접근」, 『미국사연구』 제1집(한국미국사학회, 1993.12), 143~158쪽; 윤인진, 「다인종사회에서 소수민족들간의 인종관계」, 『한국사회학회 전기사학대회 발표문요약집』(한국사회학회, 1996. 6), 115~121쪽; 이제봉, 「모범소수민족이라는 신화: 아시안 아메리칸의 학업·경제적 성취에 대한 분석」, 『비교교육연구』 제7권 제1호(한국비교교육학회, 1997.8), 19~33쪽; 윤인진, 「다인종사회에서의 소수민족관계」, 『한국사회학』 제31집 가을호(한국사회학회, 1997.9), 529~562쪽; 장태한, 「미국의 소수민족정책과 한인사회」, 『역사비평』 41호(역사비평사, 1997.11), 299~317쪽; 김두섭, 「중국인과 한국인 이민자들의 소수민족사회형성과 사회문화적 적응: 캐나다 밴쿠버의 사례연구」, 『한국인구학』 제21권 제2호(한국인구학회, 1998.12), 144~181쪽; 이은구, 「민주화 이후 동유럽 소수민족문제와 민족정치」, 『한국정치학회보』 제32집 제4호(한국정치학회, 1999.2), 323~342쪽; 박병광, 「중국소수민족정책의 형성과 전개」, 『국제정치논총』 제40집 4호(한국국제정치학회, 2000.12), 425~446쪽; 최협, 「아시아계 미국이민은 성공한 소수민족인가」, 『국제지역연구』 제11권 제4호(서울대 국제학연구소, 2002.12), 127~143쪽; 국회사무처, 『제17대 국회 제256회 제2차 국회본회의 회의록』, 10쪽(장경수 발언: "1999년부터 사할린동포 1세대중 일부가 우리나라에 영주귀국하기 전까지 지난 50여년동안 일본정부의 외면과 우리 정부의 무관심 속에서 러시아연방의 소수민족으로 방치되면서 우리말과 글을 거의 잊어가고 있습니다."); 許点淑, 「在韓華僑社會のエスニック・アイデンテイテイの形成と變容」, 『동북아문화연구』(동북아시아문화학회, 2006.10), 227~244쪽; 조상균, 「일본의 다문화정책과 재일동포의 인권」, 『민주주의와 인권』 제7권 1호(전남대5·18연구소, 2007.4), 347~367쪽; 김상철, 「중앙아시아의 소수민족관계연구: 카자흐스탄 사례를 중심으로」, 『한국중동학회논총』 제28권 제1호(한국중동학회, 2007.8), 347~385쪽; 김정호, 「중국의 소수민족교육과 다문화교육」, 『사회과교육』 제47권 1호(한국사회과교육연구학회, 2008.3), 103~131쪽; 이완준, 「중화인민

라는 틀 속에서 이해하면서 '거주국의 모범시민', 즉 소수민족으로서 주류사회진출을 재외동포정책의 기본방향으로 제시하였다.41)

> 중국은 소수민족문제에 대해서 대단히 민감한 반응을 보이고 있다. … 조선족은 소수민족으로서 여러 가지 권리를 향유하고 있으나 이것은 어디까지나 중국국민이다 이렇게 생각하고 있기 때문에 우리 정부에서 거기에 관여하는 것은 그렇다.… 기본적으로 건설적이고 모범적이고 법을 잘 지키는 그런 그 사회구성원으로서 정착하도록 하는 것을 도와주는 것이 우리 기본 교민정책이다. … 미국의 정부정책 중에서 소수민족의 색깔과 뼈대를 유지하도록 격려하는 그런 차원에서 본국정부에서 도와줄 수 있는 사업은 도와준다. … 그 사회에 동화하되 그 사회 내에서 자랑스러운 소수민족으로서 권익을 유지하면서 건설적으로 성장하는 것을 도와주는 것이다.(유종하)

한편 최근에는 과거 유태인의 유랑을 설명하던 '디아스포라'42) 개념과 국제이주·망명·난민·이주노동자 공동체 등을 접목시켜 '소수자'(minority)의 입장에서 재외동포사회를 분석하는 움직임이 주목받고

공화국건국이후 중국공산당의 소수민족정책」,『동아문화』제46집(서울대 동아연구소, 2008.12), 23~71쪽.
41) 국회사무처,『제14대 국회 제173회 제1차 통일외무위원회 회의록』(1995.3.17), 50쪽(공로명 서면답변, "러시아·CIS: 민족동질성을 유지하면서 거주국내 성공적인 소수민족으로 정착하도록 민간업체 진출알선, 동포의 고용기회 창출 등을 위한 제반지원을 강화하는 한편 민족교육지원, 전통문화재생, 모국방문사업 실시 등을 통해 모국과의 유대강화를 도모해나갈 방침임."; 국회사무처,『제15대 국회 제181회 제14차 통일외무위원회 회의록』(1996.12.6), 34쪽(유종하); 국회사무처,『제15대 국회 제181회 제16차 통일외무위원회 회의록』(1996.12.10), 22쪽(유종하).
42) Safran, William. 1991, "Diasporas in Modern Societies: Myths of Homeland and Return.", *Diasporas* 1(1), pp.83~99. "국외추방된 소수집단(Expatriate minority community)의 분산·이산"

있다.43) 그러나 사회주의체제 몰락 이후 구소련에서의 민족문제발생과 국가분열, 구(舊)유고슬라비아의 민족간 갈등과 인종청소, 미국의 오랜 흑·백문제, 한·흑갈등(1992), 중국내 티베트 및 신장·위구르지역 분리 독립요구 등에서 알 수 있듯이 소수민족정책이 정교하게 마련되어 있는 다민족국가들의 경우에서도 민족상호간 소수민족문제가 언제 어디서 어떻게 터질지 모르는 상태이므로 이미 소수민족화 됐거나 또는 되어가는 과정에 있는 재외동포사회에 대해서는 지속적인 관찰과 실태조사44)를 통해 소수민족보호와 이들의 민족유대감을 높이고 정체성을 확실히 하는 쪽으로 진행되어야 할 것이다.

---

43) 윤인진, 『코리안 디아스포라: 재외한인의 이주적응 정체성』(고려대출판부, 2004). 정석기, 『한민족의 디아스포라』(쿰란출판사, 2005) 참조. Choi, Inbom. 2003, "Korean Diaspora in the Making: Its Current Status and Impact on the Korean Economy.", pp.9~27 in C. Fred Bergsten and Inbom Choi (eds.), The Korean Diaspora in the World Economy, Washington, D.C.: Institute for International Economics. 최인범은 "(1)한 기원지로부터 많은 사람들이 두 개 이상의 외국으로 분산한 것, (2)정치적·경제적·기타 압박요인에 의하여 비자발적으로 강제적으로 모국을 떠난 것, (3)고유한 민족문화와 정체성을 유지하고자 노력하는 것, (4)다른 나라에 살고 있는 동안 동족에 대해 애착과 연대감을 갖고 서로 교류하고 소통하기 위한 초국적 네트워크를 만들려고 노력하는 것, (5)모국과의 유대를 지키려고 노력하는 것." 등의 다섯 가지를 디아스포라의 공통속성으로 제시.

44) 해외동포무역경제포럼·아시아문화경제포럼·조원진의원 공동주최, 「재외동포의 권익강화를 위한 방안모색: 재외국민의 참정권보장, 재외동포처(청) 및 재외동포위원회 설립 등 전담기구 문제를 중심으로」(2008.9.10), 69쪽. "현재 우리 정부의 재외동포정책의 기본방향은 거주국에서 모범시민으로 정착하도록 하는 것입니다. 이에 대해 어떻게 생각하십니까?"라는 질문에 "한민족공동체의식 우선 38.7%, 대체로 옳은 방향 34.2%, 매우 옳은 방향 23%, 잘 모름 4.1%"로 답변. 한민족공동체 우선을 답한 연령계층은 60대 이상 54.1%, 고졸학력 46.2%, 10~15년 해외거주 49.2%, 현재 중국거주 43.1%임.

출처: ≪경향신문≫(1983.4.11)

4) 민족자산론

최근 들어 재외동포를 '민족자산'으로 보는 관점이 재조명되고 있다. 원래 이 입장의 출발점은 해방직후 재일동포가 갖고 있던 재산 총액(50억 설, 100억 설, 300억 설)에 대한 관심에서 비롯됐다.[45] 그러나 1980년대 중반 이후 재외동포 인구와 이들이 가진 유·무형적 가치를

---

[45] ≪서울신문≫ 1947년 1월 26일자(50억 환); ≪국민보≫ 1947년 2월 5일자(2면, 전재민의 집단릉원). "백억 원에 넘는 재일동포들의 재산을 속히 반입ᄒ여 조국산업 재건설에 보충코져 만반의 준비를 ᄒ고 잇는듸 대부분의 재산이 동결과 제한이 되엿고 일부 반입된 긔계 등은 공쟁설비가 업셔 아직 창고 속에 류치ᄒ고 긔술자들은 귀국후 거리에서 방황ᄒ며 일본에서 반입 신청건수는 사십구만인데 오직 4백오십건만 허가되엿다."(전재동포후원회 발표); ≪독립신보≫ 1948년 10월 13일자. "현재 재일동포의 전재산은 약 300억에나 달하고 있는데 其中 귀국자에 한해 1945년 9월 2일 현재의 재산중 일용품과 경기계류 등만 반입이 허가되어 去 6월말까지 신청도 마감됐다."

강조하는 '민족자산'의 개념이 대두됐다. 대표적인 예가 이원경(李源京)과 이구홍(李求弘)의 주장이다. 이원경 당시 외무부장관은 "해외동포는 중공·소련 등 공산권을 포함하면 4백만이 넘고 해가 갈수록 수가 증대하고 있는 것은 우리 민족의 잠재적 자산이 증가되는 것이므로 보람 있는 일 … 어디서든 한인사회가 신망과 존경을 받을 수 있어야 하며 이를 유도·지원하는 것이 최우선 과제"라고 강조하였고46), 이구홍 당시 해외교포문제연구소 소장도 "해외교포는 어떤 존재인가. 짐스러운 존재인가 아니면 민족의 자산으로 보호·육성해야 할 대상인가. … 유태인과 이스라엘, 화교와 중국 이것이 어떤 관계이냐를 비춰보고 우리를 대비해보면 바로 답이 나온다."47)는 관점을 강조하였다.

> 재일교포에 대한 민족적인 애정과 민족의 자산이라는 시각에서 재일교포 정책을 수립해왔다면 십 수만에 달하는 재일교포가 일본으로 귀화함으로써 갖게 된 엄청난 인적, 물리적 유실을 예방할 수 있었을 것이며 이로 인해 한국의 국력은 상대적으로 향상되었을 것이다.(이구홍, 1987)

---

46) ≪경향신문≫ 1984년 1월 19일자(3면).
47) 이구홍, 『재일조선장학회의 허상과 진상: 조선장학회 실태조사보고서』(해외교포문제연구소, 1987); 이구홍, 「해외동포가 국가발전에 미치는 영향」, 『재외한인연구』 1(1990.12), 114~118쪽; 이구홍, 「재일동포 법적사회적 차별문제: 추방, 분리, 동화정책의 적절한 구사」, 『통일한국』 제92호(평화문제연구소, 1991.8), 28~31쪽; 이구홍, 「재일교포는 우리에게 어떤 존재인가」, 『교포정책자료』 47(해외교포문제연구소, 1993.12), 65~66쪽; 이구홍, 「해외교포는 어떤 존재인가」, 『교포정책자료』 50(해외교포문제연구소, 1994.12), 33~45쪽; ≪재외동포신문≫ 2004년 11월 1일자(5면, KBS사회교육방송 '한민족 하나로' 좌담). 미국의 국제경제연구소(IIE)가 발간한 '코리안 디아스포라(재외동포)와 세계경제' 연구보고서에 의하면 670만 재외동포의 자산이 1천억 달러를 넘을 것으로 평가.

해외동포는 민족의 자산이란 시각전환을 전제로 하여 첫째, 500만 해외동포의 호칭을 정립한다. 둘째, 교민행정의 일원화를 기한다. 셋째, 재외국민 정책심의위원회 구성. 넷째, 가칭 '해외동포의 날' 제정.(이구홍, 1990)

한민족에 있어서 최대의 민족자산은 무엇인가. 필자는 한민족의 최대불변의 민족자산은 전 세계에 거주하는 500만 해외동포들이라고 감히 역설하고 싶다. 1대가 씨를 뿌리고 2대가 알뜰히 가꾸어 3대가 그 씨를 거두어 들임으로써 비록 남의 나라 한 모퉁이라 해도 제2의 조국을 알뜰히 재현해놓고 있는 것이다.(이구홍, 1993)

이후 이광규(1994)는 "5백만 해외동포는 미래의 자산"이며 "통일시대 민족의 자산, 해외동포"[48], 유재건(1996)은 "세계 곳곳의 한인동포들이야말로 간접적인 영토확장의 의미와 함께 우리의 민족자산"[49], 이원범(1997)은 "해외동포는 민족자산"[50], 양창영(2001)은 "해외동포는 한민족의 개척자요 중요한 자산"[51], 권병현(2001)은 "600만 재외동포

---

48) 이광규, 『한민족의 세계사적 소명』 (서울대출판부, 1994); 「통일시대 민족의 자산, 해외동포」, 『자유공론』 324호(북한연구소, 1994.3), 28~29쪽; 『새로운 민족관의 수립을 위하여』 (서울대출판부, 1995); 「재미교포는 민족의 자산」 (2002.7. 필라델피아 재미한인학교협의회 학술대회 발표); ≪민단신문≫ 2004년 1월 14일자(신년인터뷰: 재외동포는 귀중한 자산, 국내의 인식전환 필요. 각 대학에 동포학 보급). "한민족의 특성을 연구할 때 한반도에 사는 한국인을 연구하는 것도 하나의 방법입니다만 한반도 이외에 거주하는 한국인을 연구하면 그 특성이 보다 뚜렷하게 나타날 것이라고 생각해 해외에 거주하는 한국인을 연구하였다. 이러한 연구과정을 거치며 '재외동포는 한국인의 가장 귀중한 자산이다'라는 생각을 가지게 됐다."
49) 국회사무처, 『제15대 국회 1996년행정위원회 국정감사』 (1996.9.30, 서면질의), 3쪽; 국회사무처, 『제15대국회 제196회 제2차 국회본회의 회의록』 (1998.10.26, 정치통일외교안보에 관한 질문), 8쪽.
50) ≪매일경제≫ 1997년 4월 24일자(분석과 전망: 해외동포는 민족자산-해외동포재단 설립에 즈음해).
51) 양창영, 「해외동포는 한민족의 개척자요 중요한 자산이다」, 『한민족공동체』 제

는 민족의 자산"52), 임채완(2003)은 "한상네트워크의 민족자산화"53), 이규택(2005)은 "600만 해외동포는 민족의 힘이요 자산"54), 이윤기(2005)는 "21세기 나라와 민족의 자산, 해외한민족"55)임을 줄기차게 역설하고 있다.

정부차원에서도 김영삼(1993)은 '해외한민족대표자회의' 초청다과회에서 "우리나라의 해외동포는 현재 총 5백만 명으로 그 수에 있어 중국, 이스라엘, 이탈리아, 인도에 이어 5번째 … 전 세계에 걸쳐 있는 우리 동포는 우리 민족의 값진 자산…"56), 김대중(2001)은 '세계한인회장단 초청 다과회'(01.7.10)에서 "한국은 전 세계에 550만 명의 동포가 있다. 엄청난 재산이고 우리의 큰 힘이다."57), 고건(2004)은 민주평통 해외자문위원 오찬에서 "580만 재외동포들은 우리 민족의 장래에 더 없이 소중한 자산 … 재외동포의 성공은 곧 대한민국의 성공"58), 노무현(2007)은 '세계한인의 날' 개회식 축사(07.10.2)에서 "700만 해외동

9권(해외한민족연구소, 2001.10), 214~225쪽; 국회사무처, 『제17대 국회 제268회 제4차 정치관계법특별위원회』(2007. 7.18, 공직선거법개정안(재외국민선거권부여)에 관한 공청회), 30쪽. "무한경쟁시대의 세계화시대에 세계 각지에 거주하고 있는 동포들은 그 지역의 언어에 정통하고 또 그곳 정서와 문화에 익숙해 있기 때문에 그 지역의 전문가입니다. 그래서 재외국민들을 어느 나라 할 것 없이 이 지구촌시대, 세계화시대에 그 민족의 자산으로 간주를 하고 있습니다."
52) 권병현, 「600만 재외동포는 민족의 자산이다」, 『교포정책자료』 63집(교포문제연구소, 2001.12), 19~26쪽.
53) ≪조선일보≫ 1993년 10월 17일자(호남 12면).
54) 국회해외동포무역경제포럼, 『해외동포무역경제포럼세미나』(2005.4.29, 국회의원회관1층 소회의실).
55) 이윤기, 『잊혀진 땅 간도와 연해주』(화산문화, 2005).
56) ≪경향신문≫ 1993년 5월 13일자(3면).
57) 대통령비서실편, 『김대중대통령연설문집』 제4권(2002), 337쪽.
58) 국무총리비서실, 『고건 국무총리연설문집』 1집(2004), 282쪽.

포는 대한민국의 소중한 자산이다. 우리 동포사회를 세계적인 네트워크로 연결해서 유대를 증진해 나간다면 동포 여러분의 성공은 물론 대한민국 발전에도 큰 힘이 될 것"59)임을 강조하였다. 재외동포재단의 역대 이사장들도 재외동포의 민족자산화를 위해 노력 중에 있다.60)

우리 재외동포 사회는 그 동안 양적으로나 질적인 측면에서 모두 성장해 왔습니다. 재외동포들의 수는 약 700만 명으로 추산되는데, 이는 남북한 인구의 10%에 달하는 숫자입니다. 그렇다 보니 모국에 대한 재외동포 여러분들의 기대 또한 다양해지고 있으며, 국내에서도 세계 방방곡곡에 뻗어나가 있는 우리 재외동포들을 우리 외교의 소중한 자산으로 여기는 인식이 크게 확산되어 가고 있습니다.(2008.10.2, 세계한인의 날 기념식, 유명환 외교부장관 기념사)

우리 700만 재외동포는 선진일류국가 건설을 향해 매진하고 있는 대한민국의 귀중한 자산인 동시에 세계 속의 자랑스러운 우리 민족의 얼굴입니다.(2008.10.2, 재외동포환영 리셉션, 유명환 외교부장관 환영사)

---

59) 국정홍보처, 「노대통령, 700만 해외동포는 대한민국의 소중한 자산」(2007).
60) 이광규, 「통일시대 민족의 자산 해외동포」, 『자유공론』 324호(한국반공연맹 자유공론사, 1994.3), 258~267쪽; 한종만, 「민족의 자산, 구소련의 한인동포」, 『북한』 287호(북한연구소, 1995.11), 28~29쪽; 권병현, 「600만 재외동포는 민족의 자산이다」, 『교포정책자료』 제63집(교포문제연구소, 2001.12), 19~26쪽; 재외동포재단·해외교포문제연구소 공편, 『해외동포정책포럼』 (재외동포재단, 2003). 19~24쪽(권병현: '재외동포 민족자산화 전략'); 82~83쪽(신필영: '재미동포의 조국기여방안'); ≪재외동포신문≫ 2006년 3월 16일자(재외동포재단 2006 사업계획: 동포는 민족자산, 모국과 상호발전 청사진); ≪주간한국≫ 2008년 1월 3일자(700만 해외동포는 든든한 자산/ 이구홍); ≪중앙일보≫ 2008년 10월 3일자(시론: 재외동포는 민족자산이다/ 권영건).

출처: KBS 사회교육방송 '한민족 하나로'(2004.10.24.)

    2008년 8월 '폴리시&리서치'사가 해외거주 성인 남녀 600명을 대상으로 실시한 설문결과에 따르면 "한국정부가 700만 재외동포가 소중한 민족자산이라고 강조합니다. 한국정부가 그러한 민족자산을 잘 활용하고 있다고 생각하십니까?"라는 질문에 대해 "그렇지 않다 50.8%, 보통이다 26.9%, 전혀 그렇지 않다 19.8%, 그런 편이다 2%, 매우 그렇다 0.5%"로 대답해 재외동포를 민족자산화 하지 못하고 있다는 부정적 의견이 거의 70%에 달하였다.61) 이는 아직까지 내국민과 재외동포 상호간에 더불어 살아가야 한다는 의식은 있으나 이를 현실화·가시화 하는

---

61) 해외동포무역경제포럼·아시아문화경제포럼·조원진 의원 공동주최,「재외동포의 권익강화를 위한 방안모색: 재외국민의 참정권 보장, 재외동포처(청) 및 재외동포위원회 설립 등 전담기구 문제를 중심으로」(2008.9. 10), 21쪽.

데는 아직 성공하지 못하였음을 보여준다.

이상의 시각들은 지금까지 우리 재외동포사회를 바라보고 있는 대표적인 시각들이다. 그러나 어느 하나의 시각만을 배타적으로 적용하는 것보다 여러 요소들을 상호보완 내지 상호결합시킴으로써 배제되거나 소외되는 계층이나 지역을 최소화할 필요가 있다. 우리 재외동포사회를 혈통・국적 또는 문화적 동질성으로만 바라보던 단순구조에서 벗어나야 할 때가 다가오고 있기 때문이다.

5) 다문화사회론

유럽연합(EU, 1993.11.1)의 태동 이후 국가와 민족을 초월하려는 탈민족・탈국가주의[62], 다양하고 중층적인 시민사회의식과 이웃국가들과의 공존・협력을 강조하는 '개방적 민족주의' 등은 우리 사회로 하여금 기존의 획일화・정형화된 국민국가의식이나 반외세・자주・자립・자강 등을 강조하던 '저항적 민족주의'에서 벗어날 것을 요구하고 있다. 이는 우리 사회가 점점 '다문화'에 노출되고 있기 때문이기도 하다.[63]

---

[62] 최협, 『다민족국가의 민족문제와 한인사회』 (집문당, 1988); 이철우, 「國民國家の超國家化と市民權/出入國談論 －韓國の在外同胞政策を中心に－」, 棚瀬孝雄 編著, 『市民社會と法: 變容する日本と韓國の社會』 (京都: ミネルヴァ書房, 2007); 탈국가주의에서는 '비정주성'(非定住性)과 '초국적성'(trans- nationality)이 강조. 이는 모국과 거주국간의 지리적・문화적・정치적・경제적 경계를 뛰어넘어 다중정체성과 새로운 역할을 형성해가는 이민차세대들과 신규이민자들의 지지를 받고 있으며, 특정국가나 민족에 대한 애착에 있어서도 어느 한 국가나 민족집단에 국한・고정되지 않는 유목민적 특징을 보여주고 있다.

[63] 김경아・김헌민・한상언, 「창조적 다문화 시민사회조성방안 연구」 (호남대 다문화교육센터, 2008), 15쪽. "다문화주의란 샐러드그릇이며 상호대화와 이해, 신뢰를 바탕으로 하는 존중의 문화이고, 따라서 다원적인 국민성 의미"(S.

원래 다문화주의는 미국·호주·캐나다처럼 광대한 영토, 다민족(다인종)적 성격이 강한 지역, 분권적 전통이 강한 연방국가에나 어울리는 개념[64]이었으나 세계화가 진전되고 노동(인력)과 자본의 이동이 빨라지면서 우리나라와 일본에까지 영향력을 행사할 정도로 그 파급력이 강해지고 있다. 특히 서울올림픽 이후 중국조선족동포를 비롯한 북방지역 동포들이 국내로 대거 이주(노동·유학·취업·결혼 등)하고[65], 외국인 노동자와 국제결혼이주자[66]가 늘어나면서 우리 사회가 20여년 만에 '국내체류 외국국적동포 40만 시대'[67]와 '재한외국인 100만 시대'[68]에

Vertovec). "현실사회에서 다문화주의란 다양한 문화의 평화로운 공존이 아닌 주류의 입장을 그대로 유지하면서 특별한 공간 속에서 다른 문화를 포용하겠다는 일종의 인종차별적인 관점."(Zizeck). "주류사회의 전통이나 관습, 문화에 기반을 둔 다수집단의 정체성과 이에 포함되지 않는 소수집단의 정체성 간의 평화스런 공존을 추구하는 것이 다문화사회"(강휘원). "다문화·다원주의는 문화적 존재로서 개개인이 타인의 기분에 의해서 부당하게 평가받지 않으며, 한 사회 내에서 존재하는 각 하위집단과 구성집단들의 신념에 대한 상대성을 동등하게 인정하고 존중하는 것"(김광억).

64) 한국사회학회, 『동북아시대위원회 용역과제 07-7. 한국적 '다문화주의'의 이론화』(동북아시대위원회, 2007.8), 55~56쪽.

65) 이혜경, 「외국인노동자 고용에 관한 연구: 국내노동시장에 미치는 영향」, 『한국사회학』 28(한국사회학회, 1994), 89~113쪽. 1987년 친척방문 등의 이유로 들어온 중국조선족동포는 한·중수교(1992) 이후 국내건설업계의 극심한 인력난으로 취업기회 획득.; 한국사회학회, 『한국적 다문화주의의 이론화』(동북아시대위원회, 2007), 294쪽(김남국 논평). 1988년을 전후로 이른바 노동력의 유입국이 됐다.; 김태홍·김시중, 『정책연구 94-10. 한중경제협력과 재중동포의 역할』(대외경제정책연구원, 1994.12), 73~75쪽.

66) 이혜경, 「한국 국가발전정책과 이주정책의 상호보완 가능성: 이주여성문제를 중심으로」, 법무부편, 『출입국관리국 정책연구 보고서, 2005년도』(법무부, 2006), 192쪽. 1990년부터 2004년까지 내국인과 혼인한 외국인 배우자의 규모는 총 198,000명으로 이 가운데 외국인 여성과의 결혼은 129,000명, 외국인 남성과의 결혼은 69,000명이었다. 2004년 한 해 동안 국내 총결혼건수의 11.4%인 35,000쌍, 2005년에는 전년 대비 21.6%(전체 결혼건수의 13.6%) 증가한 43,000쌍이 국제결혼.

67) <외국국적동포 체류현황> 2001년 127,839명. 2002년 138,834명. 2003년 155,872명. 2004년 184,822명. 2005년 194,413명. 2006년 267,436명.

돌입하자 노무현정부 시절 국무총리 소속 '외국인정책위원회' 설치
(2006.5.22)[69], '외국인근로자의고용등에관한법률' 개정(2007.3.4 시행)[70],
법무부 출입국외국인정책본부 위상강화(2007.5.10), '재한외국인처우기
본법' 제정(2007.5.17), '다문화가족지원법' 제정(2008.3.21) 등 국내체
류 외국국적동포에 대한 차별해소노력과 '다문화정책포럼'(2008.2)[71], '다문
화사회정책포럼'[72] 등 다문화주의적 접근법이 결합되면서[73] 재외동포

 2007년 365,732명. 2008년 421,155명.
68) <체류외국인 국적별 현황> 2007년 12월말 현재 1,066,273명을 돌파한 이후 2009년 3월 31일 현재 1,162,171명(한국계 394,021명). 4월 30일 현재 1,169,981명(한국계 393,483명). 5월 31일 현재 1,150,755명(한국계 391,810명). 6월 30일 현재 1,155,654명(한국계 387,977명). 7월 31일 현재 1,158,765명(한국계 383,553명).
69) 외국인(대한민국 국적 가지지 않은 자, 출입국관리법 제2조제2호)에 관한 중요 정책 심의조정. 대통령 주재 제1차 회의(06.5.26): 비전-외국인과 더불어 사는 열린사회 구현; 정책목표-외국인 인권존중과 사회통합/우수외국인력 유치 지원. 6대 정책목표대상: ①외국적동포, ②결혼이민자, 외국인여성과 자녀, ③난민, ④외국인근로자, ⑤불법체류외국인 ⑥국민 및 추진과제: 외국적동포에 대한 차별 해소.
70) 노동부(외국인력고용팀), 「보도자료」(2007.1.3) 참조. "외국국적동포 취업 쉬워진다-올 3월부터 방문취업제도 시행으로 자유롭게 취업 가능"
71) 2008년 1차 토론회-주제 '다문화시대 한국사회의 과제와 미래'(08.2.12, 한국이주노동자복지회와 한국해외봉사단연합회 공동 주최, 다문화정책포럼 주관). 2008년 기획세미나-새 정부의 다문화정책과 방향(08.3.19) 기조연설: 조정남(고려대학교 정경대학 학장).
72) 「제1차 평등정책 콜로키움 & 제1차 다문화사회정책포럼」(2008.4.18, 한국여성정책연구원). 엄한진(한림대 사회학), 「한국이민담론의 분절성과 이데올로기적 배경」
73) 법무부, 「외국국적 동포정책 방향 검토: 입국문호, 취업기회 확대방안」(2005.10). 순혈주의 전통이 강한 일본・독일・이스라엘 등도 자국 재외동포들을 적극적으로 포용하는 정책을 취하고 있는데 반해 우리나라만 유일하게 재외동포에 대해 단순노무 외국인력제도의 틀 안에서 소극적 정책을 시행하고 있음을 비판; 대통령 주재 외국인정책위원회 제1차 회의(06.5.26). 중국 및 구소련동포에 대하여 운영해오던 취업관리제 대폭 개선(1회 3년 체류할 수 있는 5년 유효의 복수사증 발급, 방문과 취업이 동시에 가능한 방문취업제 도입. 사실상의 자유왕래 허용). 연간 쿼터 설정과 한국어시험성적 순에 따른 입국순위 부

를 외국인의 관점에서 포괄적으로 바라볼 뿐 아니라 이민정책의 하위정책74)으로 보는 또 하나의 관점이 생겨나게 됐다.

> 이제는 한국인의 해외이주보다는 외국인의 국내이주가 더욱 중요해졌다. … 이민업무가 외교통상부의 고유 업무영역이라고 고집해서는 안 된다는 뜻이다. … 재외동포업무만 하더라도 해외거주교민의 경우 외교통상부가, 국내방문자의 경우 이민행정기관이 담당해야 한다. 이주노동자업무는 노동시장의 측면에서는 노동부가, 출입국과 체류관리의 측면에서는 이민행정기관이 주무부처여야 한다. 결혼이민자업무는 가족의 사회통합업무는 여성가족부에서, 체류지원업무는 이민행정기관에서 맡아야 한다. 외국인 유학생 업무는 교육인적자원부와 이민행정기관이 공동관할해야 한다.(2006.6, 법무부 출입국정책추진단, 『외국인과 더불어 사는 열린사회 구현을 위한 이민정책세미나 자료집』)

여. 중장기과제로 중국 및 구소련동포에 대한 재외동포법의 적용 추진; 외국인정책위원회, 『제1차 외국인정책기본계획』 (법무부 출입국·외국인정책본부, 2008.12).

74) 법무부, 『주요국가 이민정책 비교연구』 (출입국기획과, 2004); 정인섭외, 『이중국적문제에 관한 법리적 검토』 (법무부, 2004); 법무부, 『2005년도 출입국관리국 정책연구 보고서』 (출입국관리국, 2006); 노병철 외, 『희망을 여는 약속: 법무부 변화전략계획』 (법무부, 2006); 법무부, 『출입국·외국인정책통계연보』 (출입국외국인정책본부, 2007); 법무부, 『2005년도 출입국관리국 정책연구 보고서』 (출입국관리국, 2006). "우리나라에 체류하는 외국인의 인권과 권익증진을 통해 국가이미지를 제고하고 사회적 갈등을 최소화 할 수 있는 중·장기적 이민정책의 로드맵을 마련하는데 도움을 주고자 국내이민정책 관련 교수 등 전문가의 연구를 기획하여 추진 … 급변하는 외국인관련 정책, 재외동포정책 등 이민정책수립의 발전에 이바지하길 바랍니다."(강명득); 국회사무처, 『제18대 국회 제281회 제10차 국회본회의 회의록』 (2009.2.18), 48쪽. "이제는 우리가 단일민족국가가 아니고 외국인을 같이 보듬어 살아야 되는 이런 사회에 이르렀고, 특히 다문화가족들은 우리의 국민으로서 우리 국민과 똑같이 살아가야 될 그런 당위성이 있다고 생각합니다."(2009.2. 18, 김경한 법무부장관)

<표 1-5> 체류외국인 국적별 현황(2009.8.31 현재) (단위: 명)

구분	총체류자	합법체류자	불법체류자
총계	1,138,339	954,475	183,864
중국(조선족동포 포함)	554,425	468,942	85,501
한국계	379,785	354,115	25,670
미국	120,772	116,960	3,812
베트남	89,583	74,624	14,959
필리핀	45,950	33,784	12,166
일본	40,715	40,117	598
타이	39,222	26,465	12,757
몽골	30,185	17,522	12,663
인도네시아	26,579	21,458	5,121
타이완	25,579	24,458	894
우즈베키스탄	20,446	12,800	7,646
캐나다	18,578	18,077	501
스리랑카	15,397	13,211	2,186
방글라데시	11,318	4,460	6,858
파키스탄	10,121	7,007	3,114
러시아	8,698	7,255	1,443
캄보디아	8,432	7,555	877
네팔	7,637	5,635	2,002
인도	6,710	5,004	1,706
호주	5,775	5,671	104
영국	5,124	5,078	46
독일	3,795	3,738	57
미얀마	3,731	2,312	1,419
기타	40,055	32,621	7,434

자료: 법무부 출입국외국인정책본부, 「출입국·외국인정책 통계월보」(2009년 8월호), 11쪽.

<표 1-6> 외국국적동포 국적별 체류현황(2009.8.31 현재)

인원수 국적	중국	미국	캐나다	호주	기타
429,172명[75]	379,801명	30,365명	7,534명	2,345명	9,127명

자료: 법무부 출입국외국인정책본부, 「출입국・외국인정책 통계월보」(2009년 8월호).

이런 다문화사회 신드롬의 영향을 받은 외교부에서도 제2회 세계한인의 날 기념 정책세미나(2008)의 소주제로 '다문화시대 글로벌 디아스포라'를 다룬 바 있다.[76]

다문화시대를 맞이하여 한국에 거주하고 있는 재외동포의 생활에 대한 분석을 통해 바람직한 다문화사회를 조망할 수 있기를 바랍니다.

반면 우리의 사회변화와 정반대로 북한은 1980년대 이후 핏줄과 언어를 민족공동체의 가장 중요한 요소로 생각하여 전통적・혈연지향적인 민족주의를 고수하고 있어 탈민족・다문화주의가 국민국가를 해체하거나 분단된 민족현실을 외면하는 '민족말살론'[77]으로 보고 있으므로 이

---

[75] <체류자격별 현황> 방문취업(H-2) 307,172명(중국 301,560명, 러시아 1,932명, 우즈베키스탄 3,257명, 기타 423명). 재외동포(F-4) 47,092명(미국 30,365명, 캐나다 7,534명, 중국 3,685명, 호주 2,345명, 뉴질랜드 932명, 독일 604명, 기타 1,627명). 방문동거 15,537명. 기타 59,371명.

[76] 외교부 제2차관의 개회사. 제2회 세계한인의 날 재외동포정책 세미나(2008. 10.1, 백범기념관).

[77] ≪로동신문≫ 2006년 4월 27일자('다민족・다인종사회론은 민족말살론'). "최근 남조선에서 우리 민족의 본질적 특성을 거세하고 다민족・다인종사회화를 추구하는 괴이한 놀음이 벌어지고 있다. 이 소동의 연출자들은 남조선이 미국인 등 여러 인종의 피가 섞인 혼혈의 지역이라느니 폐쇄적인 민족주의 극복이니 미국과 같은 다민족국가의 포용성과 개방성이니 하는 황당한 설을 들고 나오고 있다. … 지금까지 단군의 후손, 한 핏줄, 한겨레 등을 강조하여온 초등

를 감안한 균형 잡힌 정책수립이 이루어져야 할 것이다.

출처: ≪조선일보≫(2010.10.28)

학교, 중·고등학교 교과서에 2009년부터 다인종·다민족문화와 관련된 내용을 포함시키며 국제결혼가정, 외국인근로자가정 등의 용어도 다문화가정으로 바꾸기로 하였다. … 남조선의 친미사대매국세력이 운운하는 다민족·다인종 사회론은 민족의 단일성을 부정하고 남조선을 이민족화, 잡탕화, 미국화하려는 용납 못할 민족말살론이다."

3. 동포·국민·민족의 관계 재정립

재외동포 출현의 기원을 이해하는 것만큼 "동포-국민-민족" 등 3자 간의 관계설정78)이 한국 근현대사 속에서 어떻게 진행되었는지를 파악하는 것이 매우 중요하다.

대한제국 군대해산 직후인 1907년 9월, 13도 창의대장이었던 이인영(李麟榮)의 이름으로 발표된 '해외동포에게 보내는 선언문'(Manifesto to All Koreans in All Parts of the World)에 나오는 '동포'의 개념79)이나 1910년 8월, 경술국치(8.21) 소식을 접한 러시아 연해주 블라디보스토크에서 유인석(柳麟錫)의 이름으로 발표된 또 다른 13도 창의군의 선언문에 나오는 '동포'의 개념80)은 모두 "나라 잃은 설움을 통감하고 있는 망국(亡國) 백성으로서 사는 곳만 다를 뿐 같은 민족"임을 강조하는 의미로 이해됐고, "일제의 학정에 신음하는 고국에 있는 동포"에 대

---

78) 月脚達彦, 「甲午改革の近代國家思想」, 『朝鮮學報』 172(1999); 권용기, 「'독립신문'에 나타난 '동포'의 검토」, 『한국사상사학』 12집(1999); 백동현, 「러일전쟁 전후 '민족' 용어의 등장과 민족인식」, 『한국사학보』 10 (2001); Schmid, Andre(2002), *Korea between Empires 1895~1919*, Columbia University Press; 권보드래, 「'동포'의 역사적 경험과 정치성: 독립신문의 기사분석을 중심으로」, 『근대 계몽기 지식개념의 수용과 그 변용』(소명출판, 2004); 김동택, 「국민수지를 통해 본 근대 '국민'」, 같은 책(2004); 박노자, 「개화기의 국민담론과 그 속의 타자들」, 같은 책(2004); 박찬승, 「한국에서의 '민족' 개념의 형성」, 『개념과 소통』 창간호(한림대 한림과학원, 2008) 참조.
79) "동포여! 우리는 단결하여 목숨을 바쳐 독립을 회복해야 합니다. 우리는 야만적인 일본인들의 극악한 죄악과 만행을 전 세계에 폭로해야 합니다."(1907.9)
80) "저 아름다운 3천리 강토는 시조 단군이 우리에게 전한 것이며, 우리 2천만 동포는 단군의 자손이다. 우리가 아끼고 사랑하는 고국은 잊으려 해도 잊을 수 없고 버리려 하여도 버릴 수 없는 땅이다. 차라리 머리를 끊어 죽을지언정 5천년 역사의 조국은 버릴 수가 없다. 우리는 또 목숨을 버릴지언정 남의 노예가 될 수 없다. … 우리 동포는 모두 무장하여 피를 흘릴 때가 왔다!"(1910.8)

한 상대적 개념인 '해외동포'의 의미로 사용됐다.

물론 구한말 해외이주동포들에 대한 일반국민의 정서는 "이렇게 가면 몇 날이 못 되어 대한인민은 몇이나 남으며, 그러면 대한지방은 뉘 것이 되겠는가"라는 탄식조였으며, "조국을 헌신짝 벗어버리듯 하고 … 살아서는 나라 없는 외로운 백성이 되고 죽어서는 의지 없는 타향 고귀"가 될 것[81]이라고 단언할 정도로 부정적인 측면도 없지 않았다.

미국선교사 스크랜튼(William B. Scranton, 1856~1922)은 당시 상황을 다음과 같이 기록하였다.[82]

어느 곳을 가든 걱정하는 사람들을 만나볼 수 있는데 그것은 본국 정부의 실정과 야심차게 달려드는 이웃나라의 침략에 대한 것들이다. 실망한 한국인들이 기대와 불안을 안고 하와이나 멕시코, 혹은 미국으로 떠나고 있는데 이들은 '엘도라도'(El Dorado)를 찾거나 교육을 받기 위해 떠나고 있

---

81) 《대한매일신보》 1908년 5월 8일자(3면. 외국으로 솔가ᄒᆞ여 가는 동포의게 경고홈/김진하) "누가 오라ᄒᆞ여 가는 것도 아니오, 류학을 ᄒᆞ려 가는 것도 아니오, 집이나 농토가 잇셔셔 가는 것도 아니오 쟝ᄉᆞ츠로 가는 것도 아니오, 우리나라 정부에서 가라는 것도 아니라. 다만 견딜 수가 업셔셔 간다 ᄒᆞ는 거시니… 슯흐다. … 아모리 견딜 수가 업슬지라도 익국열셩 ᄭᅳᆫ치 말고 일심으로 단톄ᄒᆞ여 내나라를 놈에게 내여주지 아니키로 결심ᄒᆞ면 국권회복이 조직기 즁ᄒᆞ리니 동포 동포여, 견딜 수 업ᄂᆞᆫ 것 참ᄂᆞᆫ ᄆᆞ음을 더욱 견고케 직히기를 빅빅 츅원ᄒᆞᄂᆞ이다."; 《대한매일신보》 1910년 4월 14일자(1면 논설: 외국으로 이ᄉᆞᄒᆞ는 동포에게 고ᄒᆞ노라) "다만 몸에 의복이나 걸고 빅에 곡식이나 치울 경영만 잇슬진ᄃᆡ 이ᄉᆞᄒᆞ는거시 불가ᄒᆞ며 … 다만 구구ᄒᆞᆫ 목슘이나 살기위ᄒᆞ는 마음으로만 가는거슨 불가ᄒᆞ니 … 이 ᄯᅡ는 아모리 감옥셔와 굿흘지라도 이거슨 오히려 동포의 ᄉᆞ쳔년 젼 조젼손ᄒᆞ여 ᄂᆞ려온 조국이오. 이 ᄯᅡ가 아모리 화덕 불ᄉᆞ속 굿굿흘지라도 이ᄂᆞᆫ 오히려 동포의 이쳔만 형뎨 조ᄆᆡ가 챡근ᄒᆞᆫ 본국이니 … 반ᄃᆞ시 ᄲᅨ가 져리고 눈물이 가슴을 젹시는 졍을 참아 ᄂᆡ기지 못ᄒᆞᆯ거시어날 무솜셔돍으로 ᄉᆞ신곡복이나ᄒᆞ여 구명도싱ᄒᆞ기를 위ᄒᆞ여 조국을 헌 신짝 버셔ᄇᆞ리듯ᄒᆞ고 외국디방으로 류리ᄒᆞ여 살아셔는 나라이 업ᄂᆞᆫ 외로온 뵉셩이 되고 죽어셔는 의지업ᄂᆞᆫ 타향 고귀가 되기를 즐겨ᄒᆞ리오."

82) 이덕주, 『한국토착교회 형성사연구』(2000), 169쪽.

다. 이들이 실망하여 떠나간 한반도 빈 공간에 1천 명이 넘는 일본인들이 들어와 행운을 찾고 있다.(1905.8. 현재의 조건, 한국의 감리교)

하지만 이들 해외거주동포의 조국애·동포애와 열심·단결은 국내동포들에게 크나큰 자극이 됐다.83) 특히 ≪대한매일신보≫ 논설은 "내지에 있는 동포들은 외국에 있는 동포들을 본받을지어다"84)라고 독려할 정도로 이들 해외거주동포들의 계몽발전이나 진보 속도는 매우 빨랐다.

> 뎌희는 몃 사름만 모이는 곳이면 일개 단이나 회를 발긔ᄒ니 고심혈싱으로 나라의 혼을 부르며 그러ᄒ건마는, 뎌희는 몃십인만 셔로 맛나는 날이면 일개 신문샤를 설립ᄒ여 눈물과 먹으로 인민의 지식을 열어주며 그러ᄒ건마는, 뎌희는 오히려 의와 쌈을 흘니며 엇은 돈을 연조ᄒ여 학교를 창립ᄒ며 그러ᄒ건마는, 뎌희는 오히려 만치 아닌 지물을 허비ᄒ여 공공ᄒᆫ 영업을 도모ᄒ여 아모됴록 단군ᄌ손의 력ᄉ를 륙대쥬 전파ᄒ며 고려민족의 명예를 만국에 들어내고 고져ᄒ여 그 고심열성으로 ᄒᄂᆫ 것은 사름으로 ᄒ여곰 가히 눈물을 흘닐만ᄒ거늘 … 싱각홀지어다 싱각홀지어다. 아라ᄉ령디 피리디방 잇ᄂᆫ 동포는 더운 눈물을 쌕리며 희삼위와 상항에 류ᄒᄂᆫ 동포와 련락ᄒ며 미국령디 하와이 디방에 잇ᄂᆫ 동포들은 그 피와 쌈을

---

83) ≪황성신문≫ 1907년 5월 16일자(2면, 駐外동포의 의거); ≪황성신문≫ 1907년 8월 3일자(1면, 포와동포의 자선); ≪황성신문≫ 1908년 2월 13일자(2면, 賀해외동포신문 발달); ≪황성신문≫ 1908년 6월 19일자(2면 논설, 賀서간도 自治社 조직); ≪대한매일신보≫ 1909년 3월 5일자(1면 논설, 국민회를 송축홈); ≪황성신문≫ 1909년 5월 20일자(1면, 해외동포 公心); ≪대한매일신보≫ 1909년 8월 12일자(2면, 조국정신); ≪황성신문≫ 1909년 8월 13일자(1면, 在墨동포 의거); ≪대한매일신보≫ 1909년 9월 18일자(2면, 동포여 동포여); ≪황성신문≫ 1909년 9월 19일자(2면 논설, 해외동포의 서적사업); ≪황성신문≫ 1909년 10월 17일자(1면, 해외동포의 사업).
84) ≪대한매일신보≫ 1909년 8월 25일자(1면 논설, 늬디에 잇ᄂᆫ 동포들은 외국에 잇ᄂᆫ 동포들을 본밧을지어다).

흘녀 번 돈을 내여 문쳔군 지앙당흔 동포에게 구휼금을 보내니 이런 례수
로 온 소문을 드리도 그 나라를 스랑ᄒ고 동포를 스랑ᄒ는 졍을 가히 싱
각ᄒᆯ지어놀 ᄂᆡ디에 잇는 동포들은 엇지 그리 □ᄒ고 답답ᄒᆞ뇨 …

1) '동포' 개념의 출현

그렇다면 우리는 역사적으로 "民吾同胞 物吾與也"[85](모든 사람들은
나의 형제이고 만물은 모두 나의 동류이다)라는 글귀에서 나온 '동포'라
는 용어를 언제부터 사용하였을까?
《조선왕조실록》에 따르면 1417년(태종 17년) 훗날 세종이 태종임
금에게 올린 '세자가 자신을 반성하여 종묘에 고하는 글과 주상전께 올
리는 상서'에서 '동포'에 관한 내용을 발견할 수 있다.[86]

> 三曰: 骨肉之親, 本同一氣, 不可不厚. 自吾同胞以至九族, 親之愛之, 同其好
> 惡, 終始不渝, 以全祖宗之一視(셋째, 골육지친은 본래 한 기운을 같이 타
> 고 나왔으므로 후하게 아니할 수 없는 것이니, 우리 동포로부터 구족에 이
> 르기까지 친하고 사랑하여 그 좋고 싫음을 같이하되 끝까지 변함없이 함

---

[85] 중국 宋 학자 장재(張載, 1020~77)가 자신의 서재 서쪽 창에 걸어 놓았다는
서명(西銘)에 나오는 말. "乾稱父 坤稱母. 予玆藐焉乃混然中處. 故天地之塞吾其
體 天地之帥吾其性. 民吾同胞 物吾與也. 大君者 吾父母宗子 其大臣 宗子之家相
也. 尊高年所以長其長 慈孤弱所以幼其幼. 聖其合德 賢其秀者也. 凡天下疲癃殘
疾惸獨鰥寡 皆吾兄弟之顚連而無告者也. 于時保之 子之翼也 樂且不憂 純乎孝者
也. 違曰悖德 害仁曰賊. 濟惡者不才 其踐形惟肖者也. 知化則善述其事 窮神則善
繼其志. 不愧屋漏爲無忝 存心養性爲匪懈. 惡旨酒崇伯子之顧養 育英才穎封人之
錫類. 不弛勞而底豫舜其功也. 無所逃而待烹申生其恭也. 體其受而歸全者參乎 勇
於從而順令者伯奇也. 富貴福澤 將以厚吾之生也. 貧賤憂戚 庸玉汝於成也. 存吾
順事沒吾寧也."
[86] 『조선왕조실록』太宗 33卷, 17年(1417 丁酉 / 명 영락(永樂) 15年) 2月 22日
(己卯) 1번째 기사.

으로써 조종께서 一視하시는 뜻을 온전하게 하겠습니다.)

이후 ≪조선왕조실록≫에는 '동포'(同胞)에 대한 기록이 30차례 정도 나오는데 하나같이 백성을 불쌍하게 여기는 임금의 어진 마음을 표현하거나 지방수령이 백성들을 형제처럼 사랑할 것을 강조할 때 사용되었으며, 그 의미 또한 15세기 말부터 19세기 말까지 크게 변하지 않았다.

〈표 1-7〉 조선왕조실록에 나타난 '동포' 개념

구분	내용	원문
연산군 (재위 1494 ~ 1506)	○성천부사 민효증(閔孝曾)이 연산군에게 올린 상소(1497년)	其十曰: 民吾同胞, 物吾與也. 故古之明王, 親親而仁民, 仁民而愛物, 雖微物不忍見其死.
	○사헌부에서 연산군에게 올린 상소(1503년)	司憲府上疏曰: 伏以, 宋臣張載曰: "民吾同胞, 物吾與也."
중종 (재위 1506 ~1544)	○시강관 기준(奇遵)이 중종에게 행한 경연(1519년)	己未/御夕時經筵, 講《近思錄》. 侍講官奇遵論民同胞之理, 上曰: "仁者, 以天地生物之心爲心, 故如是耳. 近來百姓飢荒, 將何以救之哉?"
	○전주부윤 이언적(李彦迪)이 중종에게 올린 상소(1539년)	伏願殿下, 體生物之心, 思同胞之理, 仁以恤民, 欽以愼刑, 皆本純誠, 不事文飾, 以順天道, 庶可以消變異而來福祥矣.
명종 (재위 1545 ~1567)	○밤 경연에서 명종의 언급(1555년)	上御夜對. 上曰: "東, 西銘, 乃是切近之書. '民吾胞, 物吾與'之言, 是爲 '民飢若己飢, 民寒若己寒也. 斯言最爲深切矣."
선조 (재위 1567 ~1608)	○포로쇄환에 대한 선조의 전교(1587년)	若只以鹿屯島被虜人刷還者, 定爲上京, 則似無意外之妖. 而其他見虜人, 均是同胞之民, 獨棄而外之, 甚非王政之體, 反覆思之, 未見其可.

선조 (재위 1567 ~1608)	○홍문관 부제학 이정형(李廷馨) 등이 선조에게 올린 진언 (1594년)	嗚呼! 民者, 君之赤子也, 我之同胞也.
	○구의강(具義剛)의 진언(1605년)	凡死於水火、盜賊者, 若必致祭, 此後何限其死者? 均吾同胞之民, 其所以死則一也. 或祭, 或不祭不無未穩.
광해군 (재위 1608 ~1623)	○사간원의 고발(1620년)	駿、駬, 我國之名産, 而殆將絶種, 居民同胞之赤子, 而獨不堪命. 言念及此, 不覺膽裏.
	○동지성절사 김상헌(金尙憲) 등의 귀환보고서(1627년)	噫! 天下寧有仇視同胞, 欲害一家; 與驥奴謀, 引入門庭, (肯)[背]畔君父, 而自甘禍敗之理乎?
숙종 (재위 1674 ~1720)	○송시열(宋時烈)이 숙종에게 행한 서명 강의(1680년)	又曰: "民則皆吾同胞之人也, 同受天地之氣, 故曰同胞, 同胞卽同生, 言吾之視人也, 皆如己之兄弟也."
	○흉년에 내린 숙종의 지시(1683년)	予嘗見橫渠《西銘》有曰: "民吾同胞, 物吾與也." 仁人之心, 其於物也, 尙有相愛之道, 況於同胞之民乎?
	○우의정 이단하(李端夏)가 올린 상소(1686년)	臣聞奢侈之害, 甚於天災, 臣之所憂, 正在於此, 若從祭享而降減, 則有識士夫, 必皆克宴安之習, 思與同胞之民, 共入生道, 宗國之基, 永見鞏固.
	○난국구제에 관한 숙종의 비망기(1688년)	萬民, 同胞之赤子, 而予莫能以如傷若保之澤, 推及于下, 愁冤載路, 倒懸方急.
	○굶어죽은 사람들의 제사를 지낸 후 숙종의 언급(1697년)	惟予無良, 在平日而旣不能推若保之惠, 困窘空竭, 又不能盡賙濟之方, 使我同胞之民, 凶極之禍, 到此地頭, 則何異於予殺爾等也?
영조 (재위 1724 ~1776)	○신하들의 정무보고를 듣고 난 후 영조의 언급(1724년)	上曰: "不誠無物, 予尙當一念成懼, 然諸臣於國事, 不能視若己事, 則何能有爲? 張橫渠云: '民吾同胞, 物吾與也.' 爲國之道, 要不出此.

영조 (재위 1724 ~1776)	○형조의 잘못을 지적한 후 영조의 언급(1732년)	西銘曰: '民吾同胞.' 夏禹下車泣八. 刑官, 若有視如同胞之意, 則豈忍泛看獄案, 而爲償命之議耶?
	○지방수령들에게 전한 영조의 유시(1737년)	咨爾公卿、百執事, 乃祖乃父, 皆列朝世祿之臣, 嗟彼生民, 亦列朝愛恤之赤子. 是《西銘》所云: "民吾同胞, 物吾與也." 同胞之民, 在於溝壑, 矜之濟之, 惟恐或遲, 則國事不待勉而自勉, 舊習不期忘而自忘. 其各勖焉.
	○기민진정의 필요성을 올린 좌의정 송인명의 글에 대한 영조의 지시(1741년)	批曰: "所陳是矣. 其在同胞之義, 豈忍恝視乎? 分付道臣, 其他諸道, 一體申飭."
	○죄질이 가벼운 죄수를 석방하라는 영조의 지시(1747년)	敎曰: "吾民飢餓之中, 重以懸鶉, 値此嚴寒, 尤何聊活? 中夜興思, 臨軒下諭, 咨! 道臣、守令, 體予此意, 若保同胞, 着意拯濟, 莫替我中夜申之諭."
	○임금수레를 끄는 일에 자원한 자들의 세금을 감면하라는 영조의 지시(1757년)	下敎曰: "覽今民情, 予心惻焉. … 後之嗣王, 須體今日之意, 誠心愛民. 咨! 爾三百六十州守令, 咸體此意, 愛民若同胞, 吾國其庶幾矣.
	○근사록을 강한 후 내린 영조의 지시(1759년)	敎曰: "噫! … 內而股肱之臣, 外而方伯守牧之官, 常存民吾同胞, 物吾與也之意, 吾民其庶幾."
	○구걸자들에게 양식을 내려주라는 영조의 지시(1765년)	丙子/上行晝夕講, 講《近思錄》《西銘章》, 至'民吾同胞, 物吾與也, 上曰: "予於群臣, 無物我愛憎之心, 然至於顛連無告者, 尤可矜也. 分遣宣傳官, 往視鍾街流丐, 問其居住, 欲歸其土者, 令惠廳給糧以遣."
	○수령의 임무에 힘쓰라는 영조의 지시(1768년)	雖遣其力, 助之一字, 意在分勞之義, 此一也. 此亦人子之言, 包得《張子西銘》之義, 此二也. 至慈之心, 同胞之意咸備, 此三也.

정조 (재위 1776 ~1800)	○노론・소론간의 분쟁을 금하라는 정조의 지시(1776년)	蓋忠逆旣分, 是非大定之後, 所謂老論亦我臣子, 所謂少論亦我臣子. 自上視之, 均是 室之人同胞中物.
	○경상도 도사 겸 독운어사 김재인(金載人)에게 내인 영조의 지시(1783년)	兩道之歉荒, 猶有間焉, 則嶺南之民, 亦可以推朝家如保之念, 而同胞相恤之心, 油然而生矣.
	○옛 성현의 가르침을 성실히 받들라는 영조의 지시(1797년)	此規亦不可不講而明之, 機務之暇, 裒成鄕飮儀式, 鄕約條例, 欲其委曲周摯, 文質俱備, 俾我同胞之民, 油然起感, 虛然知序.
순조 (재위 1800 ~1834)	○내노비와 사노비를 혁파하라는 순조의 지시(1801년)	且況王者蒞民, 無貴賤無內外, 均是赤子, 以曰婢, 區而分之, 豈 視同胞之義也?
고종 (재위 1863 ~1907)	○조정신하들에게 내린 고종의 지시(1896년)	現今에 萬國이 相通ᄒᆞ야 交誼가 益敦ᄒᆞᆯ 쑨더러 皇天이 在上ᄒᆞ샤 好生ᄒᆞᄂᆞᆫ 德으로 一視ᄒᆞ시면 엇지 我疆爾界를 論ᄒᆞ며 此弱, 彼强을 分ᄒᆞ리요? 物我가 同胞ᄒᆞᆯ지라 同胞ᄒᆞᆯ 兄弟로 兄이 弟를 害ᄒᆞ야도 天이 禍를 降ᄒᆞ실지며 弟가 兄을 害ᄒᆞ야도 天이 禍를 降ᄒᆞ실지니 可히 畏懼치 아니ᄒᆞ랴?

2) '동포' 개념의 확대

그러다가 조선 제26대 고종(高宗)임금이 건양(建陽, 1896.1.1)과 광무(光武, 1897.8.17)라는 독자적 연호를 사용하고, 대한제국(1897.10.12) 초대황제에 등극한 사건을 전후로 '동포'의 개념이 급속도로 변하였다. 즉 "천지의 기를 같이 받은 형제"[87]라는 일반적 의미가 '대한동

---
87) 조선중기 학자 金人鳴(1536~1603)의 시문집 『白嚴集』(1800, 목활자본) 중에 「民吾同胞賦」는 사람은 하늘의 정기를 받고 태어났으므로 빈부와 귀천을

포'(1898), '2천만 동포'(1905), '국민동포'(1906), '이주동포'(1906), '재외동포'(1906), '내지동포'(1906) 및 '해외동포'(1906), '주외동포'(1907), '본국동포'(1907), '전국동포'(1907), '거류동포'(1908) 등 자국민 또는 해외거주 국민 전체를 가리키는 고유명사로 진화하였다.

<표 1-8> '동포' 개념의 확대 양상

구분	출현연도	세부 내용
대한동포	1898	"독립협회에서 독립문 건축과 독립관 슈리와 독립원 설시는 우리 대한동포 형데의 보죠금으로써 경용을 지발홈은 넉외 국인이 다 아는 바이어늘…." ≪독립신문≫ 1898년 7월 26일자(4면 광고)
이천만동포	1905	"… 今我대한에 일반국민이 互相稱謂하되 이천만동포형제라 하니 大동포의 칭위는 同·父母의 胞胎中으로 산출홈을 謂홈이니 맛당이 其相親相愛홀 원리를 思念ᄒ야 일체단결하야 일심애국홀지니 엇지 다만 명의상 칭호로만 例知ᄒ고 정분의 當愛와 직분의 當務를 不爲盡力하리오. …."≪황성신문≫ 1905년 9월 4일자(2면 논설: 경고동포)
국민동포		≪황성신문≫ 1906년 5월 18일자(2면 雜報: 英語學員 義拁).
이주동포		≪황성신문≫ 1906년 5월 18일자(2면 雜報: 英語學員 義拁).
재외동포	1906	"미령 포와 아국인 친목회에서 금번 상항에 羅災한 동포를 矜恤히 넉이여 금화 29원과 위문ᄒ는 長書를 송치ᄒ얏고 又該會에 내림ᄒ야 방청ᄒ던 김봉기, 김홍엽 양씨도 각 1원씩을 공립협회 총회로 송치홈은 稱賀不근ᄒ며 同 포와 부근지 농장에 在혼 동포들도 상항 진재를 聞知ᄒ고 금화 11원 25전과 위문서를 송치홈으로 일반동포의 相愛ᄒ는 情을 互相稱賀ᄒ다더라." ≪황성신문≫ 1906년 6월 29일자(3면: 재외동포 구휼)
내지동포		"… 內地의同胞가 不忘海外之同胞를 如해외동포가 不忘內地之同胞ᄒ며 내지동포가 警祝해외지동포를 如해외동포가 향축내지동포ᄒ고 聽해외동포之충고ᄒ며 效해외동포지공립ᄒ야 振作於百難之中ᄒ고 敬懼於宴安之日ᄒ되 今我不戒면 日月其除리라ᄒ면 蒸蒸然進取不已ᄒ면 有何共立之難哉아. …."≪황성신문≫ 1906년 12월 17일자(2면 논설: 桑港공립신보)

막론하고 모두 형제와 같으니 서로 사랑해야 한다는 내용으로, 국민을 친자식같이 사랑하여 모두 나의 동포라는 생각을 버려서는 안 되고, 비록 죄가 있는 죄인이라도 측은하게 생각해야 한다고 강조하고 있다.

해외동포		《황성신문》 1906년 12월 17일자(2면 논설: 桑港공립신보).
주외동포		"미국 伽牠에 주재동포들이 친목회를 조직하얏느딕 회원 정원명, 이성칠, 이만춘씨 등이 국채보상의 발기흠을 聞知하고 不忘祖國의 사상으로 특별 개회하고 義金을 모집하야 美貨 오십육圜이십오仙을 본사로 寄送하얏느 딕 萬里海外에 寄寓혼 제씨의 애국열성을 聞者莫不贊頌하더라." 《황성신문》 1907년 5월 16일자(2면 잡보: 駐外동포의 의거)
본국동포	1907	"본인이 북미 墨서가 有加며에 鵩居호는 본국동포의 傳通官으로 이십사 개월간을 該城에 住住호다가 본년 二月分에 該地로서 發還本國호온바 서함 일백육십여 度를 본인 휴대호야 팔십여도는 乃爲傳遞호얏고 所除 팔 십도는 該受信人의 居址가 多有未詳키로 해수신인원을 左開廣佈호오니 □눈 其住址를 본인의 家로 親來領取호시거나 隨便施行호심을 망함. 皇 城北署人帶洞 第八統六戶 權內淑 告白. …." 《황성신문》 1907년 7월 1 일자(4면, 광고).
전국동포		"이것은 망녕된 마귀의 붓되를 둘너 즈긔 일신상에 부귀싱활 흐는 것만 도모호고 전국동포의 싱명을 참혹혼 디경에 니르게 흐랴흐니 간특흐다 뎌 대한신문이여." 《대한매일신보》 1907년 12월 21일자(1면 론설: 대 한신문 긔쟈 마귀눈 혼번 보라(속))
거류동포	1908	"일시 거류하는 인민으로 무시왕래하여 우금까지 이르니 현금 각 지방에 거류하는 우리 동포가 무려 수십만 명이라. 그런즉 이 지방에 처음으로 우거하는 자는 벌써 사십여 년이오. … 우리가 이미 부모지국을 버리고 이 지방에 거류할새 동서양 각국 인종과 교섭이 빈삭한즉 우리에게 있는 권리를 일층 보전하고 우리가 행할 의무를 더욱 힘쓰면 우리의 사업이 날로 흥왕하고 치언의 치소를 가히 면할지나 손을 묶고 막연히 앉자 구 습에 빠지고 고법만 숭상하여 새 세상 신공기를 마시지 아니하고 새 소 식 신학문을 주의치 아니하면 비록 아무 때라도 남의 치소와 남의 수모를 면치 못하리로다." 《해조신문》 1908년 2월 26일자(1면 발간하는 말)

3) '국민동포' 개념의 회복

여기서 우리가 눈여겨봐야 할 것은 '국민동포'다.[88] 1906년 4월 18일 고종 임금은 미국 샌프란시스코에서 발생한 진도 8.3의 대지진으로

---

[88] 신채호, 「二十世紀 新國民」(대한매일신보). "適存·富强 국민으로 발전하기 위 해서는 국민동포가 이십세기 新國民 되지 아니함이 불가하다."

피해를 입은 당시 대한제국 국민들을 위로·구휼하기 위해 위로전문과 구휼금을 보낸 일이 있었다.89)

이 사건을 계기로 "우리 국민이 어느 곳에 살고 있든지 이들을 보호하고 구휼하는 것이 국가의 책무요 국민의 도리"라고 하는 인식이 가시화됐고90), 이는 을사조약(1905.11.17) 체결로 저하된 대한제국의 동포의식을 되살리는 계기91)가 되어 "국민이 동포요, 동포가 국민"이라는 '국민동포' 사상은 그 모습을 드러났고92), 1907년 이후부터 대한매일신

---

89) 《조선왕조실록》 고종 43권, 43년 4월 24일. "二十四日. 詔曰: "卽聞美國桑港, 其地大震, 坤轟溫, 邱陵陷裂, 人命之化爲塵沙者, 其數無算. 朕心惻然. 頃刻之間, 慘絶之狀, 如在目前. 而我國民人之羈旅僑寓於該地方者, 亦多有均被頹 塌 墊沒之患云. 其在如傷若保之意, 哀此無辜之遭罹橫扎於重溟之外, 尤爲矜悶. 凡所以慰恤者及其妻孥之在本國而可以 賙救之方, 令政府商議措處."

90) 《황성신문》 1906년 5월 18일자(2면, 雜報) "概일국국민에 成數된 자는 호상 其사생화복을 同ᄒᆞᄂᆞᆫ 의무가 有ᄒᆞᆫ즉 其조국에서 참화를 遭혼 자-有홀지라도 其국민동포된 자-越視치 못ᄒᆞᆯ거늘 況海外萬里에 羈踪孤迹이 된 자에게며 策此桑港부근지 재류에 我동포ᄂᆞᆫ 擧皆 학생이라. … 오호 此等好漢의 동포ᄂᆞᆫ 餘人에 비ᄒᆞ야 愈愈緊切ᄒᆞ거니와 오인은 此동포등의 활동이 능히 好采를 結홀가 희망ᄒᆞᄂᆞᆫ바러니 수에 불의의 災로써 其存□안위를 未辦홀 경우에 ᄉᆞᄒᆞ니 차를 暗想홀진된 此事가 합중국의 人災가 아니오 실로 我한국의 대재라 可稱홀지라."

91) 《공립신보》 1907년 6월 8일자(3면, 딕셩질호 국민동포/ 최유섭) "문노니 챵텬아. 국가흥망과 졍티득실이 뎌 집졍쟈 몃 사람에게 달녓ᄂᆞᆫ가, 만즁국민의게 달녓ᄂᆞᆫ가. 황텬이 만물을 창조ᄒᆞ실셕에 집졍홀쟈 몃사람만 위ᄒᆞ야 억만싱령을 너이심이 아니오 … 우리 인민을 딕표혼 정부가 이 갓치 부픽혼 것도 우리의 과실이오 우리의 자유를 찻지 못ᄒᆞᄂᆞᆫ 것도 우리의 과실이고 쏘 쟝리에 아한독립 만년긔 초를 셔워 쳔고의 수티를 싯ᄂᆞᆫ 것은 우리 인민의 담책이니 이 갓치만은 과실이 잇고 이 갓치 둉딕혼 최임이 잇ᄂᆞᆫ 우리 국민동포야. 이 갓치 위급존망지류를 당ᄒᆞ여 엇지 초망츈슈에 꿈을 ᄭᅢ지 못ᄒᆞᆫ고 이웃집에 불이 붓흘지라도 고침안면홀 수 업거든 하믈며 ᄂᆡ집에 붓ᄂᆞᆫ 불을 보고 엇지 수슈방관ᄒᆞ고 잇슬이오. 어서 ᄲᅡᆯ니 물을 구ᄒᆞ야 박두혼 화싴을 구홀지여다. 국민동포연 딕셩질호ᄒᆞ노라."

92) 《황성신문》 1908년 9월 10일자(2면 논설: 척식회사에 대ᄒᆞ야 申告 대한동포); 《황성신문》 1908년 11월 1일자(2면 논설: 告해외유학생 제군); 《황성신문》 1910년 1월 5일자(2면 논설: ㅂ我국민동포여); 《황성신문》 1910년

보 주필로 활약하였던 단재(丹齋) 신채호(申采浩)93)에 의해 더욱 강조 됐다.

> 가을이 오믹 비가 기이니 첩첩흔 회포를 거두어 우리 국민동포에게 고흐 노라. 오호-라. 우리 동포여. 우리가 동반도의 신성한 민족으로 이 나라에 셔 나서 이 나라에셔 자라기를 이제 이믜 수천여년을 지닌지라.(1908년 8 월 21일자, 1면 논설: 품은 회포를 널니고홈/ 練丹生)

당시 단재는 한 나라의 흥망성쇠와 역사발전의 원동력이 국민 전체의 실력에 있음을 간파하고 '국민동포'들에게 "새 국민"(新國民)과 "마지막 승리를 얻는 민족"이 되어 '부국강병의 근대적 국민국가'를 건설할 것을 호소하였다.

> 오늘날 동포들은 엇더케흐면 가히 동양 흔모통이에셔 몃쳔년 깁히든 쑴을 타파호고 이십세긔에 시국민의 사상을 발양흐며 엇더케흐면 대국을 복수 호는딕 몃빅년 고질된 슈치를 씨셔버리고 이십세긔에 시국민의 사업을 셜 쳐셔 이 셰계에 명예를 늘녀볼가. 우리는 흔 말을 발호여 국민동포의 치용 흠을 브라노라. … 오호-라. 국민동포-여. 동포들은 어셔어셔 셰계의 츄셰 를 슓혀셔 이거슬 리용호며 문명의 진보를 당긔여 이거슬 환영호며 한국

1월 7일자(2면 논설: 是日에 講春秋大義호야 布告天下); ≪황성신문≫ 1910년 6월 3일자(2면 논설).
93) 정진석, 『역사와 언론인』 (커뮤니케이션북스, 2001), 172쪽. "신채호는 1907 년 중반 이후 또는 박은식이 물러날 무렵인 이해 후반에 신보사에 들어와 합 방 직전인 1910년 4월 중국으로 망명할 때까지 논설을 썼을 것으로 보고자 한다."; 박정규, 「국내에서의 신채호 연보와 쓴 글에 대한 고찰」, 『단재 순국 70주기 추모학술발표회: 단재 신채호 연구의 재조명』 (2006.2.17), 73쪽. "신 채호가 대한매일신보사의 주필로 논설이 나오기 시작한 것은 1907년 11월 중 순이므로 이때부터 근무한 것으로 추정."

의 디위를 보와 이거슬 분발홀지어다.(1910년 2월 23일자, 1면 논설: 이 십셰긔 신국민)

오호-라. 대한민족은 마즈막에 승리를 엇는 민족이로다. … 오호-라. 대한 국민동포-여. 동포들은 하늘이 권고ㅎ시는 민족이며 동포들은 광명훈 력 스가 잇는 민족이며 동포들은 신성훈 긔업을 가진 민족이니 오늘날에 니 르러서 더 구미 각국인민을 보고 공연히 놀나지 말며 더 일본인을 보고 공연히 겁나지 말고 날마다 분발ㅎ여 나아가면 마즈막에는 필경 승리가 동포의 슈중으로 도라오리라.(1910년 4월 23일자, 1면 논설: 마지막 승리 를 얻는 민족)

출처: 《황성신문》(1910.1.5)

비록 힘이 부족해서 이민족에게 주권을 빼앗기게 됐지만 고유의 역사 와 언어를 더욱 배우고, 세계와 경쟁할 수 있는 실력을 갖춘 새로운 국 민이 된다면 결국에는 승리하는 민족이 될 것이고, 부강한 국가건설도 가능해질 것이라는 단재의 관점에서 본다면 망국민으로 전락한 '대한인

(大韓人)'은 여전히 존재하는 실체였으며, 한반도를 떠나 해외에서 살아야 하였던 수많은 망명지사·이민자들도 '국민동포'(재외국민)로서의 사명을 감당해야 하였다. 반일논조의 동포신문의 국내유입이나94) "조선지도를 벽에 걸어놓고 고국을 사모"할 정도로 해외거주 동포들의 조국애는 남달랐다.95)

일제에 의한 국권침탈(1910.8.29)를 전후로 "내지동포와 해외동포", "일반동포와 재외동포", "본국동포와 주외동포" 등 거주지에 따라 서로를 구분하기도 하였지만 여전히 "동포는 국민, 국민은 동포, 어디에 있든 한민족"이라는 생각에는 큰 변함이 없었다.

> 일젼에 닉디 통신을 본즉 말ᄒ기를 현금 닉디동포는 입에 쟈갈을 밧으스며 이목에 가리움을 밧아 싱명과 지산이 어육의 빅할을 당ᄒ여도 활동반항ᄒ는 긔샹이 젼무ᄒ딕 다만 바라는 바는 외양에 잇는 동포라 속히 힘쓰고 힘써 닉디에 것구로 달닌 동포를 구ᄒ라 ᄒ엿스니 이는 우리로 ᄒ여금 지식이 잇다ᄒ도 아니오 학문이 잇다ᄒ도 아니오 직졍이 잇다ᄒ도 아니라. 다만 자유세계에 잇셔 임의로 활동ᄒ야 강대ᄒ 단톄를 결합ᄒ며 공덕ᄒ 신문을 츌간ᄒ야 문명ᄒ 신공긔를 닉디로 고취ᄒ이라. 외양에 잇는 우리는 과연 이 칙임과 이 의무를 불가불 사양치 못ᄒ고 피치 못ᄒ지라.(≪공립신보≫ 1908.1.8)

---

94) 강만길, 『분단시대의 역사인식: 강만길사론집』(창작과 비평사, 1978), 140쪽. ≪신한민보≫ 1909년 8월 4일자('국민혁명론') 참조.
95) ≪동아일보≫ 1922년 3월 2일자(3면, 집집마다 벽상에 조선디도. 고국을 사모하는 미주동포); ≪동아일보≫ 1922년 11월 5일자(재미동포의 열성. 황해도 수해구계를 위하야 미국각처에서 구조금 모집); ≪동아일보≫ 1925년 9월 28일자(2면, 해외동포의 민족애. 뉴욕에 재류한 동포의 수재의연); ≪동아일보≫ 1928년 7월 5일자(2면, 명륜의숙에 동정. 해외동포의 열정); ≪동아일보≫ 1935년 7월 28일자(2면, 뻗어가는 우리 겨레. 해외동포 합하면 2천3백만); ≪국민보≫ 1937년 9월 29일자(대한민국임시정부 포고문).

스샹이 일정치 못ᄒ야 이윽히 묵샹ᄒ더니 문득 ᄭᅢ다르니 너디동포가 풍찬 로숙으로 잠을 쟈고 피를 흘녀 싸홈으로 일을 삼는 날이오, 부모형데쳐즈 가 각각 눈호여 도로로 부르지즈며 슯히 우는 날이며 약육강식ᄒ는 시디 가 아닌가. 우리 ᄌᆡ외동포는 빈불리 먹고 편안ᄒ 자리에 잠쟈며 너디 형편 을 심밧으로 보고 틱연무심ᄒ니 츳하인죵고 오호라. 대한에 형셰가 단홉ᄒ 면 흥ᄒ고 리산ᄒ면 망ᄒᄂ니 나라이 망ᄒ기를 기다리고 빅셩이 죽기를 기다려 엇지홀 수 업ᄂᆞ디 돌녀보니며 일톄로 타국 변방을 의뢰ᄒ니 슯ᄒ 다. 고인에 그릇ᄒ 쟈취를 밟바 환란이 날로 이러나며 패망이 ᄌᆞ재로 니르더 니 이 몸이 외국에 쳐ᄒ여 홀연 고국이 타락홈을 풍편에 듯고 울분ᄒ 챵 ᄌᆞ에 더운 피를 ᄲᅳ릴 곳이 업셔 수쳔 리 외에서 고국산쳔을 향ᄒ야 슯히 통곡ᄒ더니 다힝이 츙분에 격앙ᄒ 군즈 최봉쥰씨에 혈셩이 사무차 신문을 챵간ᄒ니 명명 ᄒᆡ죠신문이라. ≪해조신문≫ 1908.3.13)

이런 상황에서 대한민국임시정부는 '대한민국임시헌장 선언문'(1919.4.11) 을 통해 '국민동포'의 사상을 다시 천명하였다.96) 물론 내용은 '국민동 포'가 아닌 '동포국민'으로 순서가 바뀌었지만 그 기본구조는 변함이 없 었다.

존경하고 열애하는 아 2천만 동포국민이여. 민국 원년 삼월일일 아 대한민 족이 독립선언함으로부터 남과 녀와 노와 소와 모든 계급과 모든 종파를 물론하고 일치코 단결하야 동양의 독일인 일본의 비인도적인 폭행하에 극 히 공명하게 극히 인욕하게 아민족의 독립과 자유를 갈망하는 의사와 정 의와 인도를 애호하는 국민성을 표현한지라. … 차시를 당하야 본정부 - 전국민의 위임을 수하야 조직되였나니 본정부 - 전국민으로 더브러 전심 코 戮力하야 임시헌법과 국제도덕의 명하는 바를 준수하야 국토광복과 邦

---

96) 국회도서관편, 『대한민국임시의정원문서』(1974), 3쪽.

某확고의 대사명을 貫하기를 자에 선서하노라. 동포국민이여 분기할지어다. … 우리의 정의 맛침내 일본의 폭력을 승할지니 동포여 기하야 최후의 일인까지 투쟁할지어다. … 대한민국원년 사월 일. 대한민국임시정부.

이는 대한민국임시정부가 국권상실로 망국민이 된 국내외 동포를 자신의 국민으로 생각하고 있었음을 의미하며, 납세·병역의무(1919)[97] 부여나 재외동포 인구조사(1937)[98] 그리고 인구세법 개정(1944)[99] 등

---

[97] 국회도서관편, 『대한민국임시의정원문서』(1974), 3~23쪽. 1919년 대한민국 임시헌법(1919.9.11) 제10조는 대한민국 인민에게 "납세의 의무, 병역에 복하는 의무, 보통교육을 수하는 의무"를, 1925년 대한민국임시헌법(1925.4.7) 제27조는 광복운동자에게 "재정을 부담하며 병역에 복하며 징발에 응하는 의무"를, 1941년 건국강령(1941.11.25) 4(ㅁ)에서는 대한민국인민에게 "법률을 수하며 세금을 반하고 병역에 응하며 공무에 복하고 조국을 건설보위하며 사회를 시설지지하는 의무"를, 1944년 대한민국임시헌장(1944.4.22) 제6조는 대한민국 인민에게 "조국을 광복하고 민족을 부흥하고 민주정치를 보위하는 의무, 헌장과 법령을 준수하는 의무, 병역과 공역에 복무하는 의무, 국세를 납입하는 의무"를 부여하고 있다.; 독립운동사편찬위원회, 『독립운동사』 제4권: 임시정부사(독립유공자사업기금운용위원회, 1972), 490쪽. "임시정부의 재원은 처음부터 끝까지 재미동포에게 크게 의존하고 있었으니 그것만으로도 큰 몫을 담당하였다고 볼 수 있다."

[98] 《한민》 1936년 7월 30일자. "독립운동에 대한 진선을 정제키 위하여 우선 해외에 재류하는 동포로부터 실시: 대저 정부에서는 국민의 호구 및 그들의 정형을 자세히 알아야 행정상 필요하고 또 국민된 이들도 이것을 자세히 등기할 의무가 있고 또 따라서 권리도 발생되는 것이거니와 더욱 지금 독립운동 시기에 있는 우리로서는 우리 독립운동의 중요한 지위를 차지하고 있는 해외동포의 사정을 자세히 알아서 독립운동에 대한 진선을 정제히 할 필요가 있으므로 우리 임시정부 내무부에서는 해외동포의 인구조사의 계책을 세우고 실행에 착수하였다 한다."; 《국민보》 1937년 2월 3일자. "무릇 정부에서는 국민의 호구(戶口)와 그들의 정형(情形)을 자세히 알아야 행정상 필요하고, 또 국민된 이들도 이것을 자세히 등기할 의무가 있으며, 또 따라서 권리도 발생되는 것이어니와, 더욱 지금 우리 광복운동 시기에 있어서는 우리 광복운동의 중요한 지위를 차지하고 있는 국외의 교민들의 사정을 밝게 알아서 광복사업에 대한 진선(陣線)을 정제이하는 것이 더욱 필요한지라. 그러므로 본 내무장은 이제 별지와 같은 '호구등기부'를 만들어 발표하고, 아울러 본 정부의 각 행서직원이나 각 단체 혹 개인을 경유하여 일반에게 나누어준 후 다시 그들로 하여

을 시도하였던 뜻도 여기에 있었다.

그러나 일본의 식민통치가 가속화되고 해외거주 동포들의 생활상태도 재류(在留)·교거(僑居)단계100)에서 정착(定着)·귀화(歸化)단계로 변모해가고, 해방 이후 귀환자와 미귀환자가 생기면서 한반도 안과 한반도 밖의 사람들 간에 미묘한 생각의 차이가 일어나기 시작하였다. 즉 '국민동포'들 간에 이주시기와 배경, 거주지정착 정도, 국적 소지와 귀화 여부, 현지화(국제결혼) 등에 따라 "동포=국민=민족"이라는 생각이 점차 엷어져갔으며, "동포라고 해서 반드시 동일한 국민이 아니다"라는 생각과 "재외국민과 재외동포는 법적 성격이 다르다"(재외국민≠재외동포)는 현실이 점차 자리 잡아 나갔다.101)

금 거두어 보내게 하니, 여러 동포는 이를 등한히 여기지 말고 이 포고를 받는 대로 부쳐 10일 이내에 각각 이 호구등기부에 실린 대로 낱낱이 자세히 기록하여서 그것을 다시 본래 나누어준 곳으로 돌려보내어 본 정부(大韓民國臨時政府)로 오게 할지어다. 대한민국 18년 8월 일 임시정부 내무장 조완구."

99) ≪국민보≫ 1944년 8월 16일자. "제35회 의정원(大韓民國臨時議政院)회의에서 인구세법을 결의 개정하여 국무위원에서 벌써 공포한 바, 그 세금징수에 관한 사항을 다음과 같이 발표하니 해당한 인원은 기한 안으로 자납함을 지시함. 대한민국 26년 6월 10일. 다음. 세액은 전에 매인 1년 1차씩, 각기 그 지방 통용화폐로 1원씩을 10원씩으로 증가됐음. 지납 자격은 전과 같이 대한민국 인민으로 연령이 18세 이상 된 자에게 한함. 지납기일은 민국 26년 6월 20일로 시작하여 27년 5월 말일까지 징수함."

100) ≪황성신문≫ 1899년 6월 7일자(2면 잡보: 在日한인) "日下 일본에 재류훈 諸외국내인에 韓人이 백구십육명이라더라)"; ≪황성신문≫ 1902년 10월 25일자(2면 잡보: 在美韓人) "近日미국에 入籍훈 각국인이 통계 삼백사오십만명인데 其中 淸人이 이만명이오, 日人이 삼천명이오, 韓人이 五名이니 유람체재훈 人은 此數에 不在ᄒ얏다ᄒ고 日下 미국에 재류ᄒᄂ 한국유학생은 紐育에 五名, 桑港에 八名, 각지에 散在人이 十名좌우오 쏘 오하요대학교에 부인 一名이 在ᄒ다더라.); ≪황성신문≫ 1907년 6월 18일자(4면 광고); ≪황성신문≫ 1910년 7월 21일자(3면 시사).

101) <예> ①구한말 이전: 동포=국민=민족(cf. 동포애 강조), ②식민지 이후: 민족≠국민, 동포(국내, 해외)≠국민, 민족=동포(cf. '해외동포', '내지동포', '사해동포'), ③1930년 이후: 동포의식(동포애) 상실, ④해방 이후: 민족=동포(국내:

한편 '한인'(1887)[102], '대한인'(1899)[103], '한국인민'(1899)[104], '대한생령'(1900)[105], '한민'(1904)[106], '한국민'(1909)[107], '조선인'(1910)[108],

친일, 반일/ 해외: 귀환, 미귀환)=국민(cf. 동포애 회복), ⑤한국전쟁 이후: 민족≠국민, 동포(국내・해외: 친공, 반공)≠국민, 민족=동포, ⑥한일국교정상화 이후: 민족≠국민, 동포(해외: 현지영주, 이민, 귀화)≠국민, 민족=동포, ⑦유신 이후: 민족≠국민, 동포(해외: 친정부, 반정부)≠국민, 민족=동포, ⑧탈냉전 이후: 민족≠국민, 동포(해외: 미・일, 중・러)≠국민, 민족=동포, ⑨최근: 민족≠국민, 동포=국민(제2국민), 민족=동포.

102) 고종 24년(1887년) 조선과 중국은 육로전선가설을 위한 합동조약을 체결하였는데 제2조 "自漢城至釜山, 設有四局, 由朝鮮政府派官經理. 暫借用洋匠一人架設, 俟設成後, 仍商請華電局洋匠熟料, 全各局司事學生, 聽用韓人, 華人, 斷不准僱用他國人."에서 '韓人'이라는 말이 처음 나온다. 이는 '華人'(또는 '日人')에 대비되는 말로 사용됐으며, '人韓人', '韓國人民'의 줄임말이기도 하였다. 이후 "대한인, 재일한인, 俄土한인, 재미한인, 미국한인, 북미한인, 북미대한인, 아한인민, 뉴약류한인, 해삼위거류아한인사, 묵서가거류한인, 재합한인, 입로한인, 한인이주(이주한인), 도일한인, 간도한인, 포염한인" 등 매우 다양한 한인들이 기록상으로 발견된다.
103) ≪황성신문≫ 1899년 1월 24일자(1면 론설) "大韓人이 인물을 평론함이 其賢愚善惡을 從하야 ㅂ是ㄴ非호딕 至於各部史典하야는 必ㄴ好好□이라 함이 余深思數年에 乃得하니 世人의 言이 其本源을 推究치 못함이로다. …."
104) ≪황성신문≫ 1899년 6월 7일자(2면 잡보: 俄土한인) "한국인민이 俄國영토에 이주훈 자 如左호니 海蔘威의 戶數 … 物羅富保斯其의 호수 … 連秋지방의 호수 … 이상 총계 삼만삼천사백사십육인인티 수에 俄國영토에 任호야 점점 俄國에 人….)
105) ≪황성신문≫ 1900년 9월 28일자(2면 잡보: 韓民請願) "함북유민이 두만강을 渡호야 江西島에 이거호는 자 多호더니 該地民 최봉길, 김완길, 장중경 등이 내부에 청원호기를 窮不資生호야 越江圖生이 己有年所에 旣無易服호고 恒切懷土라. 疆土雖殊나 莫非我人韓生靈이어늘 咸北綜斗委員이 過江來往에 請之不來호니 현재 富寧郡 種痘認許員을 파송시슬호면 該경비는 民自辦級호깃 다호얏더라."
106) ≪조선왕조실록≫ 고종 44권, 41년(1904) 6월 4일. 韓日兩國人民魚採條例. "一, 日本國人民不準在韓民已佔之處, 妨害其漁利. 犯者懲罰, 倘有肆行暴擧者, 押交附近領事, 從嚴究辦."
107) ≪대한매일신보≫ 1909년 1월 6일자(2면 잡보: 한국이민 규측) "청국 림강현에 한국인을 이민호는 수에 뒤하야 전일에도 협샹문뎨가 니러낫고 또 그후에 봉텬에 잇는 청국관리들이 종종 의론훈 결과로 금번에 규측을 제뎡호야 한국에 쥬지호는 청국령스로부터 통감부에 통텹호엿는티 … 四. 한국민으로 청국에 귀화호기를 원호는 쟈의게는 청국인과 굿치 셰를 밧되 까다롬이 업게

'2천만 민족'(1907)109), '대한민족'(1908)110), '조선민족'(1908)111) 등과 같은 개념도 자국민 전체를 지칭하는 '총칭'의 성격을 갖게 됐다.

따라서 우리에게는 '국민동포' 또는 '동포국민'의 관점의 회복과 혈연정체성, 민족정체성, 국민정체성의 관계 정립으로 한민족의 울타리를 확장해나갈 필요가 있을 뿐만 아니라 앞으로 우리 재외동포정책이 3중 정체성("동포=국민=민족")을 재결합 또는 네트워크 하는 방향으로 나아간다면 보다 성숙된 재외동포사회의 발전을 기대할 수 있을 것이다.

홀 스."
108) ≪황성신문≫ 1910년 8월 30일자(2면 전보: 浦鹽한인 불온) "포염에 재훈 조선인은 불온훈 模樣이 有호나 露國관헌의 경계엄중홈으로 人事에 不全호얏다더라."
109) ≪조선왕조실록≫ 고종 제48권, 44년(1907) 7월 6일. 법부대신 조중응(趙重應)의 보고. "被告羅寅永은 供稱, 光武九年十一月에 我韓外交權을 日本에 讓與훈 新條約이 雖曰被逼이나 未有皇上陛下允許호고 又無參政大臣之捺章이거놀 噫! 彼五賊李址鎔、李根澤、朴齊純、李完用、權重顯이 擅書可字而許之호야 內治政權과 全國利權을 並爲讓與호야 驅二千萬民族호야 作人奴隸호니 壞損國權之律이 旣在法文일뿐더러 憂憤所激에 欲遂亂臣賊子人人得誅之義호야…"
110) ≪대한매일신보≫ 1908년 1월 11일자(1면, 미국 상항에 잇는 공립신문을 위호야 의연금을 모집호는 발긔취지셔/대호싱) "오직 우리 한국의 동족형데들이 곤궁소치로 긔한의 핍박을 견디지 못호야 나라를 브리고 고향을 쩌나셔 하늘가에 표박호야 뎌 북미국 상항디방에 가셔 머느는자 - 수쳔인이나 되는 딕 그 공스와 령스가 잇셔셔 보호홈도 업고 일푼일견의 조본도 업는쟈-라. 풍… 더 만리밧긔 잇는 동포들의 고생혈성으로 호는 사업을 가히 셩취케 홀거시오, 우리 대한민족의 츙의호는 도덕의 므음을 쏘훈 가히 세계에 발표홀지니 우리 전국동포는 이거슬 삷혀 주의호심을 십분 브라노라."
111) ≪대한매일신보≫ 1908년 10월 29일자(1면 론설: 평안도에 지스 삼인이 새로남) "오호-라. 평안도ㅅ 사룸ᄀᆞᆺ흔 의긔로 엇지 지스가 세 사룸뿐이리오. 몃 십만 지스가 쟝춧 날거시오. 신셩훈 죠션민족으로 엇지 평안도에만 지스가 나리오, 전국뇌에 몃빅만 지스가 날줄노 밋노라."

제2장 재외국민보호의 의의와 과제[112]

1. 여는 말

글로벌화가 진전되고 있는 오늘날, 국가 간의 경제활동이 보다 자유롭게 이뤄짐으로써 전통적 의미의 국경 개념이 점차 사라지고 있으며, 개인·비정부기구까지 초국경적 활동을 넓혀나가고 있다. 그러나 국외 활동이 늘어남에 따라 해외에서의 위기상황은 함께 늘어나고 있으며, 국외 체류·여행·거주 중에 발생하게 되는 재외국민의 생명·신체·재산 피해사례가 충분히 예상[113]되는 것이 오늘 우리가 직면하고 있는 현실이다. 그리고 자국 영토내의 국민에 대해서는 헌법·법률 또는 물리적 수단으로 적극적인 보호가 가능한 반면 자국 영토 밖의 국민에 대해서는 적극적인 보호를 기대할 수 없는 것 또한 오늘의 현실이다.

---

112) 「재외국민보호법 제정에 관한 공청회」 진술인 김봉섭의 원고(2010.4.15)를 토대로 재구성.
113) 외교통상부, 『성과계획서: 변경』(2009), 22쪽. 2007년도 피해 3,639건, 가해 2,285건, 수감자 1,001명.

이처럼 국외에서 자국민의 안전이 위협받는 위기상황을 우리 정부는 어떻게 관리할 것이며114), 외교통상부(이하 외교부)는 어떠한 조직체제로 재외국민을 보호·지원해나갈 것인가115) 하는 것은 한국 재외동포정책의 미래상과 관련하여 매우 중요한 정책과제이다.

〈표 2-1〉 재외동포사회의 환경변화(SWOT분석)116)

장점(Strengths)	약점(Weaknesses)
-내외동포간 인적교류 활성화 지속 -재외동포인구의 증가 추세 확연 -재외한인단체 활동 및 네트워크 활성화 -글로벌 수준의 차세대 인적자원 부상 -재외동포에 대한 대통령 및 관련부처 관심 증대	-재외동포정책의 획기적 개선 미비(소극성 유지) -거주국내 한인동포사회 구심점 부재 -재외동포사회 의견 수렴 미약 -재외동포사회 역량결집 및 공동추진과제 부족 -재외동포 관련법·제도의 미비
기회(Opportunities)	위기(Threats)
-세계한인의 날 제정 등 동포사기진작 발판 구축 -글로벌 동포인재 적극 활용 분위기 고조 -차세대 민족교육 지원 확대 예상 -모국 국정참여 기회 부여(재외국민 투표권 포함) -모국과의 호혜발전·상생협력 분야 확대	-각종 국외 사고 및 위난상황 발생 -소외지역 및 저발전 재외동포사회지원 시급 -재외동포 전담기구 개편논의 상존 -재외동포에 대한 부정적 인식 -정책 우선순위 낮음, 미래국가전략과 연계 부재

---

114) 대한민국 헌법(헌법 제9호) 제2조 ② 국가는 법률이 정하는 바에 의하여 재외국민을 보호할 의무가 있다.
115) 정부조직법 제25조 ① 외교통상부장관은 외교, 외국과의 통상교섭 및 통상교섭에 관한 총괄·조정, 국제관계 업무에 관한 조정, 조약 기타 국제협정, 재외국민의 보호·지원, 재외동포정책의 수립, 국제정세의 조사·분석에 관한 사무를 관장한다.
116) 김봉섭, 『재외동포가 희망이다』(엠에드, 2009), 511쪽(한국정치학회, 「재외동포 관련 연구동향과 향후과제: 연구사의 전개와 쟁점을 중심으로」, 2008. 8.8 광복60주년기념공동학술회의).

이명박정부 출범 초기(2008)만 하더라도 외교부는 정부안으로 제출할 '재외국민보호법'의 세부사항까지 최종 점검하는 움직임을 보였으나 정부안은 아직까지 제출되지 않은 채 의원입법안의 동향파악에 주력하고 있다는 점에서 제18대 국회(2008.5.30~2012.5.29)에서 진행 중에 있는 입법부 주도의 재외국민보호법(안) 제정 노력은 높이 평가받아야 하며, 지금이라도 외교부는 합의도출에 힘을 보태야 한다.

2. 재외국민보호법(안)의 쟁점

<표 2-2> 재외국민보호법(안)의 '목적' 조항 비교

구분		목적
제17대국회	이성권 대표발의안117) (2004.8.9))	제1조(목적) 이 법은 재외국민의 생명·신체 및 재산을 보호하기 위하여 국가의 재외국민보호체계를 확립하고 재외국민이 처할 수 있는 각종 위난상황에 따른 국가의 구체적인 보호의무를 규정함으로써 국민의 안전한 국외활동을 보장함을 목적으로 한다.(제1조)
	권영길 대표발의안118) (2004.9.21)	제1조(목적) 이 법은 재외국민의 생명·신체 및 재산을 보호하기 위하여 국가의 재외국민보호체계를 확립하고 재외국민이 처할 수 있는 각종 사건과 사고나 해외위난상황에 따른 국가의 구체적인 보호의무를 규정함으로써 국민의 안전하고 원활한 국외활동을 보장함을 목적으로 한다.
	김성곤 대표발의안119) (2004.10.1)	제1조(목적) 이 법은 국가의 재외국민보호체계를 확립하고 대한민국 영역 밖에서 발생한 위난상황으로부터 재외국민의 생명·신체 및 재산을 보호하고 국민의 안전한 해외활동에 기여함을 목적으로 한다.
	김정훈 대표발의안120) (2007.10.30)	제1조(목적) 이 법은 재외국민이 처할 수 있는 각종 사고 및 해외위난상황으로부터 재외국민의 생명·신체 및 재산을 보호하기 위하여 국가의 구체적인 보호의무를 규정하고 재외국민보호체계를 확립함으로써 국민의 안전하고 원활한 국외활동을 보장함을 목적으로 한다.

제18대국회	신낙균 대표발의안121) (2008.12.5)	제1조(목적) 이 법은 해외위난상황 발생시 재외국민의 생명·신체 및 재산을 보호하기 위한 국가의 재외국민보호체계 확립에 필요한 사항을 규정함으로써 재외국민의 안전한 해외활동을 보장함을 목적으로 한다.
	김정훈 대표발의안122) (2008.12.9)	제1조(목적) 제17대 발의안과 동일 내용
비고	외교부안: 재외국민보호에 관한 법률(안) (2010.12.14)	제1조(목적) 이 법은 재외국민이 스스로 안전을 확보할 수 없으며, 체류국으로부터도 적절한 보호를 받을 수 없는 경우에 국가가 취하여야 할 재외국민보호 조치의 원칙과 범위를 정하고 이와 관련된 국민의 의무를 규정하는 것을 목적으로 한다.

국회 외교통상통일위원회 수석전문위원(2009)은 재외국민보호법안의 쟁점사항을 "①정의(재외국민, 해외위난상황, 각종 사고), ②국가의 책무, ③국민의 협력 및 ④재외국민의 신고의무, ⑤재외국민보호위원회,

---

117) 의안번호 263호. 발의연월일: 2004.8.9. 발의자: 이성권·김석준·유기준·김양수·이규택·황진하·이계경·박형준·고진화·원희룡·안민석·박희태·김형주·박홍수·배일도·고흥길·엄호성·김문수·김재경·권철현·남경필·정화원·김희정·김명주·정병국·김정훈·주호영·안상수 의원(28인)
118) 의안번호 483호. 발의연월일: 2004.9.21. 발의자: 권영길·천영세·강기갑·현애자·이영순·심상정·단병호·노회찬·최순영·조승수 의원(10인)
119) 의안번호 548호. 발의연월일: 2004.10.1. 발의자: 김성곤·유선호·김명자·주승용·이상경·민병두·정장선·김덕규·양형일·조경태·장복심·최성·정의용·이정일·이철우·안상수·김효석·김홍일·박순자·유재건·이화영·김원웅·윤호중·임종석·박찬석·김태홍·김낙순·김재홍·조배숙·정병국·서재관 의원(31인)
120) 의안번호 7674호. 발의연월일: 2007.10.30. 발의자: 김정훈·박승환·유기준·김희정·이성권·안경률·김형오·김무성·서병수·엄호성 의원(10인)
121) 의안번호 2891호. 발의연월일: 2008.12.5. 발의자: 신낙균·강창일·송영길·유성엽·김동철·추미애·안규백·김성순·박기춘·송민순·김성곤·박은수·문학진·박지원·정세균·이미경·홍재형·김정권·우제창 의원(19인)
122) 의안번호 2933호. 발의연월일: 2008.12.9. 발의자: 김정훈·안경률·이달곤·안상수·유정현·최구식·최철국·고승덕·김충환·장광근·임동규·정옥임·유기준·고흥길 의원(14인)

⑥재외국민보호기본계획의 수립, ⑦위험지역에서의 보호·대피(강제대피권, 재외국민인적사항의 등록), ⑧범죄피해자 등의 보호, ⑨범죄자 등의 보호, ⑩긴급구조의 요청, ⑪경비지원, ⑫해외위난업무 수행자에 대한 보상, ⑬벌칙 및 양벌규정" 등을 들고 있다.[123]

그러나 본고에서는 다음의 3가지 쟁점에 국한하여 의견을 제시하고자 한다.

1) 재외국민 정의와 범주문제

우리 현행 법률체계에서는 '재외국민'과 관련하여 다음 4개의 법적 근거를 갖고 있다. 첫째, 재외동포재단법(1997 제정, 2010 개정)이다. 여기서는 "대한민국 국민으로서 외국에 장기체류하거나 외국의 영주권을 취득한 사람"(제2조 1), 즉 재외국민을 재외동포의 한 범주로 규정한다.

둘째, '재외동포의 출입국과 법적지위에 관한 법률'(1999)이다. 여기서는 "대한민국의 국민으로서 외국의 영주권을 취득한 자 또는 영주할 목적으로 외국에 거주하고 있는 자"(제2조 1)를 재외국민으로 규정하고 있는데, 보다 구체적으로는 "거주국으로부터 영주권 또는 이에 준하는 거주목적의 장기체류자격을 취득한 자, 해외이주자로서 거주국으로부터 영주권을 취득하지 아니한 자"(동법 시행령 제2조 ①과 ②)가 해당된다.

셋째, '재외국민의 교육지원 등에 관한 법률'(2007)이다. 여기서는 "외국에 거주하는 대한민국 국민"(제2조 1) 모두를 재외국민으로 규정

---

[123] 국회 외교통상통일위원회, 「재외국민보호법안(2건) 신낙균 의원 대표발의, 김정훈 의원 대표발의 검토보고서」(2009.4) 참조.

한다.

넷째, 남북교류협력에 관한 법률(1990 제정, 2009 개정)이다. 여기서는 "외국정부로부터 영주권을 취득하였거나 이에 준하는 장기체류허가를 받은 사람"(제9조 ⑧ 1) 외에 "외국에 소재하는 외국법인 등에 취업하여 업무수행의 목적으로 북한을 방문하는 사람"(제9조 ⑧ 2)을 재외국민의 범주에 포함시키고 있다.

외교부에서 발표하는 '재외동포현황'[124]에서는 재외국민의 범주에 "영주권자, 일반체류자(주재상사원, 외교관 등), 유학생"까지 포함하고 있다. 그 결과 2009년 5월 현재 재외국민은 2,869,921명(일반체류자 1,306,462. 영주권자 1,219,561. 유학생 343,462)으로 추산되며, 이는 통계청(2009)에서 추계한 국내인구(48,746,693명)의 5.88%에 해당된다.[125]

---

[124] 해외에 주재하는 우리 재외공관(대사관, 총영사관, 분관 또는 출장소)에서 작성한 공관별 재외동포현황을 취합, 정리(2009.5.1 기준)한 것으로서 주재국의 인구 관련 통계자료, 한인회 등 동포단체 조사자료, 재외국민등록부 등 공관 민원 처리기록 직접조사 등을 근거로 산출한 추산치. 본 자료는 2년에 한번씩 조사가 이루어지며, 홀수년도 하반기에 업데이트 (http://www.mofat.go.kr/consul/overseascitizen/policy/index.jsp).

[125] 1980년 6월 30일 현재 재외국민수는 1,470,916명(1981.5.13 국회 외무위원회 노신영 외무장관 현황보고). 2009년 현재 영주권자가 많은 순서(미국 656,223명, 일본 486,471명, 캐나다 80,705명, 호주 34,367명, 브라질 22,114명, 아르헨티나 14,419명, 뉴질랜드 11,819명), 일반체류자가 많은 순서(미국 469,528명, 중국 350,995명, 필리핀 85,707명, 베트남 82,327명, 일본 78,414명, 호주 32,959명, 캐나다 21,508명, 영국 15,200명, 말레이시아 11,165명, 독일 11,101명), 유학생이 많은 순서(미국 105,242명, 중국 58,921명, 호주 38,103명, 필리핀 29,122명, 일본 27,113명, 캐나다 22,249명, 영국 18,700명), 외국국적자가 많은 순서(중국 1,923,329명, 미국 1,003,429명, 일본 320,657명, 러시아 215,845명, 우즈벡 174,300명, 카자흐 102,000명, 캐나다 98,860명, 브라질 24,234명, 호주 20,240명, 키르기즈 18,200명, 우크라이나 12,711명, 뉴질랜드 10,618명).

그런데 제18대 국회 회기 중에 발의된 신낙균 의원안과 김정훈 의원안에서는 한 해 1천만 명을 상회하는 해외 일시여행자까지 재외국민의 범주에 포함시키고 있어[126] 재외국민의 범위·규모가 3배 이상 확대된다. 이에 맞서 외교부는 재외국민과 해외여행자를 구분하는 '재외국민보호법'(정부발의안)을 성안 중에 있다.

<표 2-3> 재외국민보호법(안)의 '재외국민 정의' 조항 비교

구분		용어 정의
제17대 국회	이성권 대표발의안 (2004.8.9)	제2조(정의) 이 법에서 사용하는 용어의 정의는 다음과 같다. 1. "재외국민"이라 함은 국외에서 거주·체류 또는 여행하고 있는 대한민국국민을 말한다.
	권영길 대표발의안 (2004.9.21)	제2조(정의) 이 법에서 사용하는 용어의 정의는 다음과 같다. ① "재외국민"이라 함은 국외에서 거주·체류 또는 여행하고 있는 대한민국국민을 말한다.
	김성곤 대표발의안 (2004.10.1)	제2조(정의) 이 법에서 사용하는 용어의 정의는 다음과 같다. 1. "재외국민"이라 함은 국외에서 거주·체류 또는 여행하고 있는 대한민국 국민을 말한다.
	김정훈 대표발의안 (2007.10.30)	제2조(정의) 이 법에서 사용하는 용어의 정의는 다음과 같다. ① "재외국민"이란 국외에 거주·체류 또는 여행하고 있는 대한민국국민을 말한다.
제18대 국회	신낙균 대표발의안 (2008.12.5)	제2조(정의) 이 법에서 사용하는 용어의 정의는 다음과 같다. ① "재외국민"이라 함은 국외에서 거주·체류 또는 여행하고 있는 대한민국 국민을 말한다.
	김정훈 대표발의안 (2008.12.9)	제2조(정의) 이 법에서 사용하는 용어의 정의는 다음과 같다. 1. "재외국민"이란 국외에 거주·체류 또는 여행하고 있는 대한민국국민을 말한다.

---

[126] 통계청 '국가통계포털'에 따르면 2009년 내국민 출국자수는 국내인구의 19.47%에 해당하는 9,494,111명(1월 812,901. 2월 753,642. 3월 702,043. 4월 734,681. 5월 737,396. 6월 731,137. 7월 996,695. 8월 1,041,527. 9월 658,487. 10월 714,880. 11월 721,940. 12월 888,782).

비고	외교부안: 재외국민보호에 관한 법률(안) (2010.12.14)	제2조(용어의 정의) 이 법에서 사용하는 용어의 뜻은 다음과 같다. 1. "재외국민"이라 함은 대한민국 국적을 보유하고 국외에 체류하고 있는 자를 말한다. 제6조(보호의 대상) ① 이 법률의 보호대상은 대한민국의 국적을 가진 재외국민으로 한다. ② 국외에 체류하고 있는 북한이탈주민의 보호에 대해서는 「북한이탈주민의보호및정착지원에관한법률」이 적용된다. ③ 재외국민으로서 체류국의 국적을 아울러 취득한 자는 이 법률에 의한 체류국 영토상의 보호대상에서 제외한다.

물론 국회에서 추진 중인 '재외국민보호법안'의 입법 동기가 이라크내 테러단체에 의한 피랍살해사건, 아프가니스탄에서의 피랍살해사건, 소말리아 일대 해적의 한국선원 납치사건, 예멘 테러사건 등으로 촉발되었기에 위협에 가장 노출되기 쉬운 해외여행자나 일시방문자 보호가 시급한 과제이지만 국회 주도의 '재외국민보호법안'에서 재외국민의 범주를 무한정 확대한다면 헌법-법률(기본법-일반법順)-시행령(대통령령)-시행규칙 상호간에 일관성이 없거나 개념적으로 상호 충돌할 가능성이 있다는 점을 충분히 고려해야 한다. 특히 대한민국헌법의 재외국민보호 조항을 뒷받침할 '재외국민기본법'이 부재한 상태에서 재외국민에 대한 명확한 개념정의와 범주에 대한 합의가 선행되어야 한다. 그것이 현실적으로 어렵다면 '재외국민보호법(안)'의 명칭변경을 진지하게 고려해야 한다.

또한 신낙균 의원안과 김정훈 의원안은 재외국민 범주에서 해외체류 북한이탈주민(탈북난민)이나 복수국적을 소지한 외국국적동포를 배제하고 있는데 헌법 제3조("대한민국의 영토는 한반도와 그 부속도서로 한다")에 대한 적극적인 해석과 함께 국적법 개정을 통해 외국인 우수인재 등에 대한 제한적 복수국적 보유를 허용한 이명박정부의 정책의지를 감안한다면 이들도 재외국민의 범주에 포함시켜 가능한 한 보호대상으로 삼는 것이 헌법 제정취지나 국적법 개정취지에 합당하다.

그리고 보다 안정적으로 재외국민보호체제가 정착되기 위해서는 연평균 1천만 명에 달하는 90일 이내의 단기체류·여행자들도 재외국민등록이 가능하도록 재외국민등록법을 개정하거나 신낙균 의원안과 김정훈 의원안 등 '재외국민보호법(안)'에 관련 조항이 권고사항으로 포함되어야 한다.

예를 들어 프랑스에는 '해외프랑스인'(French people abroad)[127]이라는 개념이 있는데 6개월 이상 국외거주하는 모든 프랑스인은 해당지역 프랑스영사관을 방문하여 관리목적으로 고안된 행정문서(고용신분, 직업, 사용언어 등 질문)에 등록해야 한다. 이 문서의 등록사항은 5년간 유효하며, 'world register of French people settled outside France'라는 DB로 관리된다. 평상시 여권·국적ID카드 발행, 장학금·복지연금 취득에 유익하며, 영사관은 유사시 이들을 적극 보호하는 시스템을 갖추고 있다. 9·11사태(2001) 이후 미국 국무부도 자체 웹사이트에서 자국민 보호와 안전에 관련된 정보를 제공하고 있으며, 해외

---

[127] http://www.insee.fr/en/ffc/docs_ffc/cs120x.pdf 참조(Bernard Gentil과의 인터뷰). 매 10년마다 실시되는 정기 인구센서스에서 자신의 국적을 프랑스라고 신고하는 사람은 '프랑스인'으로, 프랑스 이외의 외국으로 신고하는 사람은 '외국인'으로 구분하고 있는데 그 외에 국적 불문하고 정부 공식채널인 시민등록, 여권, ID카드에서 프랑스인으로 신고하였거나 프랑스어를 사용·교수함으로써 프랑스와 유대관계를 계속 유지하고 있는 사람들을 '해외프랑스인'으로 규정하고 있다. 이들은 불과 몇 년간 회사나 정부기구 일로 해외근무 중인 사람들, 해외이민 귀화자, 프랑스국적자와 결혼한 외국인 또는 한때 프랑스 국적을 획득하였던 해외출생자 등이 해당된다. 해외거주 프랑스인의 절반은 복수국적자이며, 전 세계에 약 200~220만 명으로 추산된다.

여행자들이 세계 모든 지역의 자국 대사관·영사관과 연결할 수 있는 온라인등록시스템(중앙집중식 인터넷 사이트)128)을 구축·활용 중에 있다.

2) 재외국민보호의 내용문제

대한민국 헌법(1987.10.29 전부개정) 제2조 ②항은 "국가는 법률이 정하는 바에 의하여 재외국민을 보호할 의무를 진다"고 명시하고 있다.

그러나 이 '재외국민보호' 조항을 최초로 규정한 제5공화국 헌법(1980.10.27 전부개정)129)이나 현행 헌법 조항이 실제 효력을 발생하기 위해서는 '재외국민기본법'이나 '재외국민보호법' 등과 같은 하위법률이 제정되어야 한다. 즉 1980년 당시 공화당과 신민당의 개헌안에 대해 국내언론에서는 "나날이 늘고 있는 해외이민, 근로자진출 및 기존 해외거주동포들에 대한 보호조치에 관련된 규정이 들어가야 한다. 재일·재미교포는 물론 사할린이나 중국대륙 등에 살고 있는 우리 동포들까지 합치면 해외거주동포가 3백만 명을 넘는 것을 감안할 때 공화당이 재외교민보호조항을 신설한 것은 너무도 당연한 시대의 추세라 하겠다"130)는 환영의 뜻과 함께 "그 같은 규정의 법적효력을 뒷받침하는 조치가 없다면 무의미한 규정이 될 소지가 있다"131)며 우려의 뜻을 표

---

128) http://www.state.gov/travelandbusiness/ 참조. 이홍종·이진명, 「미국의 재외동포현황과 정책적 과제」(2008.12.5 한국정치학회 연례학술회의 재외동포 연구특별위원회 패널) 참조.
129) 제2조 ② 재외국민은 국가의 보호를 받는다.
130) 《중앙일보》 1980년 2월 12일자(3면, 신민당 개헌안을 보고).
131) 《중앙일보》 1980년 2월 14일자(3면, 실효 없는 장식·선심 조항 많다).

시한 바 있었지만 당시의 문제의식은 지금도 여전히 유효하다.

<표 2-4> 재외국민보호법(안)의 '국가 책무' 조항 비교

구분		국가의 책무
제17대국회	이성권 대표발의안 (2004.8.9)	제3조(국가의 책무) ①국가는 재외국민이 조약 그밖에 일반적으로 승인된 국제법규와 재외국민 소재국의 법령에 따라 정당한 대우를 받도록 노력할 책무를 진다. ②외교통상부장관은 재외국민이 해외위난상황으로부터 신속하고 책임 있는 보호를 받을 수 있도록 재외국민보호정책을 수립·시행하여야 한다.
	권영길 대표발의안 (2004.9.21)	제4조(국가의 책무) ①국가는 재외국민이 국제조약 및 그 밖에 일반적으로 승인된 국제법규와 이에 위반되지 않는 한도 내에서 재외국민 소재국의 법령에 따라 정당한 대우를 받도록 노력할 책무를 진다. ②재외국민이 제1항의 정당한 보호를 받지 못하거나 못할 우려가 있는 경우 외교통상부 장관은 관련 국제법에 따라 주재국에 대하여 필요한 외교적 조치를 취하여야 한다. ③외교통상부장관은 재외국민이 신속하고 책임 있는 보호를 받을 수 있도록 재외국민보호정책을 수립·시행하여야 한다.
제17대국회	김성곤 대표발의안 (2004.10.1)	제4조(국가의 책무) ①국가는 조약 그밖에 일반적으로 승인된 국제법규와 재외국민 주재국의 법령에 따라 재외국민을 보호할 책무를 진다. ②외교통상부장관은 재외국민이 해외위난상황으로부터 신속하고 적절한 보호를 받을 수 있도록 재외국민보호정책을 수립·시행하여야 한다.
	김정훈 대표발의안 (2007.10.30)	제4조(국가의 책무) ① 국가는 재외국민이 국제조약, 그 밖에 일반적으로 승인된 국제법규와 재외국민 소재국의 법령에 따라 정당한 대우를 받도록 노력할 책무를 진다. ② 재외국민이 제1항의 정당한 보호를 받지 못하거나 못할 우려가 있는 경우 외교통상부장관은 관련 국제법에 따라 주재국에 대하여 필요한 외교적 조치를 취하여야 한다. ③ 외교통상부장관은 재외국민이 신속하고 책임 있는 보호를 받을 수 있도록 재외국민보호정책을 수립·시행하여야 한다.

제18대 국회	신낙균 대표발의안	제4조(국가의 책무) ① 국가는 재외국민이 국제조약이나 일반적으로 승인된 국제법규와 재외국민 소재국의 법령에 따라 정당한 대우를 받도록 노력할 책무를 진다. ② 국가는 재외국민이 신속하고 책임 있는 보호를 받을 수 있도록 재외국민 보호정책을 수립·시행하여야 한다.
	김정훈 대표발의안	제4조(국가의 책무) 제17대 발의안과 동일 내용
비고	외교부안: 재외국민보호에 관한 법률(안)	제3조(국가의 보호의무) ① 국가는 재외국민의 생명, 신체 및 재산을 보호하기 위하여 적절한 조치를 취하여야 한다. ② 국가는 재외국민보호 업무가 효율적으로 수행될 수 있도록 이에 필요한 인력과 예산을 확보하여야 한다. 제8조(재외국민보호 업무의 수행 및 지원·감독) ① 재외공관은 주재국 관할구역 내의 재외국민을 보호한다. ② 외교통상부는 재외국민보호와 관련된 재외공관의 업무를 감독하고 지원한다. 제10조(관계기관과의 협조) 외교통상부장관 또는 재외공관장은 재외국민보호와 관련하여 필요하다고 판단되는 경우 관계기관의 장에게 적절한 조치를 요청할 수 있다. 이 경우 협조요청을 받은 기관의 장은 특별한 사유가 없는 한 이에 응하여야 한다. 제11조(재외국민보호를 위한 예산 및 인원의 확보) ① 국가는 이 법률에서 규정한 재외국민보호를 위하여 필요한 예산을 확보하여야 한다. ② 국가는 제1항의 목적을 위하여 필요한 기금을 설치할 수 있다. 기금의 설치에 대해서는 별도의 법률로 정한다. ③ 국가는 이 법률에 따른 재외국민보호 업무의 수행을 위하여 영사인력을 포함한 필요한 인원을 확보하여야 한다.

따라서 재외국민보호법 제정에 즈음하여 재외동포 관련 법령체계가 재정비되어야 한다. 법안 명칭을 뭐라고 붙이든 실질적인 기본법으로서의 기능을 하는 법률이 없는 상황에서 신낙균 의원안과 김정훈 의원안은 헌법의 재외국민보호조항에 대한 후속조치이자 재외국민의 오랜 숙원사항을 해소하는 청량제와 같은 법안이라고 평가할 수 있다. 다만 그

내용이 해외위난의 종류, 재외국민보호위원회, 재외국민보호 기본계획과 집행계획 수립, 위험지역에서의 보호·대피, 범죄피해자 등의 보호, 범죄자 등의 보호, 긴급구조요청, 경비지원, 해외위난업무수행자에 대한 보상, 벌칙 및 양벌규정 등 주로 재외국민의 안전과 관련된 내용에 국한되어 있다는 점, 그리고 재외국민의 참정권·사회복지(사회보장, 노인의료보험)·교육·단체지원 등 광의의 재외국민보호 사항은 물론 재외국민보호 수단, 수단사용의 조건과 절차 등이 전혀 다루어지지 않고 있다는 점은 매우 아쉬운 대목이다.

〈표 2-5〉 재외국민보호법(안)의 '국민 의무' 조항 비교

구분		국민의 의무
제17대국회	이성권 대표발의안 (2004.8.9)	제4조(국민의 의무) ① 누구든지 재외국민이 해외위난상황에 처한 것을 안 때에는 즉시 관계기관 또는 재외공관에 신고하여야 한다. ② 제7조제1항의 규정에 따라 해외분쟁지역으로 지정·고시된 지역에 있는 재외국민은 같은 조제2항의 규정에 따른 대피명령에 응하여야 한다.
	권영길 대표발의안 (2004.9.21)	규정 없음
	김성곤 대표발의안 (2004.10.1)	규정 없음
	김정훈 대표발의안 (2007.10.30)	제5조(국민의 의무) 국민은 해외에서의 안전을 위하여 스스로 주의를 기울이는 노력을 다하여야 하며 국가의 재외국민보호를 위한 조치에 적극 협력하여야 한다.
제18대국회	신낙균 대표발의안	제5조(국민의 협력) ① 국민은 해외에서의 안전을 위하여 스스로 주의를 기울이는 노력을 다하여야 하며 국가의 재외국민보호를 위한 조치에 적극 협력하여야 한다. ② 누구든지 해외위난상황 발발사실을 인지하거나 그에 관한 정보를 습득한 때에는 지체 없이 이를 외교통상부장관 또는 관할 재외공관의 장에게 알리는 등 국가의 재외국민보호에 필요한 협력을 하여야 한다.

제18대국회	김정훈 대표발의안	제5조(국민의 의무) 제17대 발의안과 동일 내용
비고	외교부안: 재외국민보호에 관한 법률(안)	제4조(재외국민의 의무) 재외국민은 자신의 안전을 확보하기 위하여 필요한 주의를 다하여야 하며, 국가의 재외국민보호조치에 적극 협력하여야 한다. 제25조(안전확보의 의무) ① 외국으로 출국하고자 하는 국민은 그 목적지에 관한 안전정보 등을 숙지하여 자신의 안전을 위한 모든 주의를 하여야 한다. ② 재외국민들은 체류지의 상황을 숙지하는 등 자신의 안전을 확보하기 위한 모든 주의를 다하여야 한다. 제26조(방문 또는 체류의 금지준수 의무) ① 외교통상부장관이 여권법 제17조에 따라 위난상황에 처한 특정국가나 지역에 대하여 방문 또는 체류를 금지하는 경우, 국민들은 외교통상부장관의 허가를 받지 않는 한 이들 국가나 지역으로 출국해서는 안 되며, 그 지역에 체류하는 재외국민은 즉시 철수 또는 대피하여야 한다. ② 방문 및 체류가 금지된 국가나 지역으로 고시된 사정을 알면서도 외교통상부장관의 허가를 받지 아니하고 해당 국가나 지역을 방문하거나 체류한 사람은 1년 이하의 징역 또는 300만 원 이하의 벌금에 처한다. 제27조(신고 의무) ① 재외국민은 다른 재외국민이 체류국 당국에 의하여 체포 또는 구금되거나 긴급상황 또는 대형사건·사고에 처하였음을 인지하는 때에는 지체 없이 해당 재외공관에 신고하여야 한다. ② 제1항과 관련하여 재외공관에 허위의 사실을 신고하거나 허위로서 지원을 요청함으로써 재외공관의 업무에 중대한 지장을 초래한 자는 200만 원 이하의 과태료에 처한다. 제28조(상호협조의 의무) 재외국민은 체류국 내에서 안전을 확보하기 위하여 상호협조하여야 한다. 제4조(재외국민의 의무) 재외국민은 자신의 안전을 확보하기 위하여 필요한 주의를 다하여야 하며, 국가의 재외국민보호조치에 적극 협력하여야 한다. 제25조(안전확보의 의무) ① 외국으로 출국하고자 하는 국민은 그 목적지에 관한 안전정보 등을 숙지하여 자신의 안전을 위한 모든 주의를 하여야 한다. ② 재외국민들은 체류지의 상황을 숙지하는 등 자신의 안전을 확보하기 위한 모든 주의를 다하여야 한다.

비고	외교부안: 재외국민보호 에 관한 법률(안)	제26조(방문 또는 체류의 금지준수 의무) ① 외교통상부장관이 여권법 제17조에 따라 위난상황에 처한 특정국가나 지역에 대하여 방문 또는 체류를 금지하는 경우, 국민들은 외교통상부장관의 허가를 받지 않는 한 이들 국가나 지역으로 출국해서는 안 되며, 그 지역에 체류하는 재외국민은 즉시 철수 또는 대피하여야 한다. ② 방문 및 체류가 금지된 국가나 지역으로 고시된 사정을 알면서도 외교통상부장관의 허가를 받지 아니하고 해당 국가나 지역을 방문하거나 체류한 사람은 1년 이하의 징역 또는 300만 원 이하의 벌금에 처한다. 제27조(신고 의무) ① 재외국민은 다른 재외국민이 체류국 당국에 의하여 체포 또는 구금되거나 긴급상황 또는 대형사건·사고에 처하였음을 인지하는 때에는 지체 없이 해당 재외공관에 신고하여야 한다. ② 제1항과 관련하여 재외공관에 허위의 사실을 신고하거나 허위로서 지원을 요청함으로써 재외공관의 업무에 중대한 지장을 초래한 자는 200만 원 이하의 과태료에 처한다. 제28조(상호협조의 의무) 재외국민은 체류국 내에서 안전을 확보하기 위하여 상호협조하여야 한다.

신낙균 의원안과 김정훈 의원안에 대한 외교부의 검토의견(2009)에 따르면 "법률에서는 재외국민보호업무의 원칙을 중심으로 기본적인 사항을 주로 규정하고, 세부적인 사항은 하위 법령이나 영사업무 지침에 위임하는 것이 바람직함 … 각국의 특수상황에 대한 고려 없이 법률에서 획일적으로 재외국민보호활동의 세부내용까지 구체적으로 규정하는 경우 유연한 대처가 어려우며, 과도한 외교적 부담이 될 우려가 있음"이라는 견해와 함께 "국가의 재외국민 보호의무 뿐만 아니라 국민 스스로도 안전을 책임진다는 국민의 의무에 관해서도 규정하여 양자의 균형을 도모할 필요가 있"음을 강조하고 있다.[132]

---

132) 재외동포영사국, 앞의 글(2009.1.15), 1쪽.

<표 2-6> 재외국민보호법(안)의 '기본계획 수립' 조항 비교

구분		재외국민보호 기본계획
제 17 대 국 회	이성권 대표발의안 (2004.8.9))	제5조(재외국민보호기본계획의 수립) 외교통상부장관은 다음 각호의 해외위난상황을 대비하여 재외국민보호기본계획(이하 "기본계획"이라 한다)을 작성하고 제8조의 규정에 따른 재외국민보호위원회의 심의를 거쳐 확정한다. 확정된 기본계획을 변경할 때에도 또한 같다. 1. 지진·화산폭발·해일·태풍·산사태·눈사태 등 천재지변 2. 전쟁·내란 및 테러 3. 항공기의 추락·폭발 및 피랍 4. 선박의 침몰·조난 및 나포 5. 재외국민의 피랍 6. 그밖에 범죄 등 재외국민의 보호가 필요한 상황 제6조(재외국민보호집행계획의 작성) ① 재외공관의 장은 기본계획에 따라 관할지역의 특성을 고려한 재외국민보호집행계획(이하 "집행계획"이라 한다)을 작성하여야 한다. ② 재외공관의 장은 제1항의 규정에 따른 집행계획을 작성 또는 수정한 때에는 지체 없이 그 내용을 외교통상부장관에게 보고하여야 한다.
	권영길 대표발의안 (2004.9.21)	제9조(재외국민보호기본계획의 수립 등) ① 외교통상부장관은 해외위난상황 및 각종 사고를 대비하여 재외국민보호기본계획(이하 "기본계획"이라 한다)을 작성하고 위원회의 심의를 거쳐 확정하며 계획에 따라 필요한 업무를 실행한다. ② 제1항의 기본계획은 재외공관이 없는 국가나 지역 혹은 공해 등에서 타국공관이나 근접지 국가 등과 협조를 위한 계획 및 해외 각국의 문화적, 사회정치적, 경제적 그리고 법적인 실정 등의 홍보를 통한 예방적인 계획을 포함한다. ③ 외교통상부장관은 재외국민의 인권침해 실태, 각종 사고의 유형 등 필요한 조사를 정기적으로 실시하여 재외국민보호기본계획의 효율성을 제고하여야한다. 제10조(재외국민보호집행계획의 작성) ① 재외공관의 장은 기본계획에 따라 관할지역의 특성을 고려한 재외국민보호집행계획(이하 "집행계획"이라 한다)을 작성하여야 한다. ② (이성권안과 동일)

제17대국회	김성곤 대표발의안 (2004.10.1)	제7조(재외국민보호기본계획의 수립) 외교통상부장관은 다음 각호의 해외위난상황을 대비하여 재외국민보호기본계획(이하 "기본계획"이라 한다)을 위원회의 심의를 거쳐 수립하여야 한다. 1. 지진·화산폭발·태풍·해일 등 천재지변 2. 전쟁·내란 및 폭동 3. 항공기·선박의 사고 4. 테러·범죄 등에 의한 재외국민의 생명·신체 또는 재산에 관한 사고 5. 제21조의 규정에 따른 사망자 등에 대한 보상 6. 그 밖에 재외국민의 보호가 필요한 경우로서 대통령령이 정하는 사고 제8조(재외국민보호집행계획의 작성 등) ① 재외공관의 장은 기본계획에 따라 관할지역의 특성을 고려한 재외국민보호집행계획(이하 "집행계획"이라 한다)을 수립하여야 한다. ② 재외공관의 장은 제1항의 규정에 따른 집행계획을 수립 또는 수정한 때에는 지체 없이 그 내용을 외교통상부장관에게 보고하여야 한다. ③ 외교통상부장관은 기본계획 및 집행계획을 수립한 때에는 관계행정기관의 장에게 통보하여야 한다.
	김정훈 대표발의안 (2007.10.30)	제9조(재외국민보호기본계획의 수립 등) ① 외교통상부장관은 위난상황에 대비하여 재외국민보호기본계획(이하 "기본계획"이라 한다)을 5년 마다 작성하고 위원회의 심의를 거쳐 확정한다. ② (권영길안과 동일) ③ 외교통상부장관은 재외국민의 인권침해 실태 및 각종 사고의 유형 등 필요한 조사를 정기적으로 실시하여 기본계획의 효율성을 제고하여야 한다. 제10조(재외국민보호집행계획의 작성) ① 재외공관의 장은 제9조의 기본계획에 따라 관할 지역의 특성을 고려한 연도별 재외국민보호집행계획(이하 "집행계획"이라 한다)을 작성하여 외교통상부장관에 보고하여야 한다. ② 재외공관의 장은 집행계획을 수정한 때에는 지체 없이 그 내용을 외교통상부장관에게 보고하여야 한다.
제18대국회	신낙균 대표발의안	제7조(재외국민보호기본계획의 수립) ① 외교통상부장관은 해외위난상황에 대비하여 재외국민보호기본계획(이하 "기본계획"이라 한다)을 3년마다 작성하고 위원회의 심의를 거쳐 확정한다. ② 제1항의 기본계획은 재외공관이 없는 국가나 지역 혹은 공해 등에서 다른 나라 공관이나 인접한 국가 등과 협조를 위한 계획과 해외 각국의 정치·경제·사회·문화 그리고 법체계 등의 홍보를 통한 예방적인 계획을 포함한다.

제18대국회	신낙균 대표발의안	제8조(재외국민보호집행계획의 작성) ① 재외공관의 장은 기본계획에 따라 관할지역의 특성을 고려한 재외국민보호집행계획(이하 "집행계획"이라 한다)을 수립하여야 한다. ② (김성곤안과 동일)
	김정훈 대표발의안	제9조(재외국민보호기본계획의 수립 등) ① 외교통상부장관은 위난상황에 대비하여 재외국민보호기본계획(이하 "기본계획"이라 한다)을 5년 마다 작성하고 위원회의 심의를 거쳐 확정한다. ② 제1항의 기본계획은 재외공관이 없는 국가나 지역 혹은 공해 등에서 타국공관이나 근접지 국가 등과 협조를 위한 계획 및 해외 각국의 문화적, 사회정치적, 경제적 그리고 법적인 실정 등의 홍보를 통한 예방적인 계획을 포함한다. ③ 외교통상부장관은 재외국민의 인권침해 실태 및 각종 사고의 유형 등 필요한 조사를 정기적으로 실시하여 기본계획의 효율성을 제고하여야 한다. 제10조(재외국민보호집행계획의 작성) ① 재외공관의 장은 제9조의 기본계획에 따라 관할 지역의 특성을 고려한 연도별 재외국민보호집행계획(이하 "집행계획"이라 한다)을 작성하여 외교통상부장관에게 보고하여야 한다. ② 재외공관의 장은 집행계획을 수정한 때에는 지체 없이 그 내용을 외교통상부장관에게 보고하여야 한다.
비고	외교부안: 재외국민보호에 관한 법률(안)	관련 내용 없음

가급적 조문의 수를 최소화하자는 외교부의 견해에 대해 공감하는 바가 없지 않다. 그러나 재외국민과 해외재난에 대한 정의, 타 법률과의 관계, 재외동포보호 기본계획·집행계획의 입안·시행, 재외국민보호의 관련영역, 국가(외교부, 대사관·영사관)의 책무, 개인의 등록의무 사항, 백서 발간, 예산확보방안 등은 반드시 법률에 명시되어야 하며, 세부사항은 단순히 영사업무지침으로 대체할 것이 아니라 시행령이나 시행규칙에서 구체화하는 합리적이다.

<표 2-7> 재외국민보호법(안)의 '해외위난 조치' 조항 비교

구분		해외위난상황
제17대국회	이성권 대표발의안 (2004.8.9))	제9조(해외위난상황조사팀 등의 파견) ① 외교통상부장관은 해외위난상황의 조사를 위하여 필요한 경우 대통령령이 정하는 바에 따라 조사팀을 구성하여 해당지역에 파견할 수 있다. ② 외교통상부장관은 해외위난상황의 수습을 위하여 필요한 경우 대통령령이 정하는 바에 따라 구호팀을 구성하여 해당지역에 파견할 수 있다. ③ 관할 재외공관장은 제2항의 규정에 따른 구호팀의 파견을 외교통상부장관에게 건의할 수 있다. 제10조(비상대책반의 설치·운영) ① 제7조제1항의 규정에 따라 지정·고시된 해외분쟁지역의 관할 재외공관장은 당해 공관에 외교통상부령이 정하는 바에 따라 비상대책반을 설치·운영하여야 한다. ② 제5조제1호·제3호 내지 제5호에 해당하는 해외위난상황이 발생한 지역의 관할 재외공관장은 당해 공관에 외교통상부령이 정하는 바에 따라 비상대책반을 설치·운영할 수 있다. 제11조(해외위난상황의 보고) 재외공관의 장은 관할구역 안에서 해외위난상황이 발생한 경우에는 지체 없이 관련 정보를 수집하여 외교통상부장관에게 보고하여야 한다.
	권영길 대표발의안 (2004.9.21)	제13조(해외위난상황조사팀 등의 파견) ① (이성권안과 동일) ② (이성관안과 동일) ③ (이성권안과 동일) 제14조(비상대책반의 설치·운영) ① 제11조의 규정에 따라 지정·고시된 해외분쟁지역의 관할재외공관의 장은 당해 공관에 대통령령이 정하는 바에 따라 대통령 혹은 외교통상부장관의 지휘 하에 비상대책반을 설치·운영할 수 있다. ② 해외위난상황 또는 각종 사고가 발생한 지역의 관할 재외공관의 장은 당해 공관에 대통령령이 정하는 바에 따라 비상대책반을 설치·운영할 수 있다. 제15조(해외위난상황의 보고) (이성권안과 동일)
	김성곤 대표발의안 (2004.10.1)	제10조(해외위난지역의 지정·고시 등) ① 외교통상부장관은 위원회의 심의를 거쳐 천재지변·전쟁·내란·테러 또는 치안질서의 불안 등 위험이 현저한 국외의 지역을 해외위난지역으로 지정·고시할 수 있다. ② 외교통상부장관 또는 재외공관의 장은 해외위난지역에 국민의 출입을 제한하거나 당해 지역 안에 있는 재외국민으로 하여금 당해 지역 밖으로 대피할 것을 명할 수 있다. 이 경우 대피방법 및 수단 등을 강구하여 지원하여야 한다.

김성곤 대표발의안 (2004.10.1)	제11조(해외위난본부 등의 설치·운영) 해외위난지역이 지정된 경우 당해 지역에서 재외국민을 보호하기 위하여 외교통상부에 해외위난수습본부를, 해외위난지역을 관할하는 재외공관에 비상대책반을 각각 설치·운영하여야 한다. 제12조(해외위난상황조사단 등의 파견) ① 외교통상부장관은 해외위난상황의 조사를 위하여 필요한 경우 조사단을 구성하여 해당지역에 파견할 수 있다. ② 외교통상부장관은 해외위난상황의 수습을 위하여 필요한 경우 긴급구조반을 해당지역에 파견할 수 있다. 또 재난및안전관리기본법에 따라 소방방재청장에게 해외긴급구조대의 해당지역 파견을 요청할 수 있다. ③ 관할 재외공관의 장은 제1항 또는 제2항의 규정에 따른 조사단·긴급구조반 또는 해외긴급구조대의 파견을 외교통상부장관에게 건의할 수 있다. 제13조(해외위난상황의 보고) ① (이성권안과 동일) ② 제1항의 보고를 받은 외교통상부장관은 즉시 이를 관계행정기관의 장에게 통보하여야 한다.
김정훈 대표발의안 (2007.10.30)	제11조(해외위난지역에서의 보호·탈출) ① 외교통상부장관은 「여권법」에 따라 여권의 사용이 제한되거나 방문 및 체류가 금지되는 특정 국가 및 지역(이하 "해외위난지역"이라 한다)을 지정·고시한 경우 해당 지역의 재외국민을 안전하게 보호하기 위하여 필요한 물리적·재정적 조치를 시급히 마련하여야 하고, 재외국민에게 조치사항을 알려야 한다. ② 해외위난지역의 관할 재외공관장은 당해 지역 안에 있는 재외국민으로 하여금 당해 지역 밖으로 대피할 것을 명할 수 있다. ③ 해외위난지역의 관할 재외공관장은 제2항에 따른 대피명령을 받은 자가 그 명령을 이행하지 아니하여 위급하다고 판단되는 때에는 당해 해외위난지역 안에 있는 자를 강제대피 시킬 수 있다. 제12조(해외위난상황의 보고 등) ① 재외공관의 장은 관할 구역 안에서 위난상황이 발생하거나 할 우려가 있는 때에는 「재난 및 안전 관리기본법」에 따라 지체 없이 관련 정보를 수집하여 외교통상부장관에게 보고하여야 한다. ② 제1항에 따른 보고를 받은 외교통상부장관은 즉시 그 상황을 소방방재청장 및 관계 중앙행정기관의 장에게 통보하여야 한다. 제13조(비상대책반의 설치·운영) ① 외교통상부장관은 제11조에 따른 해외위난지역이 지정·고시된 경우 또는 제12조에 따른 위난상황을 보고 받은 경우 신속하고 효과적인 구조활동을 수행할 수 있도록 대통령령으로 정하는 바에 따라 대통령 또는 외교통상부장관의 지휘 하에 비상대책반을 설치·운영하여야 한다. ② 외교통상부장관은 비상대책반의 편성을 위하여 필요한 경우에는 국가정보원, 국방부, 경찰청 및 소방방재청 등 관련 기관 및 단체의 장에게 소속 공무원·임직원 또는 관련 전문가의 파견을 요청할 수 있다.

	김정훈 대표발의안 (2007.10.30)	제14조(해외위난상황조사팀 등의 파견) ① (이성권안과 동일) ② 외교통상부장관은 위난상황의 수습을 위하여 필요한 경우「재난 및 안전관리기본법」에 따른 해외긴급구조대의 파견을 소방방재청장에게 요청할 수 있다. ③ 관할 재외공관의 장은 제1항 또는 제2항에 따른 조사팀 또는 해외긴급구조대의 파견을 외교통상부장관에게 건의할 수 있다.
제18대국회	신낙균 대표발의안	제9조(위험지역에서의 보호·대피 등) ① 외교통상부장관은 「여권법」에 따라 여권의 사용이 제한되거나 방문 또는 체류가 금지되는 특정 국가 또는 지역(이하 "방문·체류 금지지역"이라 한다)을 지정·고시한 경우 해당 지역의 재외국민을 안전하게 보호하기 위하여 필요한 물리적·재정적 조치를 시급히 마련하여 이를 재외국민에게 구체적인 조치사항을 알려야 한다. ② 방문·체류 금지지역의 관할 재외공관장은 해당 지역 안에 있는 재외국민으로 하여금 해당 지역 밖으로 대피할 것을 명할 수 있다. ③ 외교통상부장관은 방문·체류 금지지역이 아니라 하더라도 재외국민 안전에 대한 위험이 현저한 지역에 대해서는 그 위험을 적극적으로 국민에게 알려야 한다. ④ 외교통상부장관은 국민의 안전을 보호하기 위하여 위험이 현저한 지역을 방문하는 재외국민에 대하여 소재파악을 위한 인적사항 등 필요한 사항을 등록하도록 할 수 있다. 제10조(해외위난상황의 보고) ① 재외공관의 장은 관할구역 안에서 해외위난상황이 발생하였거나 발생할 우려가 있는 때에는 지체 없이 외교통상부장관에게 보고하여야 한다. ② 제1항의 보고를 받은 외교통상부장관은 즉시 이를 관계 행정기관의 장에게 통보하여야 한다. 제11조(위난수습본부의 설치·운영) ① 외교통상부장관은 해외위난상황의 발생을 보고받은 경우 신속하고 효과적인 구조활동을 수행할 수 있도록 외교통상부장관의 소속 하에 위난수습본부를 설치·운영 한다. ② 외교통상부장관은 위난수습본부의 편성을 위하여 필요한 경우에는 국가정보원, 국방부, 경찰청 및 소방방재청 등 관련 기관 및 단체의 장에게 소속 공무원·임직원 또는 관련 전문가의 파견을 요청할 수 있다. ③ 위난수습본부의 설치·운영에 필요한 사항은 대통령령으로 정한다. 제12조(신속대응팀 등의 파견) ① 외교통상부장관은 해외위난상황의 조사 및 신속한 재외국민보호 조치를 위하여 신속대응팀을 구성하여 해당지역에 파견할 수 있다. ② 외교통상부장관은 해외위난상황의 수습을 위하여 필요한 경우「재난 및 안전관리기본법」에 따라 소방방재청장에게 해외긴급구조대의 해당지역 파견을 요청할 수 있다.

제 18 대 국 회	신낙균 대표발의안	③ 관할 재외공관의 장은 제1항 또는 제2항에 따른 신속대응팀 또는 해외긴급구조대의 파견을 외교통상부장관에게 건의할 수 있다.
	김정훈 대표발의안	제11조(해외위난지역에서의 보호·탈출) (제17대 발의안과 내용 동일) 제12조(해외위난상황의 보고 등) (제17대 발의안과 내용 동일) 제13조(비상대책반의 설치·운영) (제17대 발의안과 내용 동일) 제14조(해외위난상황조사팀 등의 파견)(제17대 발의안과 내용 동일)
비고	외교부안: 재외국민보호에 관한 법률(안)	제12조(해외안전정보의 공지) 외교통상부장관과 재외공관장은 해외위험지역에 대한 안전정보와 위험수준을 공지하여 재외국민들이 자신의 안전을 확보하려는 노력을 지원하여야 하며, 그 구체적인 방법은 대통령령으로 정한다. ……

예를 들면 미국의 경우, 법률 22 USC 1732(1868.7.27 제정)에서 외국에 구금되어 있는 자국민보호를 미국대통령의 의무로 규정하고 있으며, 미국시민을 보호하기 위한 최소한의 무력사용권한까지 대통령에게 부여하고 있다.133) 9·11사태 이후 미국 국무부에서도 "테러공격, 자

---

133) 이홍종·이진명, 앞의 글(2008.12.5 한국정치학회 연례학술회의 재외동포연구특별위원회 패널) 참조. "대통령은 어떠한 외국정부에 의해 또는 그 외국정부 내에서 미국시민의 자유가 부당하게 박탈된 것을 알 때, 그러한 감금의 사유를 그 정부에 요구하는 것은 대통령의 당연한 의무이다. 그러한 감금이 미국시민의 권리를 위반하여 잘못된 것이었을 때 대통령은 당연히 그러한 시민의 석방을 요구해야 한다. 그 요구한 석방이 불합리하게 지연되거나 거부되었을 때 대통령이 그 석방에 필요하고 적절하다고 생각할 때 대통령은 전쟁으로 비화되지 않을 정도의, 법에 의해 제재되지 않을 정도의 무력을 사용해야 한다. 그러한 사실들을 대통령은 상원에 즉시 전달해야 한다." (Whenever it is made known to the President that any citizen of the United States has been unjustly deprived of his liberty by or under the authority of any foreign government, it shall be the duty of the President forthwith to demand of that government the reasons of such imprisonment; and if it appears to be wrongful and in violation of the rights of American citizenship, the President shall forthwith demand the release of such citizen, and if the release so demanded is unreasonably delayed or refused, the President shall use such means, not amounting to acts of war and not otherwise prohibited by law, as he may think necessary and proper to obtain or effectuate the

연재해, 아동유괴범죄, 질병, 행방불명, 사망, 궁핍, 체포, 구금, 여권분실, 추방, 기타 곤란상황" 등 해외 대사관·영사관의 도움이 필요한 상황을 구체적으로 명시하였으며, 최첨단 정보전달기술의 이용, 비상발생시 인터넷을 통한 의료·재정·국제뉴스서비스, 군사·외교 예방조치, 재외공관 확충·시설보강 등 예방적 보호서비스에 집중하고 있다.134)

프랑스 역시 재외국민과 관련된 특별한 법률 대신 외교부내에 '재외국민 및 외국인본부'(DAFE, Directorate for French for French People Abroad and Foreigners in France)를 설치하여 '해외프랑스인'에 대한 지원과 보호업무를 담당한 경험이 있으며135), "안전을 위한 적절한 계획 보증, 집결과 소개(疏開) 집행, 빈민자의 본국송환, 구금자 보호" 이외에 "사회부조, 국외거주자 보증, 해외프랑스인의 집(민원정보센터) 후원, 해외고용과 전문훈련, 재외국민고등위원회(CSFE) 지원, 여행자 사이트 운영" 등 다양한 서비스를 제공하고 있다.136) 또한 사르코지(Nicolas P. S. Sarkozy)정부에서는 이명박정부의 특임장관처럼 집권당 대중운동연합(UMP) 소속 다비드 두예(David Douillet) 의원(1996년 아틀란타 및 2000년 시드니 올림픽 유도 금메달리스트)을 프랑수아 피용(François Fillon)내각의 '재외동포 담당 국무장관'(Secretary of

---

release; and all the facts and proceedings relative thereto shall as soon as practicable be communicated by the President to Congress. 1989.12.12. 개정)
134) 이홍종·이진명, 앞의 글(2008.12.5 한국정치학회 연례학술회의 재외동포연구특별위원회 패널) 참조.
135) 석철진,「프랑스 재외동포정책과 시사점」(2008.12.5 한국정치학회 연례학술회의 재외동포연구특별위원회 패널) 참조.
136) 프랑스 외무부 홈페이지 참조. 영사관에서는 해외프랑스인 보호와 관련된 다양한 정보를 제공하고 있다.

State for Abroad French nationals)으로 발탁하여 200만 해외프랑스인에 대한 보호업무를 전담토록 하고 있다.137)

한편 2005년에 재외국민 100만을 돌파한 일본138)에서는 해외재난, 전쟁·내란·폭동, 테러 이외에 조류인플루엔자와 SARS(중증 급성호흡기증후군) 등 바이러스 관련 신종 전염병에 의한 자국민 피해를 해외위기의 범주에 포함시키고 있으며, 구체적인 위기관리조치로 민관협력 위주의 3C(경계조치, 긴급대응계획, 육체·정신케어)와 3P(사전경계조치, 방지조치, 방어조치)를 강조하고 있다는 점139)을 우리 외교부는 유념할 필요가 있다.

우리 외교부가 '재외국민보호 및 권익향상을 위한 제도 개선'에 초점을 맞췄던 2008년 한 해 동안 "사건사고 발생시 관할 재외공관이 재외국민보호를 위하여 취해야 할 조치(신속해외송금지원, 영사협력원, 신속대응팀 등) 제도화"와 "해외 위급문자서비스(SMS) 확대: SKT, KTF → LGT까지 확대. 해외긴급상황 발생시 통신3사 모두를 통한 휴대폰 국제 로밍서비스가 가능해져 더 많은 해외여행자들에게 안전정보 제공 가능" 등과 같은 초보적 수준의 실적에 그쳤고140), '2009년도 성과계

---

137) 《연합뉴스》 2011년 6월 30일; http://economicsnewspaper.com(2011.8.29); 보츠와나주재 프랑스대사의 대사관 개설 10주년 연설(2011.7.14) 참조.
138) 外務省領事局政策課, 「海外在留邦人數調査統計-平成22年速報版」(2010), 10面 참조. 620,174명(1990년) → 728,268명(1995년) → 811,712명(2000년) → 911,062명(2003년) → 1,012547명(2005년) → 1,131,807명(2009년 10월 1일 현재).
139) 都市出版株式會社, 『外交フォーラム』(2006年 4月號), 10~19面. 3C(Caution, Contingency, Care). 3P(Precaution, Prevention, Protection).
140) 대한민국정부, 『(이명박정부) 1년 이렇게 일하였습니다』(문화체육관광부, 2009). 99쪽. 물론 「10. 국민에게 다가가는 실용외교를 추진하였습니다」 항목의 「10-11. 재외국민의 권익을 신장하였습니다」에서는 재외국민 선거제도 도입을 통한 기본권 강화, 재외동포 네트워크 활성화 도모, 재외국민보호 및 권익향상을 위한 제도 개선 등 3가지를 실적으로 제시.

획서'(2009)에서 밝힌 "국민 해외진출 지원 및 해외국민의 안전과 동포의 권익보호·증진"을 위한 세부 추진계획141)만으로는 오늘날 급증하는 국외 위기상황에 대해 능동적·예방적으로 대처하기가 어렵기 때문이다.

<표 2-8> 외교부 세부추진계획(2009)

△재외국민보호 체계 강화 △재외국민보호 콜센터(영사콜센터)	-신속대응팀 모의훈련실시(1/4분기, 4/4분기), 신속대응팀교육실시(1/4분기, 3/4분기), 영사협력원 교육 및 활용(1/4-4/4분기), 해외안전여행 정보제공(1/4-4/4분기) -민원상담 및 처리, 고객만족도, 신송해외송금지원 실적 측정
△대국민 영사서비스 품질 제고 △재외동포 영사분야 법제도 정비	-우리 국민의 해외진출 지원, 영사업무 제도개선을 통한 재외공관 영사서비스 품질 제고 -제한적 이중국적허용을 위한 국적법 개정방안 검토(1/4분기), 글로벌 인터지원센터 설립작업(1/4분기), 해외이주법 시행령 및 시행규칙 개정(2/4분기), 재외동포 및 재외국민보호 관련 법안 국회발의 동향 파악(4/4분기)
△재외동포의 권익 증진 노력 강화	-재외동포정책실무위원회 활성화(명실상부한 재외동포정책 최고의사기구로서 위상 정립), 재외동포 관련부처간 협의 및 조정, 심의강화로 체계적이고 효율적인 재외동포지원체제 마련, 재외국민선거제도 도입(1/4분기), 러시아·CIS동포지원사업 점검(1/4분기), 재외동포정책실무위원회 개최(2/4분기, 4/4분기)

141) 외교통상부, 앞의 책(2009), 22~23쪽. "△해외여행자 수의 급격한 증가(07년 1,300만)에 따라 해외에서의 우리 국민관련 사고처리 건수도 지속적으로 증가하고 있어 이에 대한 '신속대응에 역점' △신속대응팀, 위기대응매뉴얼, 영사협력원, 신속해외송금지원 등 다양한 제도를 도입·시행함으로써 '재외국민보호시스템 강화' △해외안전여행 홈페이지, 여행경보제도, 방송매체·출판물·캠페인을 통한 해외여행 안전정보 제공, 여행금지국가 지정, 안전점검단파견 등을 통한 '안전의식 제고 홍보 및 예방활동 강화' △영사콜센터의 기능확대 및 활용도 제고를 통한 영사서비스 만족도 제고: 외교부 일반전화 상담, 신속해외송금지원, SMS발송 등 국민체감형 재외국민보호서비스 확대 △각종 관련 법제도 정비를 통해 대국민 영사서비스 품질 제고: 재외국민보호를 위한 영사업무 지침 개정(08.5), 긴급구난활동비 사용지침 개정(08.5) 등"; 237~261쪽 참조.

3) 재외국민보호위원회 설치문제

　대한민국정부수립(1948) 이후 첫 번째 법률인 '정부조직법'에 따르면 '재외국민(당시는 재외교민)에 관한 사무'는 외무부장관 소관사항이었다.142)

　외교부는 이를 근거로 정책기조를 '재외국민보호·교도'(1961)→'재외국민보호·육성'(1974) →'재외국민보호·육성&해외이주'(1983)→'재외국민보호·지원&이민'(1998)→'재외국민보호·지원&재외동포정책 수립'(2008.3)으로 유지하면서 재외국민보호 업무를 사실상 독점하고 있다.143)

---

142) 政府組織法[제정 1948.7.17 법률 제1호] 第16條 外務部長官은 外交·外國과의 條約, 協定과 在外僑民에 관한 事務를 掌理한다; '재외교민'이 '재외국민'으로 바뀐 것은 직제상 1950년 3월 31일(外務部職制 폐지제정, 대통령령 제305호)이며, 정부조직법상 1961년 10월 2일(政府組織法 폐지제정, 법률 제734호)이다.

143) 정무국 각 지역과(1948) → 정무국 '교민과'(1961, 在外國民의 實態調査, 硏究와 敎導, 保護에 關한 事項, 移民에 關한 涉外事項) → 아주국 '교민과'(1963) → '영사국'(1970) → '영사교민국'(1974, 교민1과: 일본지역 재외국민의 보호 육성에 관한 정책의 수립·시행 및 총괄조정. 제1호 지역의 재외국민의 등록 및 실태 조사. 재외국민의 재산반입. 교민2과: 일본을 제외한 지역의 재외국민의 보호 육성에 관한 정책의 수립·시행 및 총괄조정, 제1호 지역의 재외국민의 등록 및 실태 조사, 이민 및 인력의 해외진출에 관한 대외교섭, 재외난민의 구호) → '재외국민영사국'(1998, 국민의 해외진출과 재외국민 및 재외동포의 보호·육성에 관한 외교정책의 수립·시행 및 총괄·조정, 재외국민의 보호 및 지원, 재외동포재단에 대한 지도·감독, 재외동포정책실무위원회의 운영, 해외이주신고 및 해외이주알선업자의 허가 및 지도·감독업무, 재외국민의 등록·국적·호적 및 병사에 관한 업무, 재외난민구호, 영사관계 각종 문서의 공증·확인 및 인증에 관한 업무, 외국인의 입국사증에 관한 업무, 선박·항공기 및 그 승무원의 사고와 출입항에 관한 관계기관과의 협조, 여권에 관한 업무, 여권관계 법령·제도의 연구·개선) → '재외동포영사국'(2005.12).

<표 2-9> 재외국민보호법(안)의 '관련 기구' 조항 비교

구분		재외국민보호 관련 기구
제17대국회	이성권 대표발의안 (2004.8.9))	제8조(재외국민보호위원회) ① 재외국민보호에 관한 사항을 심의하기 위하여 외교통상부장관 소속 하에 재외국민보호위원회(이하 "위원회"라 한다)를 둔다. ② 위원회는 위원장 1인 및 부위원장 1인을 포함한 15인 이내의 위원으로 구성한다. ③ 위원장은 외교통상부장관이 되고, 부위원장은 외교통상부차관이 된다. ④ 위원은 다음 각호의 자가 된다. 1. 재정경제부·통일부·법무부·국방부·행정자치부·정보통신부·보건복지부·건설교통부·해양수산부 및 기획예산처 소속인 차관 2. 재외국민의 보호에 관한 학식과 경험이 풍부한 사람 중에서 위원장이 위촉한 사람 ⑤ 위원회는 다음 각호의 사항을 심의한다. 1. 기본계획 2. 집행계획 3. 해외분쟁지역의 지정 4. 그 밖에 재외국민의 보호와 관련하여 위원장이 부의하는 사항 ⑥ 위원회의 운영 등에 관하여 필요한 사항은 대통령령으로 정한다.
	권영길 대표발의안 (2004.9.21)	제8조(재외국민보호위원회) ① 재외국민보호에 관한 사항을 심의하기 위하여 국무총리 소속 하에 재외국민보호위원회(이하 "위원회"라 한다)를 둔다. ② 위원회는 위원장 1인 및 부위원장 1인을 포함한 20인 이내의 위원으로 구성한다. ③ 위원장은 국무총리가 되고, 부위원장은 외교통상부장관이 된다. ④ 위원은 다음 각호의 자가 된다. 1. 재정경제부·통일부·법무부·국방부·행정자치부·정보통신부·보건복지부·건설교통부·해양수산부·기획예산처 차관 2. 재외국민의 보호에 관한 학식과 경험이 풍부한 사람 중에서 위원장이 위촉한 사람 ⑤ 위원회는 다음 각호의 사항을 심의한다. 1. 제9조의 규정에 따른 재외국민보호기본계획 2. 제10조의 규정에 따른 재외국민보호집행계획 3. 제11조의 규정에 따른 해외분쟁지역의 지정 4. 그 밖에 재외국민의 보호와 관련하여 위원장이 부의하는 사항 ⑥ 위원회의 운영 등에 관하여 필요한 사항은 대통령령으로 정한다.

김성곤 대표발의안 (2004.10.1)	제6조(재외국민보호위원회) ① 재외국민보호에 관한 다음 각호의 사항을 심의하기 위하여 외교통상부장관 소속 하에 재외국민보호위원회(이하 "위원회"라 한다)를 둔다. 1. 재외국민의 보호에 관한 중요 제도 및 정책의 수립 2. 재외국민보호기본계획 및 집행계획의 수립 3. 중앙행정기관 상호간 재외국민 보호업무의 상호 협의 및 조정 4. 재외국민 보호를 위한 외국과의 협력 5. 해외위난지역의 지정 6. 제21조의 규정에 따른 사망자 등에 대한 보상 7. 그 밖에 재외국민의 보호와 관련하여 대통령령이 정하는 사항 ② 위원회는 위원장 1인 및 부위원장 1인을 포함한 15인 이내의 위원으로 구성한다. ③ 위원장은 외교통상부장관이 되고, 부위원장은 외교통상부차관이 된다. ④ 위원은 관계중앙행정기관 소속 3급이상 공무원 또는 재외국민의 보호에 관한 학식과 경험이 풍부한 사람중에서 외교통상부장관이 임명 또는 위촉한다. ⑤ 그 밖에 위원회의 조직·운영 등에 관하여 필요한 사항은 대통령령으로 정한다.
김정훈 대표발의안 (2007.10.30)	제8조(재외국민보호위원회) ① 재외국민보호에 관한 사항을 심의하기 위하여 대통령 소속으로 재외국민보호위원회(이하 "위원회"라 한다)를 둔다. ② 위원회는 위원장 1인 및 부위원장 1인을 포함한 20인 이내의 위원으로 구성한다. ③ 위원장은 대통령이 되고, 부위원장은 국무총리가 된다. ④ 위원은 다음 각 호의 자가 된다. 1. 외교통상부·재정경제부·통일부·법무부·국방부·행정자치부·정보통신부·보건복지부·건설교통부·해양수산부·기획예산처 장관 2. 재외국민의 보호에 관한 학식과 경험이 풍부한 사람 중에서 위원장이 위촉한 사람 ⑤ 위원회는 다음 각 호의 사항을 심의한다. 1. 제9조에 따른 재외국민보호기본계획 2. 제10조에 따른 재외국민보호집행계획 3. 재외국민보호 정책 및 사업에 대한 평가 4. 그 밖에 재외국민의 보호와 관련하여 위원장이 부의하는 사항 ⑥ 위원회의 운영 등에 관하여 필요한 사항은 대통령령으로 정한다.

제 18 대 국 회	신낙균 대표발의안	제6조(재외국민보호위원회) ①재외국민보호에 관한 사항을 심의하기 위하여 외교통상부장관 소속 하에 재외국민보호위원회(이하 "위원회"라 한다)를 둔다. ② 위원회는 위원장 1인과 부위원장 1인을 포함한 15인 이내의 위원으로 구성한다. ③ 위원장은 외교통상부장관이 되고, 부위원장은 외교통상부차관이 된다. ④ 위원은 관계 중앙행정기관 소속 3급이상 공무원 또는 재외국민의 보호에 관한 학식과 경험이 풍부한 사람중에서 외교통상부장관이 임명 또는 위촉한다. ⑤ 위원회는 다음 각 호의 사항을 심의한다. 1. 제7조에 따른 재외국민보호기본계획 2. 제8조에 따른 재외국민보호집행계획 3. 재외국민보호 정책 및 사업에 대한 평가 4. 그 밖에 재외국민의 보호와 관련하여 위원장이 부의하는 사항 ⑥ 그 밖에 위원회의 운영 등에 필요한 사항은 대통령령으로 정한다.
	김정훈 대표발의안	제8조(재외국민보호위원회) ① 재외국민보호에 관한 사항을 심의하기 위하여 대통령 소속으로 재외국민보호위원회(이하 "위원회"라 한다)를 둔다. ② 위원회는 위원장 1인 및 부위원장 1인을 포함한 20인 이내의 위원으로 구성한다. ③ 위원장은 대통령이 되고, 부위원장은 국무총리가 된다. ④ 위원은 다음 각 호의 자가 된다. 1. 외교통상부장관·통일부장관·법무부장관·국방부장관·행정안전부장관·보건복지가족부장관·국토해양부장관·기획재정부장관 2. 재외국민의 보호에 관한 학식과 경험이 풍부한 사람 중에서 위원장이 위촉한 사람 ⑤ 위원회는 다음 각 호의 사항을 심의한다. 1. 제9조에 따른 재외국민보호기본계획 2. 제10조에 따른 재외국민보호집행계획 3. 재외국민보호 정책 및 사업에 대한 평가 4. 그 밖에 재외국민의 보호와 관련하여 위원장이 부의하는 사항 ⑥ 위원회의 운영 등에 관하여 필요한 사항은 대통령령으로 정한다.
비 고	외교부안: 재외국민보 호에 관한 법률(안)	제8조(재외국민보호 업무의 수행 및 지원·감독) ① 재외공관은 주재국 관할 구역 내의 재외국민을 보호한다. ② 외교통상부는 재외국민보호와 관련된 재외공관의 업무를 감독하고 지원한다.

비고	외교부안: 재외국민보호에 관한 법률(안)	제9조(관계 기관 간의 협조) 외교통상부장관 또는 재외공관장은 재외국민보호와 관련하여 필요하다고 판단되는 경우 관계기관의 장에게 적절한 조치를 요청할 수 있다. 이 경우 협조요청을 받은 기관의 장은 특별한 사유가 없는 한 이에 응하여야 한다. 제10조(재외국민보호위원회) ① 재외국민보호와 관련된 주요 사항을 심의하기 위한 기구로서 외교통상부장관 소속으로 재외국민보호위원회를 둔다. ② 위원회의 장은 외교통상부장관이 되고, 그 심의 및 협의사항과 구성 및 운영에 관하여 필요한 사항은 대통령령으로 정한다. <시행령> 제2조(재외국민보호위원회의 구성) 법 제10조에 규정된 재외국민보호위원회(이하 '위원회'라 한다)의 부위원장은 외교통상부 제2차관이 되며, 위원은 다음과 같다. 1. 외교통상부·지식경제부·법무부·국방부·행정안전부·국토해양부의 2급 또는 2급 상당의 공무원 각 1인 2. 국가정보원, 경찰청 및 소방방재청의 2급 상당의 공무원 각 1인 3. 재외국민보호에 관한 전문적 지식이 풍부한 자 중에서 외교통상부장관이 지명하는 자 3인 4. 외교통상부 재외동포영사국장으로 하는 간사 1인 제3조(위원회의 심사 또는 협의사항) ① 위원회는 법에서 규정하는 재외국민보호와 관련된 사항들을 구체적으로 심의하며, 필요한 경우 외교통상부장관에게 권고한다. ② 특히 위원회에 회부되어야 할 사항들은 다음과 같다. 1. 재외국민보호정책의 전반적 검토 2. 법 제19조제2항에 의한 긴급 상황에 처한 재외국민에 대한 긴급자금 지원의 액수 및 방법 3. 법 제20조제4항에 의한 대형사건·사고 발생시의 재외국민보호 및 구조방안 4. 법 제22조제3항에 의한 대형사건·사고에 처한 국민에 대한 긴급 자금 지원의 액수 및 방법 5. 제14조제3항에 의한 재외국민의 긴급자금 및 경비상환의무의 면제 범위 6. 기타 위원장이 부의하는 사항 제4조(위원회의 운영 및 위원의 임기) ① 제3조제2항 각호에서 규정된 사항이 있을 경우, 위원장이 위원회를 소집한다. ② 위원회는 재적위원 과반수의 출석과 출석위원 과반수의 찬성으로 의결한다.

비고	외교부안: 재외국민보호에 관한 법률(안)	③ 위원회의 위원들 중 공무원인 위원의 임기는 해당 직위에 재임하는 기간으로 하고, 그 외의 위원들의 임기는 2년으로 하되 연임할 수 있다. 단 보궐위원의 임기는 전임자의 잔임 기간으로 한다. ④ 위원회의 회의에 출석한 위원들에게는 예산의 범위 내에서 수당과 여비 및 그 밖의 실비를 지급할 수 있다. 단, 공무원인 위원이 그 업무와 직접 관련하여 회의에 출석하는 경우에는 그러하지 아니다. ⑤ 그 밖에 위원회의 운영에 관하여 필요한 사항은 위원장이 정한다.

 따라서 재외국민보호법(안)의 규정에 의해 재외국민보호 업무가 '재외국민보호위원회'로 이관될 경우, 외교부는 신낙균 의원안(제6조: 외교통상부 소속 위원회)에 대해서는 찬성의견을, 김정훈 의원안(제8조: 대통령소속 위원회)에 대해서는 반대의견을 제시할 것이 확실하다.144) '재외국민보호위원회'의 취지가 아무리 좋다 하더라도 재외국민보호 업무를 외교부에서 떼어내어 다른 독립기구로 이관하는데 흔쾌히 동의할 외교부가 아니기 때문이다.

 그러나 외교부의 의견대로 '재외국민보호위원회'가 외교부 산하 비상설기구로 귀착된다면 외교부내에 설치되었던 기존의 유사기구들과는 어떤 차별성이 있는지를, 재외동포영사국과는 어떤 연관성을 갖는지, 현재 정부 재외동포정책을 종합적으로 심의・조정하는 '재외동포정책위원회'(위원장 국무총리)와는 어떤 지휘체계에 놓일지, 외교부 제2차관을 위원장으로 하는 '재외동포정책실무위원회'와는 어떤 관계가 될 것인지 등을 보다 명확히 해야 한다. 그리고 해외 긴급사태가 발생하는 즉시 외무대신을 본부장으로 하는 '긴급대책본부'가 설치되는 일본145)과 비

---

144) 재외동포영사국, 「재외국민보호법안에 대한 외교부 검토의견」(2009.1.15), 6쪽.
145) 都市出版株式會社, 前揭書(2006年 4月號), 28~31面. 한편 2004년 일본 외무

교해서 '위난수습본부' 또는 '비상대책반'이 위원회 산하가 아니라 외교부내에 설치될 경우에는 누구의 지휘를 받는지도 분명히 할 필요가 있다.

〈표 2-10〉 재외국민보호법(안)의 '영사업무 원칙' 조항 비교

구분		재외국민보호의 기본원칙
제17대국회	이성권 대표발의안 (2004.8.9))	제12조(영사업무의 기본원칙) ①영사업무담당자는 영사관계에관한비엔나협약의 재외국민보호에 관련된 규정을 숙지하고 이행하여야 한다. ②영사업무담당자는 재외국민의 해외위난상황에 관한 신고 또는 정보를 접수 또는 인지한 때에는 지체 없이 보고계통에 따라 보고하고 필요한 긴급조치를 하여야 한다. ③재외공관의 영사업무담당자는 해외위난상황이 발생한 경우에는 가능한 한 당해 재외국민을 방문하여 면담하고 필요한 사항을 안내 또는 지원하여야 한다. ④재외공관의 영사업무담당자는 해외위난상황에 처한 재외국민의 가족 그밖의 연고자(이하 "가족등"이라 한다)에게 지체 없이 관련 상황을 통보하고 가족등이 현지를 방문하는 경우 이를 지원하여야 한다.
	권영길 대표발의안 (2004.9.21)	제16조(보호업무의 기본원칙) ① 보호업무담당자는 영사관계에 관한 비엔나협약의 재외국민보호에 관련된 규정 등 관련 국제법을 숙지하고 이행해야 하며 재외국민보호에 필요한 주재국의 관련법을 숙지하여 업무를 수행해야 한다. ② 재외공관의 장은 재외국민의 각종 사고나 해외위난상황에 관한 신고 또는 정보를 접수 또는 인지한 때에는 지체 없이 외교통상부 장관에게 보고하고 필요한 조치를 하여야 한다. ③ 재외공관의 장은 재외국민의 각종 사건과 사고나 해외위난상황이 발생한 경우에는 당해 재외국민을 방문하여 면담하고 필요한 사항을 안내 또는 지원하거나 소속 직원으로 하여금 그러한 조치를 수행하게 하여야 한다.

성은 영사이주부를 해외사건・사고 등에서 일본인 원호, 평상시 안전대책, 일본인 신분관계 사무・증명, 여권발급 등 영사서비스, 외국인입국사증발급 등을 소관업무로 하는 영사국으로 확대개편하였는데 영사국에는 정책과, 영사체제강화실, 재외선거실, 영사서비스실, 해외방인안전과, 방인테러대책실, 해외안전상담센터, 여권과, 외국인과 등이 있다.

제17대국회	권영길 대표발의안 (2004.9.21)	④ 재외공관의 장은 각종 사건과 사고나 해외위난상황에 처하여 생명·신체의 위해가 발생한 재외국민의 가족 그 밖의 연고자(이하 "가족 등"이라 한다)에게 지체 없이 관련 상황을 통보하고 가족 등이 현지를 방문하는 경우 이를 지원하여야 한다.
	김성곤 대표발의안 (2004.10.1)	제9조(재외국민보호업무의 기본원칙) 재외국민보호업무를 담당하거나 이에 관련되는 공무원(이하 "재외국민보호담당자"라 한다)은 다음 각호의 기본원칙에 따라 재외국민보호업무를 수행하여야 한다. 1. 영사관계에관한비엔나협약과 국내·주재국 관련 법령의 규정 등을 숙지하고 필요한 경우 이를 이행할 것 2. 제10조의 규정에 따른 해외위난지역 및 대통령에 의한 특정지역의 재외국민과 그 가족의 생사여부를 파악·유지할 것 3. 재외국민의 해외위난상황에 관한 신고 또는 정보를 접수·입수 또는 인지한 때에는 지체 없이 상부에 보고하고 필요한 긴급조치를 할 것 4. 해외위난상황이 발생한 경우에는 부득이한 경우를 제외하고는 당해 재외국민을 면담하거나 연락을 통하여 필요한 지원을 할 것 5. 해외위난상황에 처한 재외국민의 가족 그 밖의 연고자에게 지체 없이 관련 상황을 지속적으로 통보하고 필요한 지원을 할 것 6. 해외위난상황이 발생한 경우에는 주재국내의 상황과 재외국민의 특별한 사정을 감안하여 보호업무를 수행할 것
	김정훈 대표발의안 (2007.10.30)	제15조(영사업무의 기본원칙) 재외국민보호업무를 담당하거나 이에 관련되는 공무원(이하 "재외국민보호담당자"라 한다)은 다음 각 호의 기본원칙에 따라 재외국민보호업무를 수행하여야 한다. 1. 영사관계에관한비엔나협약과 국내·주재국 관련 법령의 규정 등을 숙지하고 필요한 경우 이를 이행할 것 2. 해외위난지역의 재외국민과 그 가족의 생사여부를 파악·유지할 것 3. 재외국민의 위난상황에 관한 신고 또는 정보를 접수 또는 인지한 때에는 지체 없이 외교통상부장관에게 보고하고 필요한 조치를 취할 것 4. 위난상황이 발생한 경우에는 당해 재외국민을 방문하여 면담하고 필요한 지원을 할 것 5. 해외위난상황에 처한 재외국민의 가족 그 밖의 연고자에게 지체 없이 관련 상황을 통신 또는 서면으로 통보할 것

제18대국회	신낙균 대표발의안	제13조(재외국민보호업무의 기본원칙) 재외국민보호업무를 담당하거나 이에 관련되는 공무원(이하 "재외국민보호담당자"라 한다)은 다음 각 호의 기본원칙에 따라 재외국민보호업무를 수행하여야 한다. 1. 「영사관계에 관한 비엔나협약」과 국내·주재국 관련 법령의 규정 등을 숙지하고 필요한 경우 이를 이행할 것 2. 해외위난지역의 재외국민과 그 가족의 생사여부를 파악·유지할 것 3. 재외국민의 해외위난상황에 관한 신고 또는 정보를 접수·입수 또는 인지한 때에는 지체 없이 상부에 보고하고 필요한 긴급조치를 할 것 4. 해외위난상황이 발생한 경우에는 부득이한 경우를 제외하고는 해당 재외국민을 면담하거나 연락을 통하여 필요한 지원을 할 것 5. 해외위난상황에 처한 재외국민의 가족 또는 그 밖의 연고자에게 지체 없이 관련 상황을 지속적으로 통보하고 필요한 지원을 할 것
	김정훈 대표발의안	제15조(영사업무의 기본원칙) 제17대 발의안과 동일 내용
비고	외교부안: 재외국민보호에 관한 법률(안)	제7조(보호의 대상) ① 재외국민보호는 해당 외국의 영토관할권을 침해하지 않는 범위 내에서 이루어져야 한다. ② 재외공관에 의한 재외국민보호는 영사관계에 관한 비엔나협약 등 관련 다자조약 및 양자조약 그리고 일반적으로 승인된 국제법규 및 주재국 법령에 의하여 허용되는 범위 내에서 이루어져야 한다. ③ 재외공관에 의한 재외국민보호는 주재국의 제도 및 문화 등 특수한 상황을 고려하여 이루어져야 한다. ④ 재외국민이 스스로 또는 가족·연고자 또는 체류국의 지원을 받아 문제를 해결할 수 있다고 판단되는 경우에는 지원을 제공하지 않는다.
비고	외교부안: 재외국민보호에 관한 법률(안)	⑤ 재외국민보호는 국내에서 발생하는 유사 상황시 정부가 제공하는 보호의 수준을 벗어나지 않는 범위 내에서 이루어져야 한다. ⑥ 재외국민보호는 해당 재외국민이 원하지 않는 경우에는 제공하지 않는다. 단, 재외국민이 스스로 의사를 결정하기 어려운 상황에서는 그 관할지역 재외공관에서 재외국민의 이익에 부합하도록 조치할 수 있다.

이런 상황에서 재외국민보호법(안)의 규정에 따라 재외국민보호 업무가 '재외국민보호위원회'로 이관된다면 외교부로서는 신낙균 의원안(제6조: 외교부 소속 위원회)에는 찬성의견을, 김정훈 의원안(제8조: 대통령 소속 위원회)에는 반대의견을 제시할 것이 확실하다.146) '재외국민보호

위원회'의 취지가 아무리 좋다 하더라도 재외국민보호 업무를 외교부에서 떼어내어 다른 독립기구로 이관하는데 흔쾌히 동의할 외교부가 아니기 때문이다.

<표 2-11> 외무부장관 소속 심의기구 현황(1962~1996)[147]

구분	외무부장관 산하		
	재외국민지도위원회 (1962.6.26 설치)	재외국민지도자문위원회 (1969.2.13 설치)	재외국민정책심의위원회 (1985.6.3 설치)
설치 목적	-재외국민지도·보호·육성에 관한 기본정책수립 및 관계부 업무조정에 대한 자문	-재외국민지도·보호·육성에 관한 기본정책 수립·집행에 관한 자문	-재외국민보호육성정책을 종합적 심의·조정
기능	-재외국민지도·보호·육성에 관한 기본정책 수립사항 -재외국민교육·유학생지도사항 -이민보호사항 -재외국민단체사항 -기타 필요 사항	-재외국민 지도·보호·육성에 관하여 외무부장관의 자문에 응하여 심의·건의	-재외국민정착지원사항 -재외국민법적·사회적지위향상사항 -재외국민과 모국과의 유대강화사항 -재외국민국내외 경제활동지원사항 -기타 필요 사항
구성	-위원장 1인과 위원 8인 (위원장 외무부차관, 위원: 내무·재무·국방·문교·보건사회·교통·공보부 각 차관, 중앙정보부 제3국장)	-위원장·부위원장 각1인, 위원 20인 이내(위원장 및부위원장: 위원 중에서 임명, 위원: 정부 관계부처 차관 또는 차장과 외교·국제정세 및 재외국민실태 지식·경험이 풍부한 자중에서 위촉자)	-위원장·부위원장 각 1인, 위원 15인 이내(위원장: 외무부차관, 부위원장: 외무부 제2차관보, 위원: 내무·재무·법무·문교·상공·노동·문화공보·안기부·해외협력위원회 및 관계기관 3급 이상 공무원 각 1인, 영사교민업무담당 국장 1인, 재외국민 학식·경험풍부한 자)

---

146) 재외동포영사국, 「재외국민보호법안에 대한 외교부 검토의견」(2009.1.15), 6쪽.
147) 김봉섭, 앞의 책(2009), 64~65쪽(해외교포문제연구소, 「한국 주요정당의 교민정책 비교분석」, 2005.11 2005년 교포정책포럼).

회의	-관계부 장관 요청시 위원장이 소집(재적 과반수 출석, 출석 과반수 의결/의장은 표결권, 가부동수시 결정권)	-위원장은 회무 통리, 회의 소집/부위원장은 위원장 보좌, 위원장 사고시 직무대행	-정기회의 연2회 소집, 임시회의는 위원장 필요시나 위원 요구시/재적 과반수 출석, 출석 과반수 의결/위원장은 위원회심의사항을 외무부장관에게 보고
간사	-서무처리 위해 간사회 설치(간사장 1인 외무부 정무국장, 간사 9인 각 관계부 3급공무원)	-서무처리 위해 간사회 설치(간사장 1인 외무부 아주국장, 간사 외무부 공무원)	-세부사항 구체적 심의필요시 관련위원만의 소위원회 구성/서무처리 위해 간사 1인 외무부소속 직원
의견청취	-없음	-없음	-필요시 관계기관 직원 또는 재외국민 전문가의 의견청취
비고	1968.9.11 폐지	1978.11.27 폐지	1996.2.12 폐지

출처: ≪경향신문≫(1962.6.26 석간)

3. 맺는 말

최근 외교부는 "국회에서 발의한 재외국민보호법(안)에 대한 정부입장 마련과 관련하여 국민적 공감대를 형성하고 각계의 다양한 의견을 수렴"한다는 취지의 공청회를 통해 '재외국민보호법 제정의 필요성'과 '재외국민보호에 있어 국가책임의 범위와 한계'라는 주제를 다루었다.[148]

해당 법률을 담당할 '재외국민보호과'까지 미리 만들어 놓았던 외교부로서는 국회계류중인 의원입법안을 대체할 것으로 예상되는 정부안의 실체를 선보이면서 국회·학계·언론·선교·여행업계 등의 의견을 반영하는 모양새를 갖춘 다음 유관부처와의 협의를 거쳐 재외국민보호법 정부안을 확정하여 국회에 제출할 것으로 예상된다.

이 정부측 초안에 따르면 재외국민보호법에서 정의될 '재외국민'은 '대한민국 국적을 보유하고 국외에 체류하고 있는 자'로 한정하되, 이중국적자는 보호대상에서 제외하고 북한이탈주민은 별도의 법에서 보호받을 수 있도록 하며, 자신의 안전 확보를 위해 노력해야 한다는 국민의 의무도 포함되며, 각 국가의 사정과 사건의 개별여건을 고려해 영사의 재량권을 인정하기로 하였다. 또 재외국민보호 활동에 쓰이는 비용은 수혜자 부담을 원칙으로 하고, 긴급상황에 처한 국민들을 위해 연고자에게서 비용을 지원받거나 재외공관이 우선지급한 뒤 추후 상환 받도록 하고 있다.

흔히 하나의 법률이 탄생하려면 대단히 복잡한 과정을 거쳐야 한다고 말한다. 우선 강력한 사회적 요구나 정책적 의지가 있어야 한다. 이 단

---

148) 외교통상부 공고 제2010-114호. 재외국민보호법 제정을 위한 공청회 개최 공고. 일시: 2010.12.14(화) 09:15~11:45. 장소: 외교통상부 청사 국제회의실(3층).

계에서는 정당한 문제제기가 제일 중요하다.

둘째, 문제제기 된 사회적 요구나 정책적 의지에 대해 공감하는 동조여론이 폭넓게 형성되어야 한다. 이 단계에서는 특히 여론을 주도하는 오피니언 리더나 법을 제정하는 국회의원들 그리고 법을 현장에서 집행해야 할 전문관료들이 이런 문제제기를 정당한 것으로 받아들이도록 하는 것이 중요하다.

셋째, 관련 전문가들의 분석과 비판을 거치면서 쟁점사항에 대한 논리적 정리작업과 적절한 합의를 도출해야 한다. 사회적 요구(정책적 의지)나 동조여론만 갖고는 향후 제기될 반대논리나 반대여론의 역공에 적절히 대응할 수 없기 때문이다. 따라서 이 단계에서는 덜어낼 것은 덜어내고 양보할 것은 양보하고 감출 것은 감추는 매우 기술적이고 법률적인 손질이 요청된다.

넷째, 이상과 같은 논리나 주장이나 이념들을 누가 보더라도 납득할 수 있는 쉬운 말, 해석의 오해가 없는 명확한 말로 조문화 하는 작업이 필요하다. 이해당사자들 간의 영역을 조정하기도 하고 새로운 틈새영역을 만들어내기도 하는 대단히 전문적이고 정치적인 단계가 바로 이 단계다.

이렇게 볼 때 신낙균 의원안과 김정훈 의원안은 사회적 요구단계, 여론형성단계, 전문적 분석·정리단계 등은 거쳤으나 조문작성과 합의도출단계가 여전히 남아 있다고 하겠으며, '재외동포보호법' 제정논의의 초점이 '재외동포보호위원회' 신설 등 하드웨어적인 측면보다는 보호법 제정의 당위성, 이념적 기초와 국가책무 선언, 보호정책수단의 확보방법과 그 절차, 예산확보 등에 보다 집중된다면 지금보다 훨씬 더 나은 결과물을 기대할 수 있다.

<그림 2-1> 재외동포 관련 법률 상호간의 관계

또한 헌법-'재외동포기본법'(또는 재외국민기본법)을 중심으로 하는 '하위4법 체제'로 나아가는 또 하나의 징검다리가 될 수 있을 것이다.

참고자료

○ 외통위, 재외국민보호법 제정공청회 개최[149]

(서울=연합뉴스) 김남권 기자=삼호 드림호 선원들이 소말리아 해적에 의해 납치되면서 재외국민에 대한 안전이 관심사인 가운데 국회 외교통상통일위원회가 15일 이 문제를 논의하기 위한 공청회를 열었다.

현재 국회 외통위에는 한나라당 김정훈, 민주당 신낙균 의원이 각각 대표 발의한 '재외국민보호법안(제정)'이 제출돼 있다. 이 법안들은 국외에서 거주 또는 체류, 여행 중인 모든 국민에 대해 정부가 신속하고 효과적인 보호활동을 하도록 규정하고 있다.

외통위가 국회에서 개최한 '재외국민보호법 제정 공청회'에서 중앙대 제성호 교수는 "재외국민보호법률은 재난, 사고, 테러, 범죄 등 중대한 위난으로부터 재외국민을 보호하는 기본법으로서 위상을 가져야 한다"면서 "'재난 및 안전관리 기본법'이나 국가대테러활동지침 또는 앞으로 만들어질 수 있는 테러방지법과의 체계적 관련성을 고려해 제정하는 것이 필요하다"고 밝혔다.

김봉섭 전(前) 재외동포재단 전문위원은 "두 법안 모두 해외체류 중인 북한이탈주민이나 복수국적을 소지한 외국국적 동포를 재외국민 범주에서 배제하고 있지만, 외국인 우수인재 등에 대해 제한적으로 복수국적 허용을 추진하려는 이명박 정부의 정책의지를 감안하면 이들도 재외국민 범주에 포함시켜 보호대상으로 삼을 필요가 있다"고 주장하였다. 김 전문위원은 또 "연평균 1천만 명에 달하는 90일 이내 단기체류,

---

149) ≪연합뉴스≫(2010.4.15) south@yna.co.kr

여행자들도 재외국민 등록이 가능하도록 재외국민등록법을 개정할 필요가 있다"고 덧붙였다.

백주현 외교통상부 재외동포영사국장은 "외교부장관이 해외 위난지역의 재외국민에게 대피를 명령할 수 있도록 한 '강제대피권'은 주재국 공권력과 관계된 만큼 신중한 검토가 필요하다"고 지적하였다. 백 국장은 이어 재외국민 보호와 지원에 국고를 사용하도록 한 점에 대해서는 "재정적 부담이 있을 수 있는 만큼, 국고나 예산보다는 가칭 '재외국민보호기금'을 조성해 지원하는 방안을 검토해볼 수 있을 것"이라고 제안하고, "관광진흥기금과 같은 기존 기금의 일부를 사용하는 방안도 고려해볼 필요성이 있다"고 덧붙였다.

○ 외통위, 재외국민보호법 제정공청회. 다양한 의견 쏟아져150)

최근 삼호 드림호 선원들이 소말리아 해적에 의해 납치되는 등 재외국민 안전에 대한 문제가 부각된 가운데 재외국민보호법 제정을 위한 공청회가 15일 열렸다.

국회 외교통상통일위원회가 이날 국회에서 개최한 공청회에선 제정법에 대한 다양한 의견이 쏟아졌다.

중앙대 제성호 교수는 "재외국민보호법률은 재난, 사고, 테러, 범죄 등으로부터 재외국민을 보호하는 기본법으로서 위상을 가져야 한다"면서 "재난 및 안전관리 기본법이나 국가 대테러 활동지침 또는 앞으로 만들어질 수 있는 테러방지법과의 체계적 관련성을 고려해 제정하는 것이 필요하다"고 강조하였다.

---

150) ≪파이낸셜뉴스≫(2010.4.15) hjkim01@fnnews.com(김학재 기자)

김봉섭 전 재외동포재단 전문위원은 "두 법안 모두 해외 체류 중인 북한이탈주민이나 복수국적을 소지한 외국국적 동포를 재외국민 범주에서 배제하고 있다"며 "외국인 우수인재 등에 대해 제한적으로 복수국적 허용을 추진하려는 이명박 정부의 정책의지를 감안하면 이들도 재외국민 범주에 포함시켜 보호대상으로 삼을 필요가 있다"고 주장하였다.

백주현 외교통상부 재외동포영사국장은 "외교부장관이 해외 위난지역의 재외국민에게 대피를 명령할 수 있도록 한 강제대피권은 주재국 공권력과 관계된 만큼 신중한 검토가 필요하다"고 지적하였다. 백 국장은 이어 재외국민 보호와 지원에 국고를 사용하도록 한 점에 대해선 "재정적 부담이 있을 수 있는 만큼 국고나 예산보다는 가칭 재외국민보호기금을 조성해 지원하는 방안을 검토해볼 수 있을 것"이라며 "관광진흥기금과 같은 기존 기금의 일부를 사용하는 방안도 고려해볼 필요성이 있다"고 부연하였다.

현재 외통위에는 한나라당 김정훈, 민주당 신낙균 의원이 각각 대표 발의한 '재외국민보호법안(제정)'이 제출돼 있다. 이 법안들은 국외에서 거주 또는 체류, 여행 중인 모든 국민에 대해 정부가 신속하고 효과적인 보호활동을 하도록 규정하고 있다.

○ 외통위, "재외국민보호법 제정해야"[151]

국회 외교통상통일위원회는 15일 공청회를 열어 국외에 거주, 체류하거나 여행 중인 모든 국민에 대해 정부의 신속하고 효과적인 보호활동을 규정하는 재외국민 보호법 제정 필요성에 관해 토론하였습니다.

---

151) <KBS WORLD> 2010.4.15

공청회에서 김봉섭 전 재외동포재단 전문위원은 해외 체류 중인 북한이탈주민이나 복수 국적을 소지한 외국국적 동포도 재외국민 보호대상에 포함시켜야 한다고 주장하였습니다. 백주현 외교부 재외동포 영사국장은 외교부 장관이 해외 재난지역의 재외국민에게 대피를 명령할 수 있도록 하는 강제 대피권은 주재국 공권력과 관계된 만큼 신중한 검토가 필요하다고 지적하였습니다. 또 재외국민 보호와 지원을 위해 기금을 조성하는 방안을 검토할 수 있다고 제안하였습니다.

○ 외교부 대변인 정례 브리핑(2010.12.19)[152]

외교통상부는 국회에서 발의되어 계류 중인 '재외국민보호법(안)'에 관한 정부입장 마련을 위해 동 법안의 정부안에 대한 각계의 의견을 수렴코자 12.14(화) 외교통상부 국제회의실에서 공청회를 실시합니다.

이번 공청회는 그간 외국 사례와 재외공관의 의견에 바탕을 둔 정부측안에 대해 관계자가 설명을 하고, 이어 국회, 학계, 언론, 선교·여행업계 등에 전문가로 구성된 패널리스트간 토론 그리고 질의 응답순으로 진행되게 됩니다.

외교통상부는 이번 공청회에서 제기된 다양한 의견들을 기초로 해서 유관부처와의 협의를 거쳐 재외국민보호법에 대한 정부안을 확정하여 국회에 전달할 예정입니다.

---

152) 「외교통상부 보도자료」

제3장 국적제도 개선과 복수국적153)

1. 여는 말

제18대 국회는 그동안 국적법 개정과 관련하여 모두 4개의 의원입법 일부개정법률안154)과 1개의 정부입법 일부개정법률안155)을 심의하였

---

153) 『국적제도 개선을 위한 정책토론회: 복수국적 허용범위 확대와 국적취득제도 개선을 중심으로』(민주당 재외동포사업추진단, 2010) 토론원고(일부 수정).
154) 조윤선 의원 대표발의안(2008.8.19, 국제결혼자녀의 경우처럼 출생과 동시에 대한민국 국적 취득한 사람에게 국적상실 시기 1년 전에 그 사실을 통지하여 국적선택에 필요한 절차를 준비토록 함), 김춘진 의원 대표발의안(2008.11.24, 귀화·국적회복허가 또는 국적보유판정 취소사유가 신분관계서류 위조 등으로 유죄판결 확정된 경우 등임을 법률에 명시. 허가일 5년 경과한 경우 취소할 수 없도록 함. 취소의 적정성여부 심의하기 위한 국적취소심의위원회 설치), 이상민 의원 대표발의안(2008.11.24, 직계존속이 외국에서 영주할 목적으로 체류한 상태에서 출생하였는지 여부를 법률에 규정), 노철래 의원 대표발의안(2009.2.6, 국적선택 기준연령을 만20세에서 만19세로 하향조정). 현재 조윤선 의원안은 법사위 제19차 전체회의 상정·설명·검토·대체토론(2008.11.20)과 제2차 법안심사 제1소위 상정·설명(2008.11.21)을, 이상민 의원안은 법사위 제4차 전체회의 상정·설명·검토보고(2009.2.12)와 제2차 법안심사 제1소위 상정(2009.4.20)을, 노철래, 김춘진 의원안은 법사위 제8차 전체회의 상정·설명·검토보고(2009.2.24)와 제3차 법안심사 제1소위 상정·축조심사(2009.2.25)를 각각 거쳤다.

는데 최근 국회 제3차 법제사법위원회(2010.4.19)는 정부안의 일부내용만을 수정한 채 '우수 외국인재의 귀화요건 완화(안 제7조제1항제3호 신설)', '대한민국 국적취득자의 외국국적 포기의무 완화(안 제10조)', '이중국적자의 용어 변경 및 복수국적자의 법적지위(안 제11조의2 신설)', '국적선택방식의 개선(안 제13조)', '대한민국 국적의 이탈요건 및 절차강화 등(안 제14조)', '국적선택명령제도의 도입(안 제14조의2 신설)', '대한민국 국적의 상실결정제도 도입(안 제14조의3 신설)', '복수국적자에 관한 통보의무(안 제14조의4 신설)', '권한위임에 관한 규정 신설(안 제22조 신설)' 등의 내용을 대체로 수용하였다.

> 대한민국 국적상실 결정대상에 출생에 의하여 대한민국 국적을 취득한 자는 제외하도록 수정하고, 이 법의 시행일을 2011년 1월 1일부터 시행하도록 조정하며, 국적 재취득자와 국적선택기간에 한국국적을 선택하기 위하여 외국국적을 포기한 자에 대하여도 일정한 조건하에 복수국적을 허용하는 방향으로 수정하였다. 한편 국적 재취득자에 대하여 복수국적을 허용하는 부칙은 과거 이중국적을 취득할 수 있었던 계층에 특혜를 주는 규정이라는 지적을 감안하여 부칙을 적용함에 있어서 특혜시비를 주지 않도록 유의할 필요가 있다는 지적이 있었다.(장윤석 의원 심사보고)[156]

이처럼 국회가 "복수국적자[157])"에 대하여 규제일변도로 되어 있는 현

---

155) 법제사법위원회 제2차전체회의 상정·제안설명·검토보고·대체토론(2010.2.16), 제1차 법안심사제1소위(2.17), 제2차 법안심사제1소위(2.23), 제2차 법안심사제1소위 수정가결(4.14), 법제사법위원회 제3차 전체회의 상정·소위심사보고·수정가결(4.19).
156) 국회 영상회의록시스템(http://w3.assembly.go.kr), 제289회 국회(임시회) 제3차 법제사법위원회 영상회의록(2010.4.19) 참조.
157) 복수국적이란 개인이 동시에 2개(dual) 또는 그 이상의(multiple) 국적(또는

행 규정을 국제조류와 국익에 부합되는 방향으로 복수국적을 제한적으로 허용하는 한편, 복수국적 허용에 따른 병역기피 등 부작용과 사회적 위화감을 최소화하는 방향으로 관련 규정을 보완"하겠다는 정부의 국적법 개정안 취지에 공감을 표함으로써 금년 가을 국회본회의에서 정부안이 최종 의결·통과될 경우, 우리 국적법은 그 기본골격을 근원적으로 재정립하는 역사적 전기를 맞게 될 것이다.

이는 제헌헌법(1948.7.17) 제3조에서 "대한민국의 국민 되는 요건은 법률로써 정한다"(국적법률주의)라고 규정158)한 이후 제정된 최초 국적법(1948.12.20)159)이 "남성혈통주의, 이중국적 보유금지, 무국적자 방지를 위한 예외적 조치로 출생지주의 채택"이라는 3대 원칙에 입각하여 대한민국 국민이 되는 요건을 정하였는데160) 그 정책기조로부터 완

시민권)을 보유하는 상태를 말하며, 선천적 복수국적과 후천적 복수국적이 존재한다.
158) 헌법 제5차 전부개정(1962.12.26) 제2조 대한민국의 국민의 요건은 법률로 정한다. 헌법 제8차 전부개정(1980.10.27) 제2조 ① 대한민국의 국민의 요건은 법률로 정한다. ② 재외국민은 국가의 보호를 받는다. 헌법 제9차 전부개정(1987.10.29) 제2조 ① 대한민국의 국민이 되는 요건은 법률로 정한다. ② 국가는 법률이 정하는 바에 의하여 재외국민을 보호할 의무를 진다.
159) 북한의 경우 1963년 10월 9일 최고인민위원회 정령 제242호로 국적법이 제정된 이후 수정보충(1995, 상설회의 결정 제57호)과 수정(1999, 상임위원회 정령 제483호)을 거쳐 오늘에 이르고 있다.
160) 국회사무처, 『제1대 국회 제1회 제118차 국회본회의 회의록』(1948.12.1, 국적법안 제1독회), 3쪽(이인 법무부장관 답변). "대한민국의 국민된 사람은 모두 남성혈통으로 우리 국적을 가리도록 해야 한다는 것을 원칙으로 삼았습니다. 우리는 단일민족으로 다른 나라와 같이 복잡다단한 여러 복합체인 민족이 아닌 것만큼 우리는 온전히 단일민족이올시다. 그런 까닭에 남성혈통을 보존하고 그래서 국민이 고루 고루 한 사람 빠짐없이 이 원칙 밑에 국적을 가지게 해야겠다는 것이 원칙입니다. 그 다음에는 한 나라의 다른 국민들이 많이 와 있다 하더라도 이 국토에 와 있는 사람도 남성혈통으로, 우리 국적을 가진 사람, 남의 나라 국적을 못 가진 사람, 얼른 말하면 이중적으로 국적을 가지지 않도록 하고, 또 국적이 없어서도 안 되니까 이중국적을 회피하

전히 벗어남을 의미하며, 국제협약 체결과 주변국·시대조류 등161)에 부응하여 선천적 국적취득요건으로 '부모양계혈통주의'를 채택한 제4차 국적법 전부개정안(1997.12.13제정, 1998.6.14시행)보다 훨씬 더 큰 변화, 즉 '복수국적의 전면실시'를 예고하였기 때문이다.

<표 3-1> 역대 국적법 개정의 주요 이유162)

1960년대	1970년대
5·16군사정부기	박정희정부기
①외국인의 대한민국 국적취득요건으로 국적 없거나 대한민국 국적취득일 6월내 그 국적상실토록 함. ②대한민국 국적을 가졌던 자가 그 국적상실한 경우 외국주소를 가지면서도 국적회복 가능토록함<1962.11.21 일부개정> ③귀화인, 그 처·자의 공직취임제한규정 삭제 ④외국인으로 대한민국 국적취득자가 6월경과후 그 국적상실하지 아니한 때는 대한민국 국적상실케함<1963.9.30 일부개정>	①대한민국에 주소를 가지지 아니한 자의 국적회복허가는 관계기관과 긴밀협조하므로 국적회복심의위원회 별도건의 불필요, 각종위원회정비계획으로폐지<1976.12.22 일부개정>

고 무국적을 회피한다는 이것은 우리나라 뿐 아니라 세계열강이 다 공통된 조치로 지금 행해 나오는 것입니다. … 그래서 할 수 없이 예외로 출생지주의를 취하였습니다."
161) 법무부, 『문답식 신국적법 해설』(1998.7), 참조. 1984년 유엔의 여성차별철폐조약 가입, 단 국적취득상의 남녀평등원칙(제9조) 등 일부조항 유보, 1990년 유엔의 국제인권규약(이른바 B조약) 가입. 부모양계혈통주의를 북한(1963), 중국(1980), 일본(1984) 등 주변국이 차례로 채택. 이에 노태우정부는 1990년 가을 국적법 개정작업 착수(6년간 국적법개정특별분과위 3차례 구성·운영 및 여론수렴), 김영삼정부는 임기말인 1997년 부모양계혈통주의 채택 및 이중국적자의 일정기간내 국적선택제도 신설 등을 골자로 한 개정안을 제출하여 정기국회 통과.
162) 제1차 일부개정(1962.11.21), 제2차 일부개정(1963.9.30), 제3차 일부개정(1976.12.22), 제4차 전부개정(1997.12.13), 제5차 일부개정(2001.12.19), 제6차 일부개정(2004.1.20), 제7차 일부개정(2005.5.24), 제8차 일부개정(2007.5.17), 제9차 일부개정(2008.3.14).

1990년대	1990~2000년대
김영삼정부기	김대중정부기
①현행법중 각종 남녀차별요소를 남녀평등원칙 부합되는 방향 정비(→부모양계혈통주의도 입등) ②국적법 내용중 현실에 맞지 않거나 입법상미비점 합리적 개선보완<1997. 12.13전부개정, 1998.6.14시행>	①양계혈통주의 도입이후 모계출생자에 대한 국적취득특례를 10세미만자로 한정한 것은 평등원칙에 위배, 헌법재판소 헌법불합치결정(2000.8. 31)에 따라 1998.6.14 현재 20세미만자로 확대 <2001.12.19일부개정>
2000년대~	
노무현정부기	이명박정부기
①민법개정(2005.3. 31공포·시행), 호주제폐지 (2008.1. 1)와 가족관계등록제도 시행에 따라 국적변동시 법무부장관이 시읍면장에게 직접 통보하는 등 국민편의 도모<2008.1.1 일부개정> ②병역기피목적으로 원정출산등 자녀의 외국국적편법취득방지하기 위해 병역의무이행·면제·제2국민역편입 완료시만 국적이탈신고 가능 ③현행제도운영상 일부미비점 개선보완<2008. 5.24일부개정>	①거짓·부정한 방법으로 귀화허가·국적회복허가·국적보유판정받은 경우 법무부장관이 허가·판정취소 근거를 법률에 규정. ②법문장의 한글화 & 쉬운 용어, 간결한 문체로 정비 <2008.3.14 일부개정>

2. 복수국적 허용확대 여부 논란

현재 이명박정부(2008.2.25.~2013.2.24)가 수립·추진 중에 있는 재외동포정책 구상의 기본틀은 <그림 3-1>의 오른쪽 윗 부문과 같다.

즉 재외동포정책위원회(2009)가 밝힌 바에 따르면 이명박정부는 "첫째, 모국과 거주국과의 관계증진을 위한 동포사회의 전략적 기여 확대. 둘째, 재외동포네트워크 활성화. 셋째, 모국과의 유대증진을 위한 국내 법적·제도적 기반 강화. 넷째, 한인정체성 및 자긍심 고양을 위한 교육·문화 교류 확대" 등의 4대 주요 추진방향을 기초로 하여 "모국과 동포사회간 호혜적 발전을 통한 선진일류국가와 성숙한 한인사회 구현"을 정책목표로 설정하고 있는데163), 이를 노무현정부의 기본목표(<그림 3-2>의 왼쪽 부문)와 비교해보면 이명박정부가 강조하고자 하는 것이 무엇인지를 짐작할 수 있다.

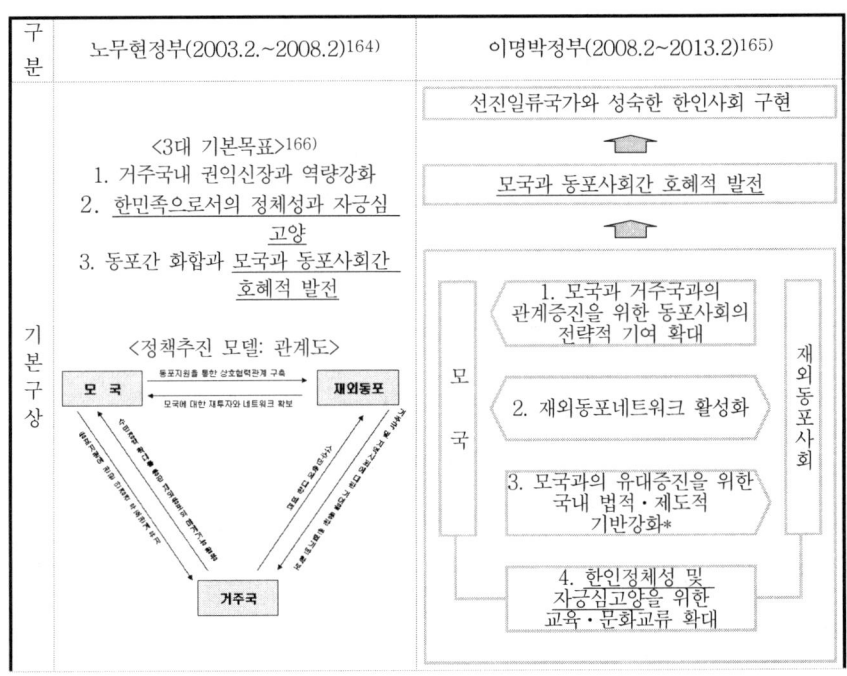

<그림 3-1> 재외동포정책의 기본목표와 추진방향 및 복수국적 논의 상호비교

---

163) 제13차 재외동포정책실무위원회(2008.5.28)에 상정된 「안건1. 신정부 재외동포정책 추진방향」(발제: 외교부 재외동포정책과장)에서는 정책추진방향으로 '모국에 대한 동포사회의 전략적 기여', '한인네트워크 활성화', '모국과의 유대증진, 한인정체성 및 자긍심 고양', '열린 민족주의 지향' 등을 제시. 최종단계에서 삭제된 '열린 민족주의' 항목은 "여러 민족의 다양한 문화수용, 공정하고 올바른 재외국민투표 환경조성, 재외동포의 남북관계에 대한 관심과 이해 제고"로 정의.
164) 외교통상부, 「참여정부의 재외동포정책」(2006.3) 참조.

| 관련 발언 | -노무현 대통령후보, 세계한인회장간담회에서 이중국적에 대한 열린 사고 강조(서울신문, 2002.7. 15)
-노무현 당선자, 정책토론회에서 이중국적・교민청 적극 검토 시사(재외동포신문, 2002.12.21)
-노무현 대통령, 조남기 前중국 국가부주석에게 조선족동포 이중국적허용 의사전달 요구(프레스안, 2004. 9.6; 서울신문, 2004.9.7)
-제6차 재외동포실무정책위원회, 이중적자 관련 문제점 검토(2005.6.15)
-조영황 국가인권위원장, 해외입양아중 희망자에게 이중국적 예외인정 권고(서울신문, 2006.1.23)
-제1차외국인정책위원회, 우수외국인력유치 논의(2006.5.26)
-노무현 대통령, 캄보디아동포간담회에서 이중국적 허용의 어려움 시인(국정브리핑, 2006.11.21)
-제2차외국인정책위원회, 법무부 이중적 제한허용방안보고: 병역필 남성에게 허용(2007.10.15) | -법무부, 대통령직인수위원회에 제한적 이중국적 허용검토 보고(2008.1.6) 및 대통령 업무보고시 제한적 이중국적 허용 검토보고(2008.3.19)
-이명박 대통령, 뉴욕(2008.4.15) 및 워싱턴(4.16)발언: 국내에서 이중국적에 대해 긍정적으로 보는 의견도 있고, 시기상조라는 사람도 있지만 우선 부분 허용할 수 있는지 여부 검토하고 있음(서울신문, 2008.4.15)
-국가경쟁력강화위원회(2008.4.30): 선천적 이중국적자와 만20세 이전 자신 의사와 관계없이 외국국적 취득한 비자발적 외국국적취득자, 전문지식・기술 갖춘 외국인 고급인재에게 제한적 이중국적허용논의
-법무부, 국적법 개정안 입법예고(2009.5), 공청회(2009.8)[167], 법제처 심사(2009.9)
-강만수 대통령특보, 해외우수인재 유치 위한 이민정책, 저출산문제 해결 위한 이중국적 허용검토 시사(한국일보, 2009.9.7)
-법무부, 국적법 개정안 제출(2009.12) |

여기서 우리의 관심사는 복수국적 허용에 대한 각 정당의 입장이다. 예를 들어 16대 대선 당시 새천년민주당후보였던 노무현(2002)은 대선 공약 20대 핵심과제의 하나로 "병역기피・탈세・재산해외도피 등 특권층의 반사회적 부정행위를 근절하겠다"는 의지를 표명한 후[168] "재외동포가 민족적 정체성을 유지하면서 거주국에서 중심적 역할을 하도록

---

165) 제10차 재외동포정책위원회, 「신정부의 재외동포정책방향」(2009.9) 참조.
166) 제4차 재외동포정책위원회(2004.11.8)에서 재외동포정책 기본목표와 정책방향을 재설정(균형원칙, 동등화・차별화원리).
167) 법무부 출입국외국인정책본부 주최, 「국제제도개선을 위한 정책토론회」(2008. 7.22). 법무부는 현행 국적법의 문제점으로 국민배제정책, 인권침해논란, 저출산・고령화사회 대비 부족, 이중국적자의 체계적 관리시스템 미비, 우수인재의 안정적 확보 한계, 세계적 추세 미반영 등을 들고 있다.
168) 국가기록원 대통령기록관 제16대 대통령당선자 노무현
   (http://knowhow.pa.go.kr/roh/vision_1/promise/korea_1.asp) 참조.

<표 3-2> 제17대 대선 재외동포 관련 공약[169]

기호 1번	기호 2번	기호 3번	기호 4번
대통합민주신당(정동영)	한나라당(이명박)	민주노동당(권영길)	민주당(이인제)
-재외국민보호·지원 기본방향: 영사보호활동 강화(재외국민납치 사건 발생시 공식채널·외교협상 통해 석방 강구) -대통령비서실에 재외동포담당비서관 설치, 재외동포재단 개혁, 총리실산하 재외동포위원회 기능 현실화 등으로 재외동포정책 총괄관리 기능 강화	-재외국민보호강화: 재외국민보호시스템마련[170]→대국민서비스개선(영사관 직통도움의 전화연락체계 강화), 영사서비스강화(위난지역국민보호상시모니터링, 분쟁지역방문제한, 재외국민보호위기관리매뉴얼 재점검, 대국민홍보 강화) -재외동포권익향상: 국내투자시 혜택부여, 한글학교지원확대 및 모국방문 프로그램강화, 한민족문화공동체의식강화(한민족문화엑스포), 재외국민참정권 조속 부여	-재외동포기본법 제정, 대통령산하 재외동포위원회 설치(동포재단→위원회 사무처) -생계곤란동포실태조사·지원, 국내체류외국적동포 노동권 등 기본권 보장 -한글학교지원강화, 재외동포인터넷사이트 접근권 보장 -국가의 재외국민보호체계확립및 외교부보호업무 구체화 -대통령·국회의원비례대표선거권부여, 주민등록소지 재외동포국회의원지역구·지방선거권 부여	-중산층강국 건설(한류·한상·IT글로벌네트워크 강화) -아태프런티어국가건설로 통상외교 강화(이중국적 및 재외국민투표권 인정. 한민족글로벌 네트워크구축으로 글로벌 코리아나) -사교육비경감(재외동포 3천명 원어민교사 확보)
6,174,681표 (득표율 26.27%)	11,492,389표 (득표율 48.7%)	712,121표 (득표율 3.0%)	160,708표 (득표율 0.7%)

---

169) 해외교포문제연구소, 『교포정책개발과 재외동포재단 비전설정연구-교포정책의 당면과제를 중심으로』(2008.5), 345~373쪽. 그러나 이경태는 「이중국적 허용 필요한가」(2008.1)이라는 글에서 "이중국적에 대해 대통합민주신당, 한나라당, 민주노동당, 국민중심당은 조건부 찬성을, 민주당은 조건부 반대를 하였다"고 분석. 즉 이중국적이 병역의무를 면탈할 목적으로 남용되어서는 안 되며, 병역의무 면탈 방지대안을 마련한 후 허용됨이 바람직(통합민주신당), 글로벌 경쟁시대의 세계적 추세에 맞추어 국내전문인력의 해외유출을 막고 외국우수인력의 국내유치를 견인하기 위해 병역의무 이행 등 일정조건을 충족하는 경우에 전향적으로 허용해 나가야 할 것임(한나라당), 이중국적을 허용하되 이 경우 발생할 수 있는 혼란을 방지하기 위하여 제도의 변경이 필요. 권리와 의무를 국적이 아닌 거주지(기간), 고용지(기간)를 기준으로 부여하거나 납세와 사회보장제도에 대한 기여 등에 따라 부여하는 방식 등임(민주노동당), 분단상황인 우리의 경우 이중국적이 병역회피수단으로 악용되는 문제 등의 선결방안을 마련한 후 이중국적을 허용하는 것이 바람직함(국민중심당).

적극 지원하겠다"는 기조 아래 재외동포법 개정, 한국문화 체득과 한민족네트워크 구축, 재외동포경제단체 결속강화와 기업인 경제네트워크 활성화, 해외이주지역 개척과 이주 장려, 재외국민안전망 구축과 영사서비스 강화 등을 재외동포 관련공약으로 제시하였다.171) 이처럼 '복수국적 허용'을 공약화 하지 못한 상태에서 그는 외교부의 소극적인 입장172)에도 불구하고 대통령 당선 이후 법무부・외국인정책위원회 등이 외국국적동포에 대한 복수국적 허용을 심도 있게 논의할 수 있도록 독려하여 복수국적 허용에 대한 공론화와 부정적 여론 중화에 일조하였다.

제17대 대통령선거(2007)에서는 여・야 정당 모두가 원론적인 입장에서 재외동포 관련공약을 제시하였지만 '복수국적 허용' 문제를 선거공약화 한 것은 이인제 후보뿐이었다.

한편 제17대 대선에서 이명박 대통령후보는 '세계 어디서나 안전한 한국인'이라는 공약을 제시하였고173), 한나라당이 500만 표 이상으로

---

170) 한나라당, 『일류국가 희망공동체 대한민국』(2007), 131쪽. "단 한명의 국민도 지구 끝까지라도 가서 보호하는 재외국민보호시스템"
171) http://knowhow.pa.go.kr/roh/vision_1/policy/view.asp?bid=3&pid=191&cp=1&num=20 참조. 동아시아연구원, 『2002 대선평가와 노무현정부의 과제』(이슈투데이, 2003). 공약 19(당당하고 자주적인 외교) 항목의 7. "재외동포정책의 강화로 전 세계 한민족공동체를 구현하겠습니다."
172) 지구촌동포청년연대(http://www.kin.or.kr) 문서자료실 참조. "이중국적문제는 세계화에 따른 국가간 사람들의 이동가속화 등을 감안 <u>주무부처인 법무부와 중・장기적으로 검토할 것이다</u>"(재외국민영사국장의 세계한인회장대회 연설, 2004.6.1)
173) 한나라당, 『일류국가・희망공동체』(2007), 49쪽. "소말리아와 아프칸 피랍사태로 우리 정부의 재외국민보호시스템에 비상이 걸렸습니다. 분쟁지역 방문제한, 위기관리 매뉴얼 보완, 영사서비스 강화 등을 확실히 추진함으로써 재외국민의 안전을 책임지겠습니다. 국익중심의 실리외교로 국민을 보호하고 국가의 자존심을 고취해 나가겠습니다. 단 한 명의 국민도 지구 끝까지라도 가서 보호하겠습니다."

압승을 거두자 이명박후보 대통령직인수위원회(2008)는 당선자 선거공약(92개 약속, 508개 세부공약)을 192개 국정과제(핵심 43개, 중점 65개, 일반 84개)로 재정비하고, "세계적 과학인재 양성·유치, 적극적 외국인정책 추진, 재외국민보호와 재외동포활동지원" 등을 재외동포 관련 과제로 포함시켰다.174)

이후 출범 1년차 이명박정부는 또다시 5대 국정지표→20대 국정전략→100대 국정과제→949개 세부실천과제로 재분류한 다음 국정과제의 하나로 "재외국민을 보호하고 재외동포 네트워크를 구축하겠습니다(과제 90)"를 명시화 하고, 정책과제 아래 "미국비자면제 프로그램(VWP) 가입, 사증면제·운전면허 상호인정 등 영사관련 협정 체결, 위험지역 방문 우리 국민 안전관리, 재외국민선거제도 도입, 재외동포의 모국어교육지원 확대, 재외동포 모국방문프로그램 강화, 해외여행 준비부터 귀국까지 전 과정을 포괄하는 통합영사서비스시스템 구축, 해외안전여행을 위한 대국민홍보강화, 한민족문화엑스포 개최 기반 마련, 700만 재외동포의 네트워크화: 차세대네트워크 구축 및 통합, 글로벌 한민족 네트워크 공동체 출범" 등 10가지 세부실천과제 추진을 약속하였다.175)

이어 제10차 재외동포정책위원회(2009.9)는 '모국과의 유대증진을 위한 국내 법적·제도적 기반강화'(주요 추진방향 3)의 일환으로 '제한적 복수국적 허용'을 추진하되 이 문제가 병역·특례입학 등 다양한 국내

---

174) 제17대 대통령직인수위원회, 「보도자료: 이명박정부 국정과제보고」(2008.2.5) 참조.
175) 대한민국정부, 『이명박정부 100대 국정과제』(국무총리실, 2008), 89~90쪽.

제도와 관련되고, 주변국(특히 중국)과의 마찰소지가 있는 민감한 사항이므로 국민여론수렴과 국제법적 검토를 거치기로 결정하였다.176)

○ 배경: 현행 우리나라의 경직된 단일국적제도는 적극적 국민배제정책, 인권침해 야기, 제한적으로나마 이중국적을 허용하고 있는 세계적 추세 미반영 등 비판에 직면. 특히 국가간 인적자원확보경쟁이 날로 치열해지고 있는 반면 국익에 도움이 될 수 있는 해외우수인재의 국내유입에 장애가 되고 있는 실정. 따라서 경직된 단일국적제도로 인해 야기되는 문제점 개선, 특히 재일동포 우수핵심인재 국내유입을 위한 환경조성을 위해 제한적 이중국적허용에 대한 정책적 결정 필요.

○ 방향: 출생, 입양 등에 의한 비자발적 이중국적자, 과학문화 등 특수분야에서 탁월한 능력을 보유한 글로벌 고급인력 등 두 가지 유형을 우선 검토, 국적회복동포 등은 국민적 공감대 형성에 따라 향후 논의.

이로써 복수국적 허용문제는 정부차원의 국정과제로 추진되는 행정적 근거가 마련되었지만 법무부·국가경쟁력강화위원회·미래기획위원회 등은 현지 거주국과 재외동포사회의 반응이 상반된다는 이유177)를 들어 복수국적 허용범위의 전면 확대에 상당히 소극적인 입장을 취하였다.

---

176) 제10차 재외동포정책위원회, 「신정부의 재외동포정책방향」(2009.9), 참조.
177) 중국: 중국은 이중국적을 명시적으로 불허하므로 이중국적 도입시 혜택을 받지 못하게 되는 재중동포들의 소외감을 초래하는 동시에 별도의 혜택을 요구할 가능성 농후; 일본: 이중국적 도입은 그간 여러 불이익에도 불구하고 일본에 귀화하지 않고 한국국적을 고수해온 재일동포들의 자존심에 대한 훼손으로 간주될 가능성 다분; 미국 : 대부분의 재미동포들은 이중국적 허용을 갈망하므로 환영; 러시아·CIS: 대부분의 재러 및 CIS지역동포들은 이중국적 허용을 선호할 것으로 관측.

한국정부가 조선족에게 이중국적을 허용한다고 해도 조선족은 중국에서 이중국적자가 될 수 없다. 조선족은 한국국적을 부여받는 순간 더 이상 중국국적자나 조선족이 아니다. 병역의무와 관련짓는 한 조선족 젊은층 엘리트들의 한국국적취득은 상대적으로 적을 것이다. 조선족이 중국주류사회에 진출할 수 있도록 한국이 정치·경제·교육 등 여러 면에서 조선족사회에 투자하는 것이 최선책이다. 조선족이 한민족으로서의 정체성을 갖고 중국 주류사회에서 활약한다면 이들이야말로 한중우호증진과 한국발전에 거대한 성장동력으로 되리라 확신한다.(김삼 조글로대표)[178]

이민 2~3세에 이르면 정체성에 문제가 생긴다. 겉은 분명 한국사람인데 마음은 뜻은 미국에 있다. 이중국적을 인정해야 한다. 이스라엘의 강점도 바로 거기에 있다. 미국에서 태어난 유대계청년들이 전쟁이 나면 목숨을 바치러 모국에 간다. 한국계가 경제적으로는 유대계를 많이 따라잡았지만 정치적으로는 아직 모자란다.(김승리 당시 미주총련 회장)[179]

△글로벌 고급인력에 대한 정보부족 등으로 고급인력의 적시공급 곤란 → 고급인력 정보를 적시 제공하고 신속한 비자심사 시스템 구축 △다양한 인재수요에 부응하지 못하는 비자체계 → 기업수요에 부합하도록 비자체계 개선 △편안히 일하며 생활할 수 있는 체류환경 미흡 → 외국인력과 동반가족이 살기 편안한 생활환경 조성 △이중국적 불허로 인한 인력유출 심화 → 국민적 합의에 기초한 제한적 이중국적의 허용 추진(법무부 출입국·외국인정책본부, 글로벌 고급인력 유치방안요약, 2008.4.30)

 2008년 10월, 재외동포재단이 전 세계 한인회장을 대상으로 한 설문조사에서 한인회장들은 복수국적 허용이 '필요하다'는 항목에 81.3%(지

---

178) 김봉섭, 「법무부 출입국·외국인정책본부 토론문(2008.7.22.)」 참조.
179) ≪부산일보≫ 2008년 2월 25일자.

금 당장 필요 32.7% + 앞으로 필요 48.6%), '모든 재외동포'까지 허용하자는 항목에 40.5%, 병역의무 이행시 고급인력 및 비자발적 외국국적 취득자에게 조건부 허용하자는 항목에 59.2%로 응답함으로써 복수국적 허용이 보다 전향적·전면적으로 추진될 것을 기대하였다.

<표 3-3> 외국국적동포의 이중국적(복수국적) 허용의 필요성[180]

구분		사례수	아직까지 불필요	앞으로 필요	지금 당장 필요	잘 모름
전체		(256)	14.3	**48.6**	32.7	4.5
국가권역	북미	(105)	8.6	**45.7**	41.9	3.8
	일본	(26)	23.1	**46.2**	23.1	7.7
	중국	(30)	20.0	**53.3**	23.3	3.3
	러시아 CIS	(8)	0.0	**50.0**	37.5	12.5
	아주	(20)	5.0	30.0	**65.0**	0.0
	대양주	(18)	0.0	**55.6**	44.4	0.0
	중남미	(10)	20.0	**50.0**	30.0	0.0
	유럽	(25)	16.0	32.0	**48.0**	4.0
	아중동	(14)	14.3	**50.0**	35.7	0.0
보유국적	한국국적	(125)	18.4	**51.9**	25.6	4.1
	외국국적	(121)	10.0	**46.8**	37.7	5.5
	무응답	(10)	0.0	20.6	**79.4**	0.0
세대	1세대	(215)	14.8	**50.4**	31.5	3.4
	1.5세대	(20)	23.4	**50.2**	20.8	5.6
	2세대 이상	(21)	6.1	39.2	**45.8**	8.9

[Base=( ) / 단위=%]

---

[180] 재외동포재단이 중앙리서치에 의뢰하여 실시한 조사. 총 256명(1차 조사: 235명/ 2차 조사: 21명). 개별면접조사(10월 1일~4일/ 3박 4일간), 온라인 조사(10월 13~31일/ 19일간).

3. 복수국적 허용 논의의 전개 양상

1998년 6월, '부모양계 혈통주의'가 시행된 이후에도 우리 국적법은 '단일국적주의' 원칙을 고수하고 있다. 그 결과 복수국적 소지자에 대한 사회통념은 부정일변도였다. 제헌의원인 박윤원(1948)의 언급을 시작으로181) 국회는 한국전쟁기간 동안에도 미국시민권 보유자의 내무부장관(이순용) 임명, 미국대사(양유찬) 임명, 기타 공직담임 사례 등을 둘러싼 논란을 계속하였고182), 1966년부터 해외한인과학자 유치에 적극 나섰

---

181) 국회사무처,『제1대 국회 제1회 제118차 국회본회의 회의록』(1948.12.2, 국적법안 제2독회), 6쪽(박윤원 의원 질의). "단군의 혈통을 받은 우리 대한민국은 단일민족의 연속성을 보지하기 위해서 혼합혼인을 우리는 방지하지 않으면 안 되리라고 생각합니다. 둘째로는 이중국적을 인정하는 것으로 인한 폐단이 구라파 각국에서 국제스파이로 그 나라의 근성을 더치고 있는 사실을 우리가 똑바로 보아야 할 것입니다."; 국회사무처,『제1대 국회 제1회 제119차 국회본회의 회의록』(1948.12.3, 국적법안 제2독회), 12쪽(박윤원 의원 질의). "이중국적을 가진 문제가 세계 각국에 여러 가지 문제가 일어나기 때문에 우리가 대한민국 국민의 자격을 엄정하니 판단하는데 그 엄정을 판단하는 것이 좋다는 견지에서 그런 말씀을 하였습니다마는 그러나 내가 쇄국주의적인 그런 생각으로 한 것은 아닙니다."
182) 국회사무처,『제2대 국회 제10회 제85차 국회본회의 회의록』(1951.5.18, 내무부장관의 국적문제 및 법무장관농림 양장관의 공민권 문제에 관한 건), 8쪽(서의환 의원 발언). "국적법의 해석론에 있어서 이중국적 긍정론과 이중국적 부정론으로 갈려졌습니다. … "; 국회사무처,『제2대 국회 제10회 제85차 국회본회의 회의록』(1951.5.18, 내무부장관의 국적문제 및 법무장관농림 양장관의 공민권 문제에 관한 건), 10쪽(서민호 의원 발언). "그분이 제가 기억하는 바에 있어서는 네 살이나 다섯 살 먹어서 한국을 떠나가지고 미국에 가서 귀화를 해가지고 시민권을 가지고 계신 분이란 말씀이에요. 그분이 이번에 대사로 가시었는데 하와이출신 미국 국회의원이 말하기를 일전에도 그런 말을 하였습니다만 다행히 대한민국 대사가 우리 시민이 되어서 오는 것을 기쁘게 여긴다는 그런 말을 공식석상에서 발표하였다고 하는데 그분이 미국시민으로 있었기 때문에 가면서 부임해가면서 대한민국에 와서 인사 한 마디도 없었는지 모르겠으나 이분 자신이 대한민국 국민으로서 주미대사가 되었는지 미국시민으로서 대사가 되었는지 이 점 모르겠습니다. … "; 국회사

던 박정희정부는 귀국 한인과학자들에게 복수국적을 허용하는 특례를 베풀기도 하였다.183)

출처: ≪중앙일보≫(1967.7.25)

무처, 『제2대 국회 제10회 제85차 국회본회의 회의록』(1951.5.18, 내무부 장관의 국적문제 및 법무장관농림 양장관의 공민권 문제에 관한 건), 11~12쪽(조주영 의원 발언). "우리나라 사람들이 대한민국이 수립되기 전에 외국에 가 가지고서, 특히 하와이 같은 데에 가서 시민권을 많이 획득해가지고 있어요. 그러면 그분들은 우리 국권이 회복하기를 기다리고 독립운동하든 분이 현재 많이 있다고 이렇게 듣고 있어요. 그러면 그분들이 외국국적을 가지고 있는 사람으로서 우리나라의 독립운동을 하였는데 외국에 귀화하였다고 해서 너는 우리 대한민국 국민이 아니다. 이런 말을 해서는 이것은 도저이 인정에 불합리한 것입니다. 우리나라 국적은 혈통주의를 채택한 것이에요. 대한민국 국민의 피를 가진 사람은 대한민국 국민이 되어가지고 있는 것입니다. … 이 중국적을 가진 사람이라고 할 것 같으면 하와이에 가 있어서 하와이시민권을 가지고 있다 하드라도 우리 단군자손의 자손이요, 우리 대한민국 국민이라고 우리는 주장해야 되는 것입니다."

183) ≪서울신문≫ 1971년 12월 10일자(7면) 재미한국과학기술자협회 결성 발기인회 개최(12.11); 한국무역협회 무역연구소, 「글로벌 인재의 이동현황과 각국의 유치전략」(2006.7) 참조. 과학자 등 우수 해외동포에게 이중국적 특례 인정 사례; 1968~1994년까지 영구귀국자 1,051명, 임시귀국자 1,127명 총 2,178명의 과학자·기술자 모국발전에 기여.

그러나 1970년대 초 해외이민에 대한 부정적 여론이 들끓자 정부는 기회주의적 태도를 취하고 있는 일부 복수국적자의 재입국을 불허하는 조치를 취하였다.184)

> 조국을 등지려는 사람은 이 땅에 남아 있어도 조금도 도움이 되지 못하고 있으며, 그런 사람은 이 땅에서 불필요한 사람들이다.185)

> 정부는 이른바 사이비 이민들의 빈번한 출입국으로 인한 갖가지 부작용을 막기 위해 앞으로 이민여권 소지자들의 귀국을 대폭 제한할 것이라 한다. 이 방침에 따르면 이민여권 소지자들이 2년 이상 이민지에서 거주치 않을 경우에는 교포여권을 발급해주지 않으며, 이민여권 소지자들의 일시귀국도 1년 이상 현지에 거주한 자에 한해서만 허가해주기로 하고, 6개월 이내의 단기여행자의 일시귀국은 특별한 이유가 없는 한 원칙적으로 이를 허가하지 않기로 한 것이다.186)

이처럼 여론이 좋지 않은 상황 속에서도 중화학공업화와 과학기술개

---

184) 《동아일보》 1971년 12월 4일자(1면). 김종필 총리 주재로 해외인력진출을 위한 외무·문교·건설·보사 등 관계장관 연석회의를 개최(12.3)하여 복수국적자 재입국 불허 및 독신자 이민 장려하기로 결정.; 《중앙일보》 1971년 11월 9일자(7면) "말썽이 되고 있는 도피성 이민의 유형으로는 형식상 외국에 이민한 재외국민과 외국시민권을 갖고 있는 사람들 중의 일부가 다시 국내에서 주거를 갖고 사업을 벌이는 등 사회활동을 하는 사례로 지적되어 9일 관계당국이 실태조사에 나섰다. … 법무부 당국자에 따르면 … 외국국적을 갖고 있는 한국인이 외국여권을 가지고 여권기간 국내에서 체류하면서 여권의 체류기간 연장수속을 통해 장기간 머무르면서 사회활동을 하는 것으로 분석된다는 것이다. … 현행 국적법상 국적과 호적이 일치되지 않는 경우가 있어 외국국적을 갖고 있는 한국인이 국내에서 부동산을 취득하는 때에도 외국인 토지법의 규제를 받지 않도록 법망을 빠져나갈 수도 있다는 것이다."
185) 《경향신문》 1971년 11월 13일자(1면). 국회 법사위에서 정운갑 의원의 지식인 해외이민 추궁에 대한 김종필 총리의 답변.
186) 《중앙일보》 1972년 5월 19일자(2면).

발 중심으로 수립된 제4차 경제개발5개년계획(1977~1981)의 성공을 위해 정부와 일반기업들은 해외거주 한국인두뇌 유치에 총력을 기울였다.187)

출처: ≪동아일보≫(1978.1.21)

1980년대 제5공화국 시절에는 재미동포사회가 모국 자유방문과 복수국적 허용을 요구하는 목소리를 높여나가는 동시에 자신들에 대한 부정적 시각 교정에 주력하자188) 1990년대 우리 국회도 '복수국적 허용'

---

187) ≪중앙일보≫ 1977년 5월 6일(2면, 사설: 해외두뇌의 유치기구); ≪중앙일보≫ 1979년 1월 19일자(2면, 사설: 재외과학자의 현지고용); ≪중앙일보≫ 1979년 4월 11일자(2면, 사설: 재외한국과학 두뇌의 활용).

188) 이종익,「교민정책의 포괄적 개선에 부친다: 미국과 캐나다를 중심으로」,『해외동포』20(해외교포문제연구소, 1981.12), 13~20쪽. 차종환(1982, 1994); 강수웅(1984); 김상철(1985). 이중국적·재산권보호 요구; 미국시민권자 위해 호적법 개정요구(≪중앙일보≫ 1989년 7월 1일자(9면). ≪중앙일보≫ 1989년 11월 7일자(9면)). 1990년대에는 이성태 외 1,417명 국회청원(이중국적금지제도 폐지, 1993.7.15); 미국L.A 현지교민신문 여론조사결과 이중국적허용(38%), 교민청신설(29%), 본국재산처리·해외송금완화(18%), 본국투자자유화(13%) 순(≪서울신문≫ 1993년 11월 18일자); 정경조(1995, 이중국적인정요구, 재미교포서명운동); 박홍환(1995); 이기영(1996); 조병창(1997); 오창유(1998), 김대중 대통령에게 이중국적허용 건의(≪서울신문≫ 1998년 8월 26일자) 등으로, 2000년대에는 최정무, "이중국적과 탈혈연, 탈문화, 탈영토공동체",『계간 황해문화』2003년 가을호(2003), 김영근,「재외

공론에 대해 목소리를 내기 시작하였다.

〈표 3-4〉 복수국적 허용에 대한 정부와 국회의 입장(1980~90년대)

구분	정부	국회
1980 년대	-법무부, 재일교포 국적회복가능 소개(1987)[189]	-국회, 해외교민 이중국적취득 허용 질의 및 공직자중 이중국적자 확인요구(1984)[190]
1990 년대	-정부, 이중국적교민의 병역유보·60세 이상 거주비자발급 등 개선책 마련 및 우수교포인력 이중국적인정 검토(1995)[191] -김영삼 대통령, 이중국적부여 반대의사·출입국과 국내체류제도개선 표명(1995)[192] -당·정, 교포 이중국적허용 전면백지화 선언(1995)[193] -국적법 개정(1997.12, 부모 양계혈통주의 채택 및 국적선택제도 도입)[194] -여·야3당, 외국국적취득 및 해외활동 해외과학자 국내유치를 위한 이중국적 허용방침(1998)[195] -재외동포법적지위에관한특례법안 입법예고(1998)[196] -외교안보연구원, 부정적 측면이 긍정적 측면보다 강하다는 이유로 이중국적 허용 반대의견(1998) -재외동포출입국과법적지위에관한법률 제정(1999)	-박찬종, 재일동포중 이중국적 보유자 확인요구(1992)[197] -김영일, 이중국적 현황 요구(1992)[198] -조웅규, 이중국적 허용 요구(2002)[199] -남궁진, 이중국적 요구(1993)[200] -박경수, 서면질의(1994)[201] -박지원, 이중국적 요구(1994)[202] -김영광, 해외교포우수인재활용방안과 이중국적 해결요구(1995)[203] -김호일, 이스라엘 이중국적 사례 언급(1995)[204] -민주당 박지원 대변인, 정부·여당의 이중국적허용검토 환영 논평(1995)[205] -기타

동포정책, 이명박정부에 바란다: 새 정부 출범에 즈음한 동포정책 토론회 〈기조발표: 이명박정부의 재외동포정책 고찰〉」(2008.1.17), 미주한인회총연합회, 이중국적 허용 국적법 개정 등 요구(2008) 등으로 전개.

189) 법무부, 『재일동포용: 법과 생활』(1987, 1989) 참조. "일본에 거주하는 재일동포 중에는 일본에 귀화하고 나서도 모국과의 단절을 두려워하여 서류상 이중국적상태로 남아 있으려고 하는 분들이 있다고 합니다. ⋯ 대한민국 국적을 상실한 재일동포가 나중에 다시 국적을 회복하면 대한민국 국민으로서의 지위를 되찾을 수 있고 호적도 다시 정리됩니다."

190) 『제11대 국회 제121회 제1차 외무위원회 회의록』(1984.3.12, 유한열 의원 질의); 『제11대 국회 제123회 제3차 외무위원회 회의록』(1984.10.18, 임종기 의원질의).

191) 《중앙일보》 1992년 7월 27일자(2면), 《중앙일보》 1995년 4월 6일자(2면), 《서울신문》 1995년 3월 26일자, 《서울신문》 1995년 4월 17일자.

192) ≪서울신문≫ 1995년 8월 15일자.
193) ≪중앙일보≫ 1995년 12월 4일자(2면).
194) ≪중앙일보≫ 1997년 9월 21일자(6면, 사설: 시대흐름 반영한 국적법 개정); ≪중앙일보≫ 1984년 5월 19일자(2면). 일본은 1984년 국적법 개정: 부모 양계 혈통주의 채택.
195) ≪중앙일보≫ 1998년 6월 8일자(1면), ≪중앙일보≫ 1998년 7월 7일자(2면), ≪서울신문≫ 1998년 7월 7일자.
196) ≪중앙일보≫ 1998년 8월 26일자(2면).
197) 국회사무처, 『제13대 국회 제156회 제20차 국회본회의 회의록』(1992.2.6, 박찬종 의원 서면질의).
198) 국회사무처, 『제14대 국회 제165회 제9차 국회본회의 회의록』(1993.10.28, 김영일 의원 질의).
199) 『국회안보통일포럼 정책자료집-재외동포정책 및 법제정비를 위한 공청회: 재외동포의 현황과 정책과제』(국회안보통일포럼, 2002.3.22), 10~13쪽 참조.
200) 국회사무처, 『제14대 제173회 제1차 통일외무위원회 회의록』(1993.3.17, 남궁진 의원 질의).
201) 국회사무처, 『제14대 국회 제169회 제10차 국회본회의 회의록』(1994.7.7, 경제에 관한 질문(II)), 55쪽. "해외에 나가 있는 우리 교민이 소원하는 것으로 이중국적 허용입니다. … 하루 속히 우리 국적법을 개정해 이주국내에서는 그 나라 시민으로서의 참정권과 선거 피선거권을 갖도록 하는 한편 경제활동에 제약을 풀어주어야 하고, 귀국해서 살고자 할 때에는 자동으로 우리 국적이 회복하게 됨으로써 항상 조국애로 모국발전에 기여하면서 국내경제활동에도 능동적으로 참여할 수 있도록 문호를 개방해 주어야 합니다. 만약 본국과의 이념문제나 병역관계 등의 어려움이 있는 지역교포들은 법적용시기를 유보하고 우선 구미 각국, 특히 재미동포들로부터 이중국적을 인정하거나 우선 영주권을 인정하여 주어야 하는데 국무총리의 견해를 밝혀주시기 바랍니다."
202) 국회사무처, 『제14대 국회 제169회 제15차 국회본회의 회의록』(1994.7.14, 4분 자유발언), 6~7쪽. "이중국적 인정은 병역기피와 외화도이로 악용될 소지가 있다고 하며 어렵다고 합니다. 그러나 이러한 부작용은 행정적 차원에서 최소화할 수 있습니다. 벼룩 몇 마리 잡으려고 초가삼간을 태울 수는 없는 것입니다. 이제라도 해외교포들에 대한 체계적인 정책이 수립되어야 합니다. 교민청 신설과 이중국적의 인정, 국내재산권의 행사라는 소망은 하나씩이라도 추진되어야 합니다."
203) 국회사무처, 『제14대 국회 제172회 제5차 국회본회의 회의록』(1995.2.27, 정치에 관한 질문), 3쪽. "해외동포는 민족의 중요한 자산입니다. 세계화추진 후 해외공관장으로부터 해외교포 우수인력활용방안이 제기된 바 있습니다. 그들을 정부나 업체에서 활용을 한다면 이중국적문제가 해결되어야 합니다. 지금 이 문제에 대한 검토는 진행되고 있습니까?"
204) 국회사무처, 『제14대 국회 제177회 제10차 국회본회의 회의록』(1995.10.

세계화추진위원회에서 '재외동포사회 활성화지원방안'(1995.12)을 수립하였던 김영삼정부 역시 복수국적 허용문제를 완전히 해소하지 못한 채 이를 '재외동포의 국내활동 편의증진'으로 대체하였고[206], 재외동포정책(실무)위원회 설치(1996.2.29)[207], 재외동포재단법 제정(1996.3.10)과 재외동포재단 설립(1997.10.23) 등으로 우회하였다.

국적에 관한 규정은 국민의 요건을 정하는 기본사항으로서 개개인의 利・不利 뿐만 아니라 국가전체의 이익에 합치하는지를 신중히 고려하여 결정해야 함. 비록 이중국적의 허용이 개인의 경제활동 등에는 일부 편리한 점이 없지 않겠지만 이를 출입국규제의 회피 또는 重婚 등의 수단으로 악용하게 되면 국가운영 전반에 혼란을 초래하게 될 우려가 있어 현재 대부분의 나라에서 허용하지 않고 있음. 따라서 현재로서는 해외교민에게 이중국적을 허용하기는 곤란하며, 다만 교민의 국내활동을 지원하는 방안을 다각적으로 검토해 나가겠음.(이영덕 국무총리)[208]

25, 사회문화에 관한 질문계속), 47~48쪽, 49쪽. "이스라엘은 국내보다 해외에 더 많은 국민을 가진 나라이며 해외국민 대다수는 각각 그들이 사는 국가의 시민이기 때문에 해당국가의 국적을 갖고 있기 마련입니다. 그러나 이스라엘 사람이라는 사실만 확인되면 어떤 나라의 국적을 가지고 있더라도 이스라엘 국민으로 대우를 하고 있습니다. 본의원은 이러한 이스라엘의 지역을 초월하는 민족정책에 깊은 관심을 갖고 본받아야 할 것이라고 정부에 권고합니다."

205) ≪서울신문≫ 1995년 3월 26일자. "이중국적 허용은 세계적 추세이며, 따라서 이를 긍정적으로 검토하겠다는 것을 환영한다. 해외동포들에 대한 체계적인 정책개발과 권익보호 등을 위해 교민청의 신성도 검토할 것을 정부・여당에 촉구한다."

206) 세계화추진위원회, 『세계화과제보고서』(1998), 354쪽 참조. "△재외동포의 국내체류 및 거주제한 완화: 체류기간상한 0.1~4년 → 1~6년, 외국국적 보유 교포가 국내에서 노후 보내거나 영구귀국시 국내장기거주 허용. △재외동포 국내재산권 행사제한 완화: 외국국적 취득 후 3년 이내 처분해야 하는 국내 보유토지를 재외동포 1세에 한해 계속보유 허용, 본인명의 부동산처분대금 반출허용, 이주정착비 및 투자사업비 반출한도 단계적 인상"

207) 『대한민국정부 관보』 제13250호(1996.2.29) 대통령훈령 제63호.

이중국적 허용문제는 출입국관리상의 문제, 병역문제 그리고 납세문제 등 많은 문제점을 내포하고 있어 우리 국적법은 물론 국제법상으로도 국적단일주의가 보편적으로 존중되고 있는 것이 현실입니다. 따라서 이 문제는 앞으로 보다 신중한 연구가 선행되어야 한다고 믿고 있습니다.(이홍구 국무총리)209)

한편 앞서 살펴보았듯이 김영삼정부는 정권말기에 와서야 국적법 개정작업을 마무리하여 기존의 '부계혈통주의'를 '부모양계혈통주의'로 전환시키는 성과를 거두는데 만족할 수밖에 없었다.

출처: 《중앙일보》(1997.9.20)

---

208) 국회사무처, 『제14대 국회 제169회 제10차 국회본회의 회의록』(1994.7.7, 경제에 관한 질문(II)), 57쪽.
209) 국회사무처, 『제14대 국회 제172회 제5차 국회본회의 회의록』(1995.2.27, 정치에 관한 질문), 14쪽.

이후 IMF 금융위기상황에 집권하게 된 김대중정부도 복수국적 허용문제를 정면으로 타개하지 못하기는 마찬가지였다. 대통령직인수위원회가 국정과제로 "재외동포의 지도적 역할과 자조적 노력지원"을210), 기획예산위원회·국무조정실·관계부처 합동으로 "재외동포는 우리의 국력"을211) 100대 국정과제로 선정하였지만 여기서도 복수국적 허용문제는 제외되었다. 그 이유는 외교통상부가 외교안보연구원(1998)의 입을 빌어 밝힌 바대로 "이중국적은 국제적 현실, 국내법체계(국적주의)의 대전환, 공산권동포 대거 유입으로 인한 혼란 등을 감안하여 허용하지 않는 대신 국내법·제도의 적극적인 개선을 통해 재외동포의 권익을 보호하도록 신분상의 특수한 법적지위 허용을 고려"하자는 의견212)이 정부 내에서 더 큰 지지를 받았기 때문이었다. 그 결과 중국·미국 등 주변국의 반대와 우려 속에 '재외동포의출입국과법적지위에관한법률'(1999.9.2)이 제정되었으나 이 법안은 여당의 조순형 의원으로부터는 "본국지향적인 동포들만을 위한 법"으로, 야당의 김홍신 의원으로부터는 "재미동포 특별법에 지나지 않는다"는 혹평을 받았고213), 이후 재중조선족동포

---

210) 제15대 대통령직인수위원회 편, 『제15대 대통령직인수위원회 백서』(1998), 92~93쪽.
211) 기획예산위원회·국무조정실·관계부처 합동 편, 『국민의 정부 국정과제: 어려운 오늘에서 밝은 내일을 여는 실천과제』(1998), 107쪽, 121쪽.
212) 외교안보연구원, 『주요 국제문제분석: 새 정부 출범에 따른 재외동포정책의 재검토』(1998.5.6) 참조.
213) 국회사무처, 『제15대 국회 제200회 제2차 법제사법위원회 회의록』(1999. 10.29, 사회문화에 관한 질문), 19쪽(조순형), 19쪽(박상천); 국회사무처, 『제15대 국회 제201회 제2차 통일외교통상위원회 회의록』(1999.3.2, 유흥수위원 질의), 4쪽(홍순영, "혈통주의 입법은 외국에서 거부감을 나타낼 우려가 있으며, 국제관행도 과거국적주의를 채택하고 있으므로 이에 맞추어 외국국적동포의 정의규정을 수정하게 됐음. … 그럼에도 불구하고 여전히 재외동포들을 지역에 따라 차별한다는 지적이 있을 수 있는 바 이는 시행령 등을 통

배제를 이유로 헌법재판소로부터 헌법불합치판정(2001)을 받음으로써 "비포용적·배타적·차별적 입법"214)이라는 오명을 얻게 되었다.

> 혈통주의를 과거국적주의로 수정함으로 인해서 중국동포들의 대다수가 여기서 제외되는 결과를 가져온 것은 사실입니다. … 외교통상부장관께서 저희한테 재외동포법(재단법)에 있는 혈통주의의 정의를 이 법과 같이 과거국적주의로 바꾸겠다고 이야기하십디다. 그러면서 혈통주의를 강하게 반대를 하셨습니다.(박상천)

결국 재외동포법 제정과 그 이후 사태진전을 계기로 "국적결정은 해당국가의 고유권한이며, 어떤 개인에게 자국의 국적을 부여할 것인지 말 것인지를 결정하는 것 또한 해당국가의 자유재량"이라는 점이 재확인되었으며, 그동안 국적선택의 기회가 전혀 없었던 국내외 조선족동포들에게도 한국국적을 회복시켜줘야 한다는 주장215)과 함께 '부모양계혈통주의' 도입 이후 한국국적 이탈자의 수와 국제결혼이민자와 그 자

해 추후 계속해서 검토보완해 나아갈 예정임."); 국회사무처, 『제15대 국회 제208회 제12차 국회본회의 회의록』(1999.10.29, 사회문화에 관한 질문), 24쪽(김홍신), 58쪽(김종필, "과거국적주의로 수정정의함에 따라서 법률의 해석상 중국과 러시아동포의 대부분이 재외동포에서 제외되게 됐습니다. 그렇지만 정부는 중국과 러시아동포가 우리와 피를 나눈 형제라는 사실을 명심하고 있으며, 같은 동포로서 소외감을 느끼지 않도록 보완책을 현재 면밀히 강구중에 있습니다.")

214) 해외교포문제연구소·재외한인학회, 「재외동포특례법안의 문제점과 대안모색을 위한 토론회」(1999. 6.4, 국회도서관 회의실). 사회: 이광규. 발표1: 재외동포 특례법안의 문제점과 대안(발표 이종훈, 토론 이구홍), 발표2: 재외동포특례법안과 러시아한인(발표 노영돈, 토론 김혜성), 발표3: 중국조선족과 한국: 특례법안과 관련해서(발표 최우길, 토론 윤인진).

215) 노영돈, 「재중한인의 국적에 관한 연구」, 『국제법학회논총』 86호(대한국제법학회, 1999.12); 노영돈, 「재중동포의 한국국적회복운동과 관련하여」, ≪시민과변호사≫ 120호(서울지방변호사회, 2004.1).

녀의 수가 급증하는 현실을 감안하여 복수국적 허용 주장이 또다시 공론화되기 시작하였다.216) 특히 노무현정부 시기 국내언론은 재외국민 투표권 부여, 출입국 및 취업 자유화, 재외동포기본법 등 동포 관련업무 총괄 법안 제정, 재외동포 전담기구설치 등에 관심을 표하였지만217), 그 중에서도 2005년 한 해는 병역기피 국적이탈자에 대한 처벌 주장과 함께 이들의 복수국적 소유가 사회문제시 됨으로써 복수국적문제를 더 이상 외면하거나 방치할 수 없는 상황에 도달하였다.

출처: ≪중앙일보≫(1998.9.30)

---

216) 김동훈, 「다민족・다문화사회와 재일동포」, 『해외동포』 17(해외교포문제연구소, 1985.6), 14~21쪽. "한국인과 일본인과의 국제결혼이 급증하고 구국적법에서는 남성이 한국인인 경우에는 일본국적이 그 아이들에는 부여하지 않았지만 금번의 개정에 의해 남녀중 한 쪽이 일본국민이라면 그 아이는 태어날 때부터 자동적으로 일본국적을 취득하기 때문에 동화의 경향에 더한층 박차를 가하게 된다는 것".

217) 김봉섭, 『재외동포가 희망이다』 (엠에드, 2008), (재외동포 관련 연구동향과 향후과제).

<그림 3-2> 국적이탈자 현황(2001~2005)

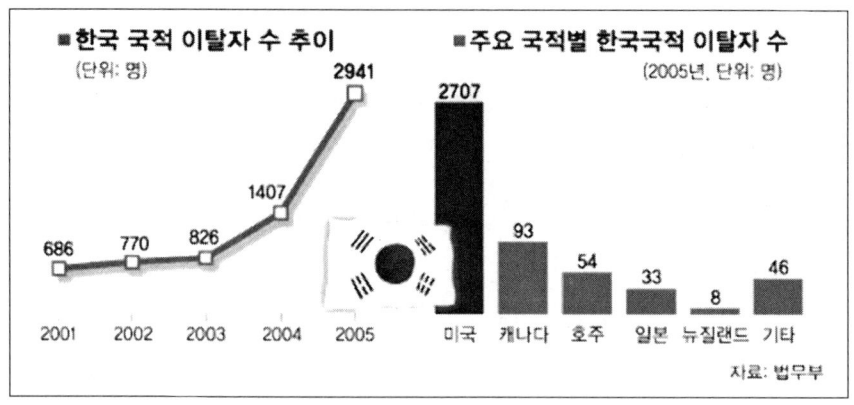

이런 상황에서 이명박정부가 "제한적 범위에서의 복수국적 허용"을 공론화 하였던 노무현정부의 뒤를 이어 입법화에 시동을 걸었다는 점을 감안하여 앞으로의 논의는 그동안 논란이 되었던 복수국적 허용에 대한 찬반양론[218]보다는 복수국적 허용범위를 어디까지 확대할 것인가에 집중되어야 할 것이다.

---

218) <반대론 이유> (1)양체론, 병역기피, 범죄도피 (2)출입국 체류관리 어려움. 중국 등과 외교적 마찰 우려 (3) 외교적 보호권, 범죄인 인도 등 섭외적 문제 해결 어려움 (4)국가는 단일충성의 대상(예: 미국)
<찬성론 이유> (1)경제적 이득을 비롯한 국익에 크게 기여 (2)우수 인적자원 활용 위해 필요 (3)시대적 상황이 다중국적 요구 (4)국외이민 신장, 재외국민의 거주국 정착 및 동화에 도움 (5)인도적 차원에서 해외동포의 이중국적 필요 (6)부모와 자녀는 별개의 독립된 인격 (7)이중국적 금지로 인하여 이민국 국적취득과 동시에 한국적 박탈하는 제도는 거주국 시민권 획득에 소극적이게 하여 거주국에 성공적 정착에 장애 (8)납세 등 의무이행하면서도 참정권 행사 못하는 불이익 감수 (9)한국의 외국인 노동자에게 국적 부여함으로써 인권국가 이미지, 공동체 동화.

4. 정책적 함의와 과제

 이명박정부가 국적법 일부개정법률안을 국회에 제출하자 국회 법제사법위원회가 이를 일부 수정가결하여 2010년 가을의 국회본회의에서 처리하였다는 사실 그 자체는 단순히 또 한 번의 국적법 개정이 아니라 대한민국 국민의 요건과 범위를 재정립하는 일이자 한국 재외동포정책을 진일보시키는 획기적인 계기로 평가되기에 충분하였다. 다시 말해 최초 국적법(1948) 제정 이후 지금까지 고수해왔던 '단일국적중심주의'가 마침내 허물어지고 '복수국적의 선택적 보유'가 가능해졌다는 것은 세계가 글로벌화 되고, 국내외 환경이 급변하면서 우리의 국가경쟁력이 보다 강화되어야 한다는 시대적 요청 때문이기도 하다.
 따라서 국적법 일부개정법률안 통과를 우리는 그동안의 재외동포정책을 근본적으로 재점검할 필요가 있다. 특히 이번 국적법 개정작업은 지난날 재외동포법이 겪었던 논란을 더 이상 되풀이해서는 안 되며, 한 사람이라도 더 많이 포함되고, 한 지역이라도 더 많은 혜택을 받을 수 있어야 한다. 그동안 400만 명에 달하는 외국국적동포들과 300만 명에 달하는 재외국민들은 정부의 '엄격한 단일국적주의 고수'로 인해 거주국에서의 안정정착, 정치력신장, 주류사회진출은 물론 모국과의 긴밀한 유대관계와 민족정체성 함양에 적지 않은 어려움을 겪었다.
 그러나 이번 국적법 개정219)은 해외이주법(1962) 제정 이후 이 땅을

---

219) 국적법 제10조(국적취득자의 외국 국적 포기의무). 귀화나 국적회복허가 절차로 대한민국의 국적을 취득한 외국인은 1년내에 원국적을 포기하여야 하는데, 일정한 유형의 외국인은 '외국국적불행사서약'만 해도 됩니다(⇒결과적으로 복수국적 보유) '외국국적불행사서약'을 할 수 있는 복수국적 허용대상자

떠났던 근대적 의미의 이민자들과 그 후예들이 선진제국의 과학기술·정보·네트워크를 가지고 자신의 모국으로 되돌아오게 하는 촉매제가 될 것이며, 모국과 재외동포사회 그리고 거주국 3자 모두가 이익을 창출하는 기본틀이 될 것이며, 재외동포재단 설립과 재외동포법 제정 이후 다소 주춤하였던 재외동포정책의 완성도를 한 단계 업그레이드 시킬 것으로 기대된다. 또한 재외동포사회의 현지 정치력신장에도 기여함으로써 모국의 위상을 높일 뿐 아니라 모국과 재외동포사회 양쪽을 무대로 보다 많은 사람들이 보다 자유롭게 자신의 꿈과 역량을 발휘하는 계기가 될 것이며, 한민족경제권의 확장과 남북통일문화의 기초로 충분히 작용할 것이 기대된다.

그러나 아직 갈 길이 멀다. 첫째, 정부가 글로벌 해외우수인재와 제한된 범위의 재외동포들에게 복수국적을 전면 허용하기로 입장을 정한 이상 우리 사회가 어떤 분야의 전문가들을 가장 필요로 하는지를 면밀히 조사·분석해야 하며, 무한한 상상력과 창의력을 소유한 해외 고급두뇌들에게 우리의 입장을 널리 알려야 한다. 특히 들어오는 두뇌들이 다시 해외로 빠져나가는 일이 없도록 국내 제반여건을 최대한 재정비하여야 한다. 얼마나 우수인재들을 지속적·장기적으로 유치·활용하느냐에 복

들은 다음과 같습니다. - 정상적으로 혼인관계를 유지하고 있는 혼인 귀화자 - 우수 인재·특별공로자 - 미성년 때 외국인에게 입양된 후 국적회복허가를 받은 자 - 만65세 이후에 영주 목적으로 입국하여 국적회복허가를 받은 자 - 외국의 법률 및 제도로 인해 외국 국적 포기가 어려운 자. '외국국적불행사서약'으로 복수국적을 허용받으려는 위 대상자들은 국내에서만 귀화·국적회복신청이 가능합니다(재외공관에서는 접수 불가). '외국국적불행사서약'을 한 후 이에 위반되는 행위를 하는 경우에는 국적선택명령을 받게 되며, 이 경우 6개월 내에 하나의 국적을 선택하여야 합니다. 그렇지 않으면 대한민국 국적은 상실됩니다.

수국적 허용조치의 성공 여부가 달렸기 때문이다.(※일하기 좋은 대한민국 만들기 운동).

둘째, 아직도 우리 주변에 암암리에 퍼져 있는 현지 거주국 국적취득을 '자민족에 대한 배신'행위로 보는 선입견이 불식되어야 한다.220) 이를 위해서는 재외동포사회 스스로의 자구노력이 선행되어야 한다. 2007년 8월, 재외동포재단이 전국 7대 광역도시 만19세 이상 708명을 대상으로 실시한 국민의식조사 결과221)에서 응답자의 70.9%는 재외동포에 대한 관심도는 높으나 외국인·외국문화에 대해서는 폐쇄적·차별적인 반응222)을 보였으며, 특히 '한국인이 되는 조건'에 대해 응답자의 43%가 '한국국적'(17.2%), '한국혈통'(15.0%), '한국어사용'(7.2%), '한국거주'(3.2%) 순으로 응답하여 문화나 혈통보다 국적을 중시하는 엄격한 태도를 보이고 있기 때문이다. 같은 해 12월, 외교통상부가 국내성인 1,220명을 대상으로 실시한 여론조사에서도 응답자의 66.4%가 이중국적 허용에 반대하였는데223), 이 역시 병역·납세의무 불이행으로 인

---

220) 《경향신문》 1965년 4월 8일자(5면). 명치대 한국사회문화연구회 조사(1965)에 따르면 재일동포 대학생의 43%는 "생활 때문에"와 "차별대우 때문에" 일본국적을 선택하였고, 11%는 "자민족에 대한 배신행위"라고 응답하였다.; 《경향신문》 1971년 10월 19일자(6면, 독자의 광장: 귀족이민은 백해무익, 비생산적 이민붐 지양해야 한다).
221) 조사기관: 폴리시 앤 리서치. 조사기간: 8월 2일~16일. 표본수: 성인 남녀 708명. 표본오차: ±3.74%포인트(95% 신뢰수준).
222) ※'전적으로 동의'(6.8%), '대체로 동의'(42.2%), '보통'(38.8%) 등 부정적 견해가 거의 50%.
223) 외교통상부 보도자료(08.4.2) <07년말 실시 대국민여론조사 결과 공개> ο조사기관: 한국갤럽조사연구소 ο조사기간: 12월 24일 및 26일 ο표본수: 전국 19세 이상 성인 남녀 1,220(명) ο표본오차: ±2.8%포인트(95% 신뢰수준) <질문> 우리나라가 이중국적을 허용해야 한다고 보십니까? 허용하지 말아야 한다고 보십니까? 허용해야 한다(35.2%), 허용하지 말아야 한다(64.4%), 모름/무응답(0.5%).

한 반감, 일부 지도층인사의 부도덕성, 병역이탈자나 원정출산사례와 같은 얌체행위 등이 작용하고 있기 때문이다.

셋째, 재외동포에게 복수국적문호를 개방하였다는 것만으로 재외동포에 대한 정부의 지원·육성책이 마무리되어서는 곤란하다. 현지 거주국에서의 안정정착과 정치력신장은 물론 모국과의 관계형성과 기여에 보다 좋은 성과를 기대하기 위해서라도 정부의 애정 있는 지원과 지속적인 관심이 더욱더 필요하다. 특히 지금까지 한국 국적을 고수해온 민단계 재일동포들을 비롯하여 사실상 무국적 상태인 조선적(朝鮮籍) 재일동포들과 복수국적을 선뜻 선택할 수 없는 재중(조선족)동포들에 대한 특단의 지원대책이 수립되어야 한다. 경우에 따라서는 복수국적 허용으로 민감한 반응을 보일 수 있는 중국정부의 움직임224)에 대비하여야 한다.

넷째, 정부가 그동안 복수국적을 불허해왔던 이유가 무엇이었는지를 곰곰이 되새겨보아야 한다. 혹시 출입국의 자유나 투표권, 참정권, 경제활동상의 자유 등 일정한 권리와 자유는 만끽하면서 병역이나 납세 등의 의무는 회피하는 기회주의적 행동을 한다는 일반적인 우려 이외에 제3국 체류·여행중에 사건·사고·분쟁이 발생하였을 경우 어느 나라 국민으로 보호받을 것인지, 그리고 국가와 국가사이에서 섭외사법문제가 발생하였을 경우 어느 나라 법을 본국법으로 적용할 것인지가 여전히 애매하거나 불분명하다는 점에 특히 유념해야 한다.225)

---

224) 2001년에도 주한중국대사가 재외동포법 개정과 복수국적 허용논의에 우려를 표명. ≪서울신문≫ 2001년 12월 8일자. 반면 주한러시아대사는 재러한인동포들의 복수국적 희망을 정부여당에 전달. ≪서울신문≫ 1995년 3월 18일자.

다섯째, 우리가 통일한국을 준비하는 입장이라면 지금부터라도 재외동포정책의 패러다임이 달라져야 한다. 즉 재외동포 민족자산화전략, 재외동포 모국발전기여방안 모색, 재외동포 관련 DB통합, 재외동포사회 자체 역량강화, 재외동포 글로벌화 활용, 재외동포 활동인프라 구축, 재외동포 권익신장과 보호시스템 개발 등에 대한 중장기 비전을 명확하게 제시해야 하며, 유관 학자·단체·전담기구 그리고 정부차원 모두의 힘과 지혜가 한 곳으로 모아져야 한다.226) 재외국민참정권 실시와 복수국적 허용의 물꼬가 열린 이상 재외국민기본법(또는 재외동포기본법) 제정, 기본계획(로드맵) 수립, 재외동포 전담기구 재편, 한민족공동체네트워크 구축 등에 대해서도 보다 많은 관심·연구와 입법활동이 진행되어야 한다.

5. 맺는 말

지난 30년 이상 숙원사항과도 같았던 복수국적 허용문제가 드디어

---

225) 법무부, 『문답식 신국적법 해설』(1998.7), 28쪽.
226) 제성호(2002); 석동현, 『국적법 연구』(도서출판 동강, 2004); 정인섭 외, 『이중국적문제에 관한 법리적 검토』(법무부, 2004); 이철우, 「재외동포의 법적 지위를 규정하는 두 가지 방식: 한국과 멕시코의 비교」(2004); 이진영, 「재중한인의 국적과 이중국적 논쟁에 대하여」(재외한인학회 연례학술대회, 2004); 조정남, 「단일국적제와 그 변용의 확대」, 『(시대의 논리) 민족연구』 제24호 (한국민족연구원, 2005.12); 조정남, 「국적의 문호개방시대」, 『(시대의 논리) 민족연구』 제24호 (2005.12); 한국무역협회 무역연구소, 『글로벌인재의 이동현황과 각국의 유치전략』(2006). 우수 재외동포 유치 위해 병역의무 수행자에 대해 이중국적 허용하는 등 보완적인 이중국적제도 도입 검토; 이구홍(2007); 현택수(2007); 이경태·송석원(2008), 김봉섭, 「글로벌 코리아와 이중국적정책」, 『국적제도 개선을 위한 정책토론회: 엄격한 단일국적주의 완화 및 체계적 이중국적관리방안을 중심으로』 (법무부 출입국·외국인정책본부, 2008.7.22) 참조.

문을 활짝 열었다. 그러나 한번 빗장이 열리면 더 이상 문을 닫아두기란 어려운 법이다. 따라서 우리 모두는 대한민국 국민이 되는 요건이 대폭 확대·개방된 '복수국적의 시대'를 현실로 받아들여야 하며, 이를 위기보다는 기회로 적극 활용하여야 한다. 정부와 국회, 그리고 국내여론이 그 어느 때보다 우호적이지만 재외동포사회마다 처해 있는 입장과 역량이 다르기 때문에 복수국적문제에 대한 해법 또한 다르다.

이제 우리가 해야 할 일은 복수국적을 전향적으로 선택하고 있는 이스라엘·인도·멕시코 및 유럽연합(EU)의 사례와 각 전문가들의 견해를 종합적으로 분석하여 우리에게 적합한 모델을 찾아내는 일이다. 특히 최근 복수국적제도 도입을 적극 지지하는 중국학계와 해외화교사회의 움직임을 최대한 참고해야 한다.

참고자료

○ <'복수국적 허용' 진단> ① 국적법개정: 현황과 문제점[227]

※ 편집자 주 = 법무부는 지난달 25일 국적법 개정안 공청회를 열고 단일국적주의를 완화, '글로벌 고급인력' 등에게 복수국적을 허용하는 내용을 골자로 한 국적법 개정안을 10월 국회에 제출하겠다고 밝혔습니다. 연합뉴스 한민족센터는 그 배경과 문제점을 진단해보고 바람직한 방향을 제시하는 <'복수국적 허용' 진단> 특집을 기획, ①국적법 개정: 현황과 문제점 ②전문가들 "대폭 확대해야" ③당사자들의 입장(完)을 출고합니다.

(서울=연합뉴스) 홍덕화 기자 = 법무부가 마련한 국적법 개정안의 대강은 3가지이다. 해외입양인, 특별공로자, 외국인재에게 '외국국적 행사 포기' 각서 제출시 복수국적을 용인하고, 외국인재는 5년 이상의 거주 요건 미충족시에도 국적취득을 허용하며 국적선택 촉구제도를 도입하는 것이다. 세부내용은 ▲외국인재 특별귀화제도 ▲귀화자 외국국적 포기 의무 완화 ▲이중국적자 용어 변경과 국적선택촉구제 ▲복수국적자 법적지위 규정(국민처우 원칙) ▲복수국적자 관련 통보의무 규정(체계적 관리) ▲국적선택 기간 제한 삭제 ▲국적이탈 신고 의무 규정 수정 ▲국적상실 결정제도 신설 등이다.

---

[227] ≪연합뉴스≫ 2009년 9월 13일.

◇ 개정안 개요

'외국인재 특별귀화제도'(제7조 1항 3호)는 국가경쟁력 강화를 위해 과학·경제·문화·체육 등 특정분야에서 탁월한 능력을 보유하였고 국익에 기여할 수 있는 외국인에게도 귀화시험이나 의무거주 기간(5년) 없이 특별귀화 자격을 주고 복수국적을 허용하는 것이다. 현행법은 '부 또는 모가 대한민국 국민인 자'와 '특별공로자'에 한해 특별귀화를 허용하고 있다.

'국적취득자로 특별공로자나 우수 외국인재 요건을 갖춘 자'(제2항 2호)와 '국적회복자 중 해외입양으로 국적을 잃은 자'(동항 3호)도 외국국적의 포기 의무를 유보(10조)하게 됐다. 현행법은 '본인 의사에도 불구하고 외국국적 포기가 어려울 때'에만 포기 유보 대상자로 정하고 있다.

입양인 등 국적취득자는 국내에서 외국 국적에 따르는 행위(출입국시 외국여권 사용, 외국인 등록 등)를 않겠다는 서약인 '외국국적 행사포기' 각서 제출시 원국적 보유가 가능하다. 국제결혼이나 부모의 외국체류 중 외국 국적취득 등을 이유로 이중국적을 얻은 한국인에게 국적선택의 나이가 지나면 이를 통보하고 1년 내 국적을 선택하지 않으면 한국국적을 박탈하는 '국적선택 촉구제'도 도입한다.

법무부는 각서 제출 후 위반시 과태료 부과 등 각종 처분으로 실효성을 확보하려고 출입국관리법을 개정할 계획이다. 또, 위반 정도가 심해 국적보유가 현저히 부적합하다고 인정되는 경우 국적상실 결정 규정(제22조1항2호)도 마련하였다. 복수국적자가 적대적 행위 등 국익에 반하는 행동을 하거나 병역의무 등 국민으로서의 기본 의무를 고의로 회피한 경우 국적 박탈이 가능하도록 한 규정이다.

정부는 이중국적 문제의 사회적 파장이 큰 데다 대상자들의 기회주의적 행태 등에 대비해 복수국적자가 국내에서 외국인등록이나 외국여권 사용을 금하는 등 편의대로 국적을 바꿔 행사하지 못하게 '국민처우 원칙'에 따라 체류질서를 확립할 방침이다. 원정출산으로 외국국적을 얻은 복수국적자라도 외국에서 3년 거주 등 일정 요건을 갖추지 못하는 한 일반국민과 마찬가지로 외국인학교 입학자격이 주어지지 않는다.

◇ 개정안의 문제점

국적법 개정은 세계화, 노동력 이동 촉진, 국제인적교류 증대 등 대내외 환경의 변화에 대비하고 국민통합과 경쟁력 강화를 위한 고육지책으로 보인다. 자기 의사와 무관하게 해외로 입양된 어린이들의 '국적회복' 요구를 수용, 해외인재 확보를 통한 국가경쟁력을 강화하자는 것이다. 그러나 국민의 국적이탈을 막고 국가생산성 증가에 기여하는 젊은 노동인구의 확보가 국가의 의무인데도 개정안은 국적부여 대상이 지나치게 좁아 단일 국적주의의 범주를 크게 벗어나지 못하였다는 지적이 있다.

김상겸 동국대 법과대학 교수는 "개정안은 우리 사회가 안고 있는 복수국적 문제보다 국익과 국가발전을 위한 외국인재 영입 조치가 핵심으로 국적 부여 대상이 너무 제한적이다"고 말하였다. 개정안이 단일국적주의 원칙 포기가 아니라 예외적으로 소극적인 복수국적을 허용, 논란을 최소화시키는 데 급급한 인상을 준다는 것이다. 김 교수는 "우리가 필요해 유치한 외국인 노동자, 다문화가족, 화교 등과의 형평성 문제"도 제기한 뒤 "산업연수생이나 숙련노동자를 영입해 이들이 5년 이상 거주할 경우 국적을 주도록 노동법 등 관계 법령을 고치거나 '우수인재' 범주를 숙련 노동자 등으로 확대"하는 방식 등을 제안하였다.

"이중국적요? 우리에겐 '그림의 떡'이자 사치예요. 불법체류자로 전락하지 않도록 고용허가제를 노동허가제로 바꾸어주는 등 제도 개선이 더 시급합니다."

이주노동자 방송국(MWTV)의 아운틴툰(미얀마) 프로그램팀장은 "국적취득 같은 거창한 꿈을 꿀 처지가 못 된다"면서 "한국정부가 동포에게 주는 방문취업제나 노동허가제만 시행돼도 무척 행복할 것"이라며 국적법 개정에 시큰둥한 반응을 보였다.

외국인재 유치의 실효성 및 선정기준의 문제점도 지적됐다. 한국이민학회장인 이혜경 교수(배재대 미디어정보·사회학과)는 "외국인 인재 유치에서 더 나아가 재외동포인재를 영입하고 결혼이민자와 자녀 등으로 복수국적 확대"를 강조하였다. 국내 거주 교수나 유학생, 기술자 등 외국인 전문인력은 외국인 총체류자의 3%(3만4천835명, 2009.5 통계)뿐이며 이마저도 62%는 회화지도 교사다. 이 교수는 "국적이 중요 자본으로 인식되는 추세에서 (준)선진국으로 전문인력 유치경쟁에 나선 만큼 이중국적 정책은 동포정책과 맞물려 시행해야 현실성이 있다"며 '동포 우수인재 유치방안'을 제시하였다.

워싱턴 D.C. 소재 연구용역회사에 다니는 한 동포 연구원은 최근 우수인력 선정 기준의 문제점을 지적하는 민원을 법무부에 제기하였다. 그는 Who's Who 등 세계 3대 인명록에 올라 있는 데다 미 영주권 신청시 최상위급(extra ordinary) 인재 카테고리(EB-1)에 들었는데 한국 국적법상의 인재 기준(대학이나 연구소 소속 등)에 해당되지 않는다며

선처를 호소하였다.

　김봉섭 전(前) 재외동포재단 전문위원은 "복수국적 허용 범위나 기준의 제한시 동포들의 반발이 있을 것"이라며 "이중국적 부여 문제가 거주국의 국적법 차이 등으로 인해 동포사회에서 새로운 논란을 초래할 수 있는 만큼 글로벌화 된 동포인재를 과감히 육성, 발굴해 모국 발전에 기여하도록 유도해야 한다"고 강조하였다. 김 위원은 "재중동포들은 중국정부가 이중국적을 불허하므로 별도 혜택을 요구할 가능성이 높고, 여러 불이익에도 불구하고 귀화하지 않고 살아온 재일동포들도 자존심에 대한 훼손으로 간주할 것"이라고 지적, 정부의 적극적인 조치를 주문하였다.

　화교들도 "국제화나 화상(華商) 유치 등 한국사회의 발전을 위해서라도 복수국적을 허용해달라"고 호소한다. 탕광유(唐光裕) 한성화교 음식·숙박업연합회장은 "외국인으로 살아가는 불편함은 차치하고라도 2, 3세대를 뿌리내리며 한국인처럼 살아온 우리의 정체성을 위해서도 복수국적을 원한다"고 말하였다. 그는 "한국인과 똑같이 세금을 내는데도 뇌성마비, 소아마비를 앓는 화교들은 복지혜택을 받지 못한다"면서 "지하철도 공짜로 타지 못하는 65세 이상 화교들의 심정은 또 어떠하겠는가"라고 반문하였다.

　차규근 국적·난민과장은 "결혼이민자, 재외동포, 화교에게도 복수국적을 허용하자는 의견도 있었으나 국민의 공감대 형성을 고려해 해외입양인과 외국인재까지로 국한시킬 수밖에 없었다"고 해명한 뒤 "국적법 개정과 시행에 따른 추이를 지켜본 뒤 대상의 확대 여부를 검토할 수 있을 것"이라고 말하였다.

한편, 법무부가 작년 5월 20세 이상 성인 1천40명을 상대로 실시한 여론조사 결과 '결혼 이민자에 대한 이중국적 허용' 여부에 대해 44.1% 가 '원국적을 포기해야하는 현행제도 유지'를 선호하였으며 37.4%는 '결혼이민자에게만 허용시 찬성'을, 12.4%는 '모든 외국인에 허용' 의견 을 보였다.

○ <'복수국적 허용' 진단>② 전문가들 "대폭 확대해야"[228]
(서울=연합뉴스) 홍덕화 기자 = 법무부가 최근 내놓은 국적법 개정안 에 대해 전문가 다수는 '개정 취지'에 공감하면서도 "소수자들의 사회통합 외면", "복수국적 허용 범위의 협소" 등 시대적인 요구를 제대로 반영하지 못하였다고 지적, 향후 당정협의 과정 등에서 과감한 보완 필요성을 제기하였다.
단일국적주의의 완화 등 국적제도의 개선 필요성을 제기해 온 전문가 4인의 견해를 들어본다.

◇ 이철우 연세대 법학전문대학원 교수/ 결혼이주자 등 복수국적 용인 검토해야
복수국적의 허용정책과 병행돼야하는 것은 철저한 국민처우 원칙이다. 즉, 외국국적을 가지게 된 국민이나 우리 국적을 보유한 외국인으로 하여금 우리나라 여권만을 사용하고 국내에서는 외국인 행세를 하지 않고 철저히 한국국민으로 살게 한다는 것이다. 복수국적의 허용이 국민의 해체를 가져오는 것처럼 생각하는 것은 잘못이다. 이런 철학 위에서

---
[228] 《연합뉴스》 2009년 9월 14일.

복수국적을 과감하게 용인할 필요가 있다.

그러나 정부는 특별귀화와 복수국적의 용인을 인센티브로 '우수 외국인'을 영입하는 데만 집착하는 경제적 도구주의, 산업경쟁력 지상주의에 빠져 있는 모습이다. 우리도 선진국처럼 이민자의 사회통합 차원에서 접근해, 결혼이주자 등 귀화하는 외국인의 복수국적을 용인하는 것을 긍정적으로 검토해야한다.

선천적 복수국적자의 다수는 국내 다문화가정의 자녀가 될 것으로 전망된다. 또 재외동포의 복수국적을 일반적으로 허용하는 것이 시기상조라면, 해외에서 기반을 쌓고 복지혜택을 누리는 고령의 재외동포처럼 현재의 국적을 포기하는 게 어려운 경우에 한해 복수국적의 허용을 긍정적으로 검토하는 등 귀환 디아스포라의 국적 회복시에도 고려가 필요하다.

선천적 또는 비자발적으로 복수국적자가 된 사람이 국적을 선택하지 않았을 때 자동적으로 한국국적을 상실하게 하는 현 제도를 수정하여 선택촉구 제도를 도입하는 것은 긍정적인 변화이다. 그러나 근본적으로는 선택제도 자체를 재고할 필요가 있다.

일본은 국적법 개정(1984년) 이후 복수국적자의 국적선택 및 선택최고(촉구)제도를 가지고 있으나 실제로 촉구한 예가 없다. 복수국적자를 완벽히 파악해 선택을 철저히 관철하는 것이 현실적으로 어렵고 굳이 필요하지도 않기 때문이다. 이렇게 유명무실하게 제도를 운영할 바에는 아예 폐지하고 복수국적자가 국민으로 살아갈 의사가 있는지 의문시되는 경우에 한해 선택을 촉구하는 것이 더 나은 방안이다. 국적법 개정과 관련, 복수국적을 일부 특권층의 원정출산과 동일시하는 것은 잘못

된 인식이다.

◇ 윤인진 고려대 사회학과 교수/ 외국 인재에 영주권부터 부여해야

정부는 지난해 국적법 개정특별분과위원회에서는 이중국적자에게 국민처우원칙을 적용해 이중국적을 폭넓게 용인하는 것을 골자로 한 개선안을 마련하였다. 그러나 올 3월 국가경쟁력강화회의에서 발표한 개정안은 "국민적 공감대 형성이 용이하다고 판단되는 우수 외국 인재에 대해 이중국적을 허용"하는 것으로 당초 내용보다 크게 후퇴하였다. 이는 인재 유치의 실효성 등 여러 문제점을 내포하고 있다.

복수국적을 허용해도 외국의 우수 인재를 얼마나 성공적으로 유치할 것인지 불확실하다. 또, 국적은 국민 정체성을 결정하는 중대한 요건인데 국익이라는 이유로 외국인에게 한국 국적을 부여하는 것은 '국격'에도 어울리지 않는다. 아울러, 병역의무를 이행한 선천적 이중국적자도 한국 국적을 선택하지 않으면 한국국적이 상실돼 인구유출 문제 해결에 한계가 있다. 또, 엄격한 단일국적주의를 고수, 재외동포와 모국과의 한민족네트워크를 형성하는 데 지장을 초래하는 등 개정안 내용은 초국가적 환경변화에 적극 대응하지 못한 임시변통적 조치로 평가된다. 세계화로 인해 이중국적을 용인하는 세계적인 추세를 따라가지 못하고 선천적 및 비자발적 이중국적자의 인권을 보호하지 못하고 있다는 점에서 실망스러운 결정이다.

재외동포, 결혼이민자와 그 자녀, 화교 등 소수자들의 사회통합을 외면하였다는 지적도 받을 수 있다. 따라서 엄격한 단일국적주의로 발생한 문제들을 해결하고 시대변화에 걸맞은 개방적 국적제도를 정착시키

려면 국적법개정특별분과위원회의 심의를 거쳐 2008년 12월 제안됐던 국적법 개정시안을 법제화하는 방향으로 나가야 한다.

이중국적자에게는 국내에서 국민으로만 처우하는 원칙을 견지하고, 우수 외국 인재에게는 이중국적보다 실질적인 영주권을 부여하여 내국인과 동등한 기회를 보장하도록 해야 한다. 국민의 부정적 정서를 이유로 이중국적자의 국민처우원칙을 현 시점에서 적용하기 어려우면 병역의무이행자에게 이중국적을 허용하는 것부터 시작하고 점진적으로 허용대상을 확대해 나가면 된다.

◇ 김봉섭 전(前) 재외동포재단 전문위원/ 재외동포 기본법 제정이 시급

현 정부가 복수국적 부여 방향으로 국적법 손질에 나선 것은 긍정적이고 진일보한 것이다. 그러나 복수국적의 부여 범위가 지나치게 좁은 데다 동포인재 유치의 핵심적 인센티브 중 하나인 병역문제에 과감하게 접근하지 못하는 등 소극적인 해법으로 일관, 이 정책이 700만 동포가 아닌 수 백, 수 천 명의 동포를 위한 것이라는 오해를 받게 됐다.

법무부는 또 국적법 개정 과정에서 한국 국적을 쉽사리 포기하지 못하는 재일동포들의 의견을 수렴하지 못한 데다 '글로벌 우수인재' 유치를 천명한 개정안이 1999년 재외동포법 제정 당시처럼 "특정지역(미국) 동포들을 위한 법률"로 오해 받게 할 수 있다.

이처럼 동포 정책을 놓고 동포사회에 이견이 있을 수 있는 상황에서 국적법 개정보다 더 시급한 것은 재외동포를 위한 기본 법률을 정비하는 것이다. 재외동포를 위한 기본법이 없이 특별법만 제정된 상태에서 개별법들 간 충돌 가능성이 있다. 이중국적 부여시 한시법으로 제정된

재외동포법을 어떻게 둘 것인지도 논의해봐야 한다. 바람직한 것은 이를 폐지하고 이 법의 취지를 살리는 재외동포 보호법이나 재외동포육성법 등 기본법을 제정하거나 현행 재외동포법을 헌법 제2조 2항에 근거한 재외국민법(재외국민 참정권 조항 포함)으로 대체함으로써 동포들이 안심하고 생업에 종사할 수 있는 환경을 만들어주는 것이다.

한국은 90년대 후반부터 국내로 환류되지 않는 고급인력이 급증하는 등 인재확보 전략을 시급히 마련해야 할 과제를 안고 있다. 재외동포 중 해마다 약 1만 7천명이 국적을 이탈하고 있으며 이 중 1만 명이 재일동포다. 특히 일류급 동포 인적자원의 유출을 막는 데 정부가 발 벗고 나서야한다. 이런 점에서 국적법 개정안은 동포 인재를 끌어들이는 인센티브가 될 수 있다. 이들에게 복수국적이 허용되면 동포 자신의 선택에 따라 모국정치에 참여하는 길이 열리게 되고 이는 거주국과 모국에서의 정치력신장이 동일 선상에서 해소될 수 있다는 이점이 있다. 따라서 동포의 권익 신장과 재외국민 보호를 위해서라도 이중국적과 참정권 부여를 동시에 추진할 필요성이 있다.

◇ 이창수 새사회연대 대표/ 복수국적자에 공무담임권 인정 신중히

복수국적제도 도입의 배경은 사회경제적 요구보다 정치적 요구에 의해 추진됐다는 태생적인 문제가 있다. 따라서 이 제도의 핵심인 '해외우수인력'의 특별귀화 문제의 실효성을 신중히 검토해봐야 한다.

'탁월한 능력의 해외인재' 유치 노력이 전통산업 및 문화예술 분야의 숙련 또는 미숙련 노동자의 배제방식이 되면 바람직하지 않은 만큼 국내에 유입된 해외 이주노동자들도 이중국적의 대상에 포함시켜야 한다.

이 문제는 또 해외노동력의 주된 수혜자인 중소기업에 필요한 인력을 고려하지 않고 있어 국내 산업의 정치경제적 불균등 문제를 내포하고 있으며 '차별적인 인력정책' 지적도 받을 수 있다.

또, 해외인력의 대거 유입으로 단기적으로 일자리 경쟁이 치열해져 중장기적으로 국내 고급인력의 해외유출 사태가 빚어질 수도 있다. 해외인재에 대한 이중국적의 허용은 '원정출산' 같은 정치·경제적 특권계층 조성으로 국민갈등을 초래할 수 있다.

해외동포의 경우 이중국적 문제로 풀 게 아니라 이들과 문화·경제·혈연적 유대를 강화하기 위해 동포청을 설립하는 게 바람직하다. 동포 2, 3, 4세 등에 대한 이중국적 허용은 동포사회 내 갈등을 유발할 수 있다. 이중국적을 허용하지 않는 중국 등 국가의 동포들의 경우 차별감과 박탈감을 느낄 수 있기 때문이다. 특히 선거 출마 등을 통해 국내의 주요 정책결정과정에 참여하려는 동포에게 이중국적을 허용하면 안 된다. 개정안은 해외동포가 이중국적을 취득하고 국내에 거주하면서 3급 이상의 공무원이나 선출직 공무원에 취임하는 것을 막을 방법이 없고 정책의 합목적성도 결여되어 있다는 지적이 있다. 재외국민에 대한 선거권 부여는 당연하나 동포들에 대한 피선거권, 공무담임권 인정은 신중해야 한다.

이중국적제도의 도입 문제는 정치적 요구의 성격이 강한 만큼 시험조치로 이를 허용하는 경우 복수국적자의 공직취임 제한 조항의 신설 등 보완 조치가 필요하다. 개정안에 제10조의 1(복수국적자의 공직취임 제한)을 신설, 외국인력의 특례 귀화인과 귀화인 처는 대통령, 국무위원, 3급 이상 공무원, 국회의원, 대법원장·검찰총장, 군사령관, 국정원장,

특명전권대사 등 국가안보와 공공질서에 영향을 미치는 공무원직 취임을 막는 것도 한 가지 방법이다.

○ "귀화자 증가 따른 병역제도 개선 필요" 국적제도 개선에 관한 정책토론회229)

(서울=연합뉴스) 홍덕화 기자 = "귀화자가 크게 늘고 있는 만큼 사회적 갈등 방지를 위해 귀화자가 군복무를 선택하게 돼 있는 병역법을 재검토해야합니다."(차규근 법무부 출입국외국인정책본부 국적난민과장)

"재일동포 중 한국국적을 고수해 온 민단계와 사실상 무국적 상태인 조선적 총련계, 복수국적을 선택할 수 없는 재중동포에 대한 특단의 지원책이 필요합니다."(김봉섭 3.1운동기념사업회장. 전 재외동포재단 전문위원)

법무부가 작년 말 국회에 제출한 '국적법 개정안'이 21일 본회의에서 통과된 가운데 후속법 개정과 제도 개선 작업이 시급하다는 지적이 제기됐다. 국회 김성곤(민주당) 의원실 주관으로 23일 국회 본청 귀빈식당에서 열린 '국적제도 개선에 관한 정책토론회' 참석자 다수는 "정부안이 재외동포나 정주 외국인 등의 요구사항을 제대로 반영하지 못하였다"고 지적하였다.

차종환 한미동포권익신장위원회 대표(전 UCLA 연구교수)는 이광규 재외동포포럼 이사장(전 서울대 명예교수)의 사회로 진행된 토론회에서 재외동포의 성격과 역할을 '국제화의 교두보·첨병' 등 20개 키워드로 설명한 뒤 "저출산에 대비하고 재외동포 인재의 적극 유치를 위해서라

---

229) ≪연합뉴스≫ 2010년 4월 23일.

도 국적부여 대상을 확대해달라"고 요청하였다. 차 대표는 "동포 인적 자원의 활용시 이점이 많은데도 복수국적 허용의 부작용과 대비책에만 골몰하느라 동포 인재를 적극 활용하지 못하였다"며 "동포사회와 수평적 네트워크를 공고히 하면서 다양한 방면에서 협력해야 한다"고 역설하였다. 그는 "65세 이상 동포가 영구 귀국시 복수국적을 준다면 외국 거주 자녀들과 헤어져야 한다"며 "65세 규정을 (병역의무 부과 상한 연령인) 35세로 낮춰야 한다"고 주장하였다.

이철우 연세대 법학전문대학원 교수는 "개정안에는 그동안 진행돼 온 국적제도 개선안 중 일부만 반영됐다"며 국적법의 재정비시 ▲보충적 출생지주의 도입 ▲예외적 출생지주의 확대 ▲화교 등 정주외국인에 복수국적 용인이 필요하다고 강조하였다. 출생지주의를 전격 도입하기 어려운 만큼 영주권자 자녀 또는 2대에 걸쳐 국내에서 태어나 영주자격을 갖춘 자에게 우선적으로 국적을 부여하는 보충적이고 제한적인 출생지주의를 도입하자는 것이다.

차규근 법무부 국적난민과장은 '개정안의 기대 미흡' 지적에 대해 "지난 정부에서 여·야가 이중국적 부여에 잠정 합의하였지만 이에 반대하는 국민 정서의 표출로 추진력이 약화돼 정부는 '국민 공감대 형성'에 역점을 둬야 하였다"고 해명하였다. 그는 이어 "순수 외국인이 너무 쉽게 국적취득을 할 수 있게 됐다는 등의 지적 사항들을 감안해 시행령과 시행 규칙 마련에 반영하겠다"고 말하였다. 차 과장은 복수국적자에 대한 참정권과 공무담임권 부여 문제와 관련, "복수국적 문제는 허용 범위보다 어떤 식으로 허용 또는 제한할 것인지에 대한 조건과 그 내용을 정하는 게 중요하고 이를 위한 국민의 공감대가 필요하다"고 말하였다.

'국적'을 갖고 있다는 이유만으로 복수국적자가 무제한적으로 참정권을 행사할 수 있고 공무담임을 하는 것에 대다수 국민들이 쉽게 동의하기 어렵다는 것이다.

토론자인 박상원 미주한인재단 LA지회장은 "민주당이 정부 여당의 소극적인 개정안을 비판적으로 검토, 여러 문제점들을 보완하는 방향으로 국적법을 재개정해 달라"고 요청하였다. 박 회장은 국제결혼 등으로 혈통이 희미해져가는 미주, 일본, 중국, 러시아, 유럽 등지의 한국계 외국인들에게 적극적으로 복수국적을 부여해 한민족의 일원으로 끌어안아야 한다고 말하였다.

김봉섭 3·1운동기념사업회장은 "국적법 개정안의 주대상이 미국동포와 65세 이상의 고령자라는 인식이 팽배하다"며 지역 및 연령상의 형평성 문제를 지적하였다. 김 회장은 "향후 제도 개선 차원에서라도 일본과 중국, 러시아 등 주요 지역의 다양한 동포들이 모두 나름대로의 혜택을 받는다는 인식을 가질 수 있도록 정부가 노력해주고, 병역의무 부과 상한 연령인 35세 이후 64세 동포들도 국내 투자 등을 통해 복수국적을 쉽게 얻을 수 있도록 전향적으로 검토해주면 좋겠다"고 말하였다.

화교 2세인 탄 다오징 서울교대 초빙교수는 토론에서 "한국사회의 폐쇄성으로 인해 국내 화교들이 인권 사각지대에 놓여 있다"며 한국정부에 대해 "화교 인권의 보호 차원에서라도 국적부여 문제를 전향적으로 재검토해 달라"고 요청하였다. 탄 교수는 "외국인 등록번호로 실명 확인이 안 돼 인터넷 가입이 안 되고, 어머니가 한국인인 경우 '순수 외국인'이 아니어서 외국인 특례제도를 통한 한국대학 입학이 어렵고 장애자가 장애인 등록을 못하는 실정이다"며 "우리는 잘 살게 해달라는 게 아니라 최소한 인간답게 살아가도록 도와달라는 것이다"고 호소하였다.

김성곤 의원이 주관한 이날 토론회에는 정세균 민주당 대표, 신낙균 국회여성위원장, 홍재형(전 경제 부총리), 오제세 의원(이상 민주당) 등 100여 명이 참석하였다. 정 대표는 축사를 통해 "산업화와 민주화를 동시에 이룩하는 데 재외동포들의 힘이 컸다"며 "먹고 사는 일이 어느 정도 해결된 만큼 재외한인의 지구촌내 위상을 높이고 역할을 강화하는 방안을 찾기 위해 토론회를 열었다"며 "민주당은 국적법 관련 제도들을 지속적으로 개선하면서 재외한인과 협력해 나가겠다"고 말하였다. 민주당 재외동포사업단장인 김성곤 의원은 개회사에서 "국적문제는 재외동포뿐 아니라 국내 거주 외국이주민 및 화교들과도 연계된 것인데 국적법 개정안의 복수국적 부여대상에서 화교가 누락됐다"며 "민주당은 현실에 한층 부합하는 방향으로 국적제도를 다시 손질해 개정안을 내놓겠다"고 말하였다.

출처: ≪재외동포신문≫(2010.12.22)

○ 복수국적 전면 허용해야(2010)[230]

2010 밴쿠버 동계올림픽에서 우리 젊은이들은 메달순위 세계5위라는 값진 성과를 거뒀다. 이로 인해 대한민국의 대외이미지가 상한가를 쳤고, 사는 곳과 국적은 달라도 한인동포들은 덩달아 자신이 한국인 또는 한국계라는 사실에 가슴 뿌듯하였다.

잠시 뒤 한국이민사에 한 획을 긋는 낭보까지 들려왔다. 지구 반대편 온두라스(Honduras) 거주 한인여성 강영신(1953년생)이 한국을 떠난 지 33년 만에 주한대사로 금의환향한다는 내용이었다. 이주역사가 짧고 5백 명도 채 안 되는 소규모 동포사회가 불과 1세대 만에 현지주류사회의 인정을 받아 특명전권대사를, 그것도 자신이 태어나고 공부하고 결혼하고 첫 직장이었던 조국의 품으로 귀환하는 유력인사를 배출하였다는 것은 성사여부를 떠나 한인이민사에 길이 남을 일대사건이었다.

물론 이번 일은 단순히 그녀 하나로 그치지 않을 전망이다. 구소련해체 이후 우즈베키스탄공화국의 고려인 3세로 1999년부터 주한대사로 맹활약중인 편 비탈리(1947년생)나 한국전쟁 입양고아로 클린턴행정부 시절 주한미국대사 최종후보로 인터뷰까지 하였던 신호범 워싱턴주 상원의원(1935년생)도 함께 기억될 수 있다.

또한 차세대 한인동포인재들의 활약상을 감안할 때 머지않은 장래에 한국계 주한 미·일·중·러·EU대사나 한국계 연방의원·판사, 주지사·장관, 심지어 대통령·총리의 출현까지 기대할 수 있을 정도로 한인동포사회의 현지역량은 급성장하고 있다.

그렇다고 마냥 낙관만할 수 없는 것이 현실이다. 재외동포가 왜 이

---
230) 《재외동포신문》 2010년 3월 22일자; 《순국》 2009년 4월호.

땅을 떠났는지, 그들과 그 후손들은 어떻게 살고 있는지, 동포사회가 궁극적으로 원하는 것이 무엇인지를 정확하게 이해하지 못한 상태에서 재외국민의 국내참정권 행사만이 지나치게 이슈화되어서는 곤란하기 때문이다. '낙지생근'(落地生根) 없는 '낙엽귀근'(落葉歸根)은 재외동포정책의 ABC인 현지 권익보호·주류사회진입·정치력신장을 방해할 수 있으며, 재외국민과 외국적동포를 이분화·차별화할 수 있기 때문이다.

일부 언론보도에 따르면 주한온두라스 대사 내정자는 1987년 온두라스국적을 취득하였다고 한다. 복수국적을 허용하지 않는 현행 우리 국적법상 그녀의 한국국적은 당연히 상실되어야 하였지만 온두라스한국학교가 설립된 1994년 이후 그녀는 한국여권을 소지한 한국인 교장으로 봉사해왔고, 현지공관이나 한인동포사회 어디에서도 그녀의 법적신분에 이의를 제기하지 않았다. 이런 예가 현장에서는 비일비재하다.

그렇다고 영주권 소지 재외국민 중에 복수신분증을 가진 사람들이 생각보다 많다거나 본인이 직접 신고하지 않는 한 사법당국은 재외동포의 복수국적 소지여부를 알 길이 없다는 식으로 이 문제의 논점을 더 이상 흐릴 수도 없는 상황이다.

1980년대 이후 역대 정부마다 병역·납세·국민정서·시기상조 등의 이유로 번번이 좌절됐던 복수국적허용문제를 이명박정부가 국적법 개정을 통해 제한적으로나마 문호를 개방하고자 노력하고 있는 것은 재외동포정책의 통합차원에서 볼 때 진일보한 조치로 평가할 수 있다.

재외인적자원 확보에 강점을 가진 이스라엘이나 중국이 재외동포 네트워크를 자국 이익과 현지국·동포사회 이익 모두를 극대화하기 위한 최우선 국가정책 대상으로 중시하는 이유가 무엇일까. 최근 인도가 제한적 복수국적허용과 전담통합기구인 재외인도인부 설치 등 적극적인 자세로 나오자 중국이 바짝 긴장하는 것이나 온두라스가 자국민의 복수국적 허용 이외에 이민자를 자국 외교사절로 파견하는 것은 자국민의 경계와 범위를 한 치라도 더 넓히려는 필사적인 움직임으로 이해해야 한다.

이제 우리도 온 몸과 가슴으로 현장에 다가가는 선진동포정책을 구사할 때가 되었다. 정작 달은 보지 않고 달을 가리키는 손가락을 달로 생각하듯이 재외동포의 '삶의 자리'에 서보지 않은 채 관련정책을 수립하거나 민족네트워크를 논하는 오류를 되풀이해서는 안 된다. 과거 한때 가난과 국권상실의 상징이었던 재외동포가 독립과 건국 그리고 산업화의 기여자로서, '글로벌코리아'와 '더 큰 대한민국'의 선두주자로서 부각되고 있는 만큼 "재외동포의 미래는 민족의 미래, 민족의 미래는 대한민국의 미래"라는 관점에서 경제·민생·교육·정치력신장 등 제반 재외동포 미결과제들을 전향적으로 해소해나가야 한다. 대도무문(大道無門)이라고 하였다. 원칙만 바로 선다면 해결 못할 난제는 하나도 없다. 민족백년대계를 재외동포사회와 함께 열어나가겠다는 정부의 확고한 의지와 윈-윈 전략이 필요한 때다.

그러나 아쉽게도 이번 강영신 주한대사 내정자에 대한 아그레망(주재국 사전동의)은 국내언론에 노출된 지 13일 만에 온두라스 국내사정에 의해 자진 철회되는 해프닝이 벌어졌다. 물론 이 사건의 본질은 좀 더 다른 곳에 있다. 복수국적을 허용하지 않는 우리 정부와 복수국적을 허용하는 온두라스정부 사이에 외교적 선례가 없다는 점이 작용하였을 것이고, 그동안 재외국민으로만 알고 있던 한국계 재외동포가 갑자기 주한온두라스대사가 되어 자신이 태어난 한국으로 부임한다는 사실에 우리 정부가 상당히 곤혹스러웠을 것이라는 점도 무시할 수 없기 때문이다.

따라서 이번 사건을 교훈 삼아 우리 정부는 재외동포 출신자가 외국국적동포이건 복수국적자이건 주한대사로서 양국관계 증진·협력을 위해 일하기를 원한다면 이들이 자부심을 가지고 부임할 수 있도록 국내 법적·제도적 그리고 정서적 걸림돌을 하나씩 제거해나가겠다는 개방적이면서도 적극적인 자세를 우리 재외동포사회에 보여줄 필요가 있다고 하겠다.

복수국적 전면 허용해야

김봉섭
전 재외동포재단 전문위원

제4장 재외국민 참정권과 패러다임의 변화

1. 재외국민 참정권의 의미

지금 우리는 2012년 '재외국민 참정권 실현'이라는 역사적 대전환점을 앞두고 있다. 이는 한국전쟁 기간 중이던 1952년, 이승만 정부가 재일동포에게 '국회옵서버제도'를 허용한 지 만60년 만에 거둔 재외동포사상(在外同胞史上) 최대 성과로 기록될만한 일대사건이다. 즉 1952년 4월 3일 재일민단 제14회 전체대회에서 "정부의 대일무역 일부는 민단을 통하여 재일한국인공장으로부터 구입하여 줄 것. 재일동포 중소기업자에게 한국은행 동경지점에서 융자해줄 것(2백만 달러 한도). 한일회담에 재일동포 대표를 참가시켜 줄 것. 국회에 재일교포의 대표 6명을 옵서버로 참가시켜줄 것" 등을 결의한 후 이승만 대통령에게 직접 전달(9.24)된 '재일교포대표 국회참석요청의 건'은 "전란 중이지만 재일교포의 실정을 본국에 반영해가지고 가능한 한 재일교포의 경제적이라든가 교육면 기타 여러 가지 원조를 본국으로 지원해주어야 되겠다"는 취지

에서 그해 11월 24일 제2대 국회(의장 신익희)를 통과하였다.231)

　　재일본거류민단 6명을 한도로 국회특별옵써버로서 참석케 하되 심의 및 결의권이 없이 재일교포의 실정과 권익을 옹호함에 한하여 발언의 편의를 줄 것. 대표단의 여비 기타 일체의 비용은 自擔하며, 대표단의 선출은 재일본거류민단에서 정식으로 민주주의방식에 의하여 선정하며, 동대표단은 제15회 정기국회시부터 참석을 허용할 것.

　우리 헌정사(憲政史)에서 약 8년(1952~1960) 정도 실재했던 이 '국회옵서버' 제도는 6·25전쟁이라는 국가위기상황에서 이승만 정부가 민주주의의 기본인 국민대의제(國民代議制) 정신을 재외동포사회에 적용하였다는 점이나 당시 60만 재일동포사회가 비록 민단 차원이지만 재외국민 10만 명당 1명꼴로 자신의 대표를 선출하여 본국국회에 파견했다는 점은 2012년 재외국민 참정권 실현을 앞둔 우리 모두에게 시사하는 바가 크다.

〈표 4-1〉 역대 재일동포 국회옵서버 명단(1952~1960)

구분	당연직			선출직			비고
1952	金載華 (중앙단장)	金光男 (중앙위의장)	吳基文 (부인회장)	曹寧柱(대한청년단장)	이봉의 (栃木단장)	鄭寅錫 (동경전단장)	국무회의 (1952.11.24)

---

231) 「1951년 제104회 국무회의록」(1952.11.24); 국회사무처, 『제6대 제40회 제16차 국회운영위원회 속기록』(1964.2.19, 재일교포국회옵서버제도설치 및 국회장학금제도설치에 관한 건), 8쪽; ≪旬刊戰友≫ 1952年 12月 22日字(第10號), 2쪽('在留同胞の諸問題解決え, 金載華團長歸任談, 6名の代表員國會で發言權認めらる, 中小企業者えの融資等'). 韓國新聞社, 前揭書(1974), 1336쪽; ≪韓國學生新聞≫ 1953年 1月 5日字(第29號), 1쪽('年頭辭, 民團中總團長 金載華'). 韓國新聞社, 前揭書(1975), 485쪽.

1952-1953	김재화	김광남	元心昌	裵正	金在和	金英俊	제13대 집행부232)
1953-1954	김재화	김광남	鄭析	金綜斗	安基伯(재일한교재향군인회)	배정	제15대 집행부233)
1954-1955	김재화	김광남	張聰明	안기백	趙連堤	김종두	제16대 집행부234)
1955-1956	丁賛鎭	김재화	김광남	金得溶(한성신용조합장)	李元範(재일학생동맹 전위원장)	김원중	제17대 집행부235)
1956-1957	정찬진	김광남	裵在潤(兵庫단장)	張仁健	이원범	朴玄(人阪단장)	제18대 집행부236)
1958-1959	김재화	朴根世	배재윤	김득용	崔宥柱(人阪단장)	金遇坤	제20대 집행부237)
1959-1960	정인석	김광남	최인주	李宗樹(京都단장)	李春植(愛知의장)	姜吉卓(兵庫단장)	제22대 집행부238)

자료: 在日本大韓民國居留民團中央本部 編, 『寫眞で見る民團20年史』(東京: 在日本 大韓民國居留民團中央本部, 1967) 연표를 근거로 재구성.

---

232) ≪民主新聞≫ 1953年 5月 15日字(第320號), 2쪽('第十六回全體大會開く, 重大案件を審議決定'). 韓國新聞社, 前揭書(1975), 134쪽.

233) ≪民主新聞≫ 1954年 6月 21日字(第349號), 1쪽('本國, 僑胞を輕視?'). 韓國新聞社, 前揭書(1975), 179쪽.

234) ≪民主新聞≫ 1954年 6月 21日字(第349號), 1쪽('第十八回民團全體大會盛況, 民族教育機關育成に焦點, 親日派問題で大論爭展開'). 韓國新聞社, 前揭書(1975), 179쪽.

235) ≪民主新聞≫ 1955年 5月 15日字(第360號), 1쪽('民團第19回全體大會, 民團革新의 好機到來'). ≪韓國學生新聞≫ 1955年 5月 28日字(第55號), 1쪽('李元範同志にのぞむ, 學同出身의 國會オブザーブァ, 楊泰根'). 前揭書(1975), 193쪽.

236) 국회사무처, 『제3대 국회 제24회 제25차 국회임시회의 속기록』(1957.4.23), 10~15쪽.

237) ≪民主新聞≫ 1958年 5月 20日字(第398號), 2쪽('全體大會成功裡에 終る, 規約의 一部改正成, 新團長에 金載華氏'/'決議文'). 韓國新聞社, 前揭書(1975), 224쪽.

238) 국회사무처, 『제4대 제33회 제5차 국회 예산결산위원회 속기록』(1959.12.7, 단기4293년도 총예산안), 90~92쪽, 96~97쪽.

그러나 그것보다 훨씬 더 의미 있는 일은 '국회옵서버' 제도가 3·1 운동으로 수립된 대한민국임시정부의 정신과 임시의정원(臨時議政院)의 대의제도를 계승한다는 점으로서 재외동포사회가 대한민국임시정부와 대한민국정부간의 연속성 또는 교량 역할을 했다는 분명한 물증이라 하겠다. 물론 대한민국임시정부가 '사실상 국민'에 해당하는 재외동포들에게 임시의정원의 국민대표의석을 할당한 것은 단순히 배려차원의 조치가 아니었다. 즉, '대한민국임시헌법'(임시정부법령 제2호, 1919.4.11 시행) 제20조에 따르면 "임시의정원 의원은 경기·충청·경상·전라·함경·평안 각도 급(及) 중령(中領)교민, 아령(俄領)교민에 각 6인, 강원·황해 각도 급(及) 미주(美洲)교민에게 각 3인을 선거함. 전항에 임시선거방법은 내무부령으로 차를 정함"으로, 그리고 '대한민국임시약헌' (임시정부법령 제4호, 1927.4.11 시행) 제6조에 따르면 "임시의정원 의원은 경기·충청·경상·전라·함경·평안 각도 급(及) 중령(中領)교민에서 각 5인 강원·황해 각도 급(及) 미주(美洲)교민에서 각각 3인을 선거한다"라고 규정239)함으로써 대한민국 인민을 대표한 임시의정원 의원총수(1919년 57명, 1927년 54명)의 1/4인 15명(1919년)과 13명 (1927년)을 재외동포에게 할당하였는데, 요즘 말하는 '해외선거구제도' 의 원형인 셈이다.

이런 '국회옵서버' 제도는 제3대 국회(1956~60) 이후 자유당이 우세해지고, 재외동포사회의 반(反)이승만 분위기가 잦아들지 않으면서 제도

---

239) 《국민보》 1944년 7월 19일자(임시의정원 선언에 대하여). 1944년 개원된 임시의정원에 의해 선출된 신임국무원 중에 재미동포(하와이 포함)는 없었다는 지적이 있었다.

실시 자체에 대한 논란이 있었으나 4·19혁명으로 집권하게 된 장면 정부 시절 재미동포사회로까지 확대하는 방안이 강구되었는가 하면, 5·16군사정부 시절과 유신헌법 제정 이전에도 한 두 차례 부활 논의가 없지 않았으나 현실화에는 결국 실패하였다.

따라서 이런 역사적 배경을 감안할 때 2012년 4월 제19대 국회의원선거와 2012년 12월 제18대 대통령선거에서의 재외국민 참정권 현실화는 '재외동포사회의 갈등과 반목 초래'와 같은 현실적 우려가 없지 않음에도 그것보다는 "재외선거가 재외국민의 정치적 권리를 신장시키고, 그들의 의사를 우리 국민 의사의 한 부분으로 편입해 국민통합을 공고히 할 수 있을 것"으로 기대되는 분위기가 훨씬 더 많다. 심지어 재외동포사회 일각에서는 자신들의 표심이 재외동포정책 업그레이드나 자신들의 국내정계 진출로 연결될 것으로 단정하고 한층 고무되어 있는 것도 사실이다.

그러나 이런 기대감들이 현실화되기에는 여전히 제약점과 걸림돌이 많다. 막연한 기대감 속에 가장 중요한 핵심사항이 빠져 있기 때문이다. 다시 말해 재외국민 참정권이 뿌리를 내리고, 이것이 제도화되려면 우리 정부가 이들을 정책의 대상으로 삼는 이유가 뭔지, 그리고 재외국민을 우리 생활권 속으로 포함하는 근거가 분명해야 한다. 헌법 전문(前文)에서 말하고 있는 '동포애'(同胞愛)를 발휘하려는 것인지 헌법 제2조 2항의 "국가는 법률이 정하는 바에 의하여 재외국민을 보호할 의무를 진다."는 조항과 관련 있는 것인지가 불명확한 것이 현실이다. 또한 대한민국 정부조직법 제25조 1항에 "외교통상부장관은 … 재외국민의 보호·지원, 재외동포정책의 수립 …에 관한 사무를 관장한다."고 규정하고 있는데, 굳이 정부조직 내에 또다시 "정부의 재외동포에 관한 정책을 종합적으로 심의·조정하고 이를 효율적으로 추진·지원하기 위하여 국무총리 소속 하에 재외동포정책위원회를 둔다"(대통령훈령 제228호)는 것 자체가 얼마나 비효율적인가를 제대로 설명하지 못하고 있다.

따라서 우리 정부는 재외국민 참정권 실현을 계기로 재외동포정책의 밑그림을 다시 그려야 하며, 새로운 기구의 설치나 기존 기구의 격상, 또는 소관부처 재조정 문제에 초점을 맞추기는 것 이상으로 재외동포의 실제 삶에 변화를 가져오게 할 정책과 사업이 무엇인지를 파악해야 하며, 재외동포에 대한 기본이념과 정책철학 자체부터 새롭게 해야 한다. 특히 재외국민 보호·지원 및 재외동포정책 수립의 주무부처임을 자처하고 있는 외교부는 심기일전하여 재외동포와 관련된 제반정책과 사업을 단순히 영사업무의 일환으로 취급하는 소극적인 자세에서 벗어나 '세계한인의 날'(10.5) 제정 이후에 해결해야 할 각종 현안과제들에 집중해야 한다.

이명박 정부가 출범한 지도 3년 8개월이 지났다. 이명박 정부는 출범 당시 그동안 방만해진 정부와 공공부분을 슬림화하고 시장기능을 활성화하여 대한민국의 미래를 새롭게 열어 나갈 것으로 기대되었다. 700만 재외동포사회 역시 재외국민 참정권 행사를 비롯하여 재외국민보호법 제정, 재외동포 복수국적 허용, 재외동포의 출입국절차 개선과 자유왕래 추진의지에 지지를 보냈다. 지금이라도 정부는 초심(初心)으로 돌아가야 한다. 당시의 문제제기와 지금의 현실 사이에 얼마나 많은 격차와 괴리가 존재하는지 스스로 평가해보아야 할 때다.

2. 재외국민의 마음을 사로잡아야[240]

한국 재외동포정책사에서 2012년 12월까지가 매우 중요한 시기다. '재외국민보호법'이 입법화되고, 230만 해외거주 유권자의 적잖은 수가 2012년 총선과 대선에서 오랜 숙원(宿願)인 '투표권 행사'를 감행할 것이기 때문이다. 이들 사건이 한국정치 지형(地形)을 어떻게 바꿔놓을지 예단하기 어렵지만 크든 작든 미래한국의 진로에 영향을 미칠 것임은 분명하다. 1997년 대선에서 39만 표, 2002년 대선에서 57만 표로 승부가 갈렸던 경험상 2012년 대선에서 재외국민 표심(票心)이 '캐스팅보트'를 쥘 수 있다는 기대감과 그에 대한 경계심까지 있어 이래저래 재외국민은 세간의 관심사가 될 전망이다.

우리는 여기서 몇 가지를 짚고 넘어가야 한다. 우선, 유권자들은 "민주시민의 당연한 권리이자 의무를 구현하기 위해, 국정에 직접 참여하기 위해, 내가 낸 세금을 잘 쓸 수 있는 사람을 뽑기 위해, 내가 속한 조직·단체의 이익이나 소수자의 목소리를 대변할 사람이 필요해서, 지금보다 더 나은 새 인물을 뽑기 위해 … " 등등의 이유로 투표에 참여한다. 그런데 우리 정치현실은 어떤가. 제13대(1987)부터 제17대(2007)까지 대선 투표율이 89.2%→81.9%→80.7%→70.8%→63.0% 급격한 하락세다. 총선 역시 제16대(2000)부터 제18대(2008)까지 투표율이 57.2%→60.6%→46.1% 민의가 제대로 반영되는지 의심스럽다. 이처럼 현실정치에 관심이 없거나 정치불신이 강한 국내정치상황에서 재외국민투표권이 행사된다는 점이다.

---

240) ≪재외동포신문≫ 2011년 3월 11일자.

우리 선조들이 근대적 의미의 투표제도를 알게 된 것은 미국에서 "전국 인민이 투표ㅎ야 새 대통령을 쇱앗"다는 1896년 11월 7일자 ≪독립신문≫을 통해서였다. 고종의 아관파천(俄館播遷, 1896.2.11) 이후 독립신문, 독립협회, 독립문 건립 등 한창 '자주독립'의 기운이 고조되던 때였다. 그러나 실제 투표권 행사는 그로부터 52년 후인 1948년 5·10 선거가 처음이었다. 당시 제헌(制憲)선거 홍보포스터에는 "총선거로 독립문은 열린다. 투표는 애국민의 의무, 기권은 국민의 수치"라는 문구가 새겨져 있었지만 해외 및 38선 이북 거주자는 참여할 수 없었다. 파월장병과 해외거주자에게 허용됐던 해외부재자 우편투표도 1967년 대선(5.3)과 총선(6.8), 1969년과 1972년 국민투표를 끝으로 폐기되었다. 1980년 제5공화국 헌법(9.29) 제2조②에서 "재외국민은 국가의 보호를 받는다"고 규정만 되었을 뿐 하위법률 미비로 해외근무 외교관·국가기관주재원·근로자·상사주재원의 국정참여는 사실상 원천 봉쇄되었다. 이런 역사적 맥락(脈絡)과 곡절(曲折) 속에 재외국민투표권이 행사된다는 점이다.

정부수립(1948) 이후 64년 만에 국민의 기본권리를 행사하게 된 재외국민의 입장도 간단치 않다. 8·15해방(1945) 이전 떠났던 분이랑 해외이주법(1962) 이후 떠났던 분이랑 '2012 선거'에 대한 체감온도가 다르고, 거주지역·출생국가·연령대별로 국내정치에 대한 참여희망도가 제각각이다. 영주권자(한국국적자)와 시민권자(외국국적자)간에 이해관계가 다르고, 이에 편승한 여·야 정치권은 세(勢)불리기와 표계산에 열심이고, 선관위는 부정선거방지에 고심하고 있다. 이런 혼돈상황에서 재외국민투표권이 행사된다는 점이다.

재외국민은 예나지금이나 엄연히 우리 국민이다. 주 활동무대가 해외다 보니 국민으로서의 책임 완수에 소홀한 면이 없지 않았지만 이제부터는 '노블레스 오블리주'(Noblesse Oblige)의 덕목, 즉 헌법과 법률에 따라 정당하게 대접받게 된 이상 의무 수행에 더욱 신경을 써야 한다. 한두 번 투표권을 행사하고 그만 둘 일이 아니라면 더더욱 그렇다. 정부 당국도 '2012 선거'의 역사적 의미를 재외국민의 관점에서 새롭게 인식하고, 재외동포정책의 틀과 내용을 쇄신하여 재외국민 역량결집과 현지정치력신장에 모든 힘을 쏟아야 한다. 나아가 국가발전과 민족미래를 위한 교두보로 재외국민사회를 적극 보호·육성해야 한다.

옛 성인은 '천시지리인화'(天時地利人和)(《孟子》)라고 하였다. 우리 모두 2012년을 재외동포사회 전체의 미래를 그리는 절호의 기회로, 재외국민의 마음을 사로잡는 정책수립의 전환점으로 만들어야 한다. 마음만 얻으면 모든 것을 다 얻는 법이다.

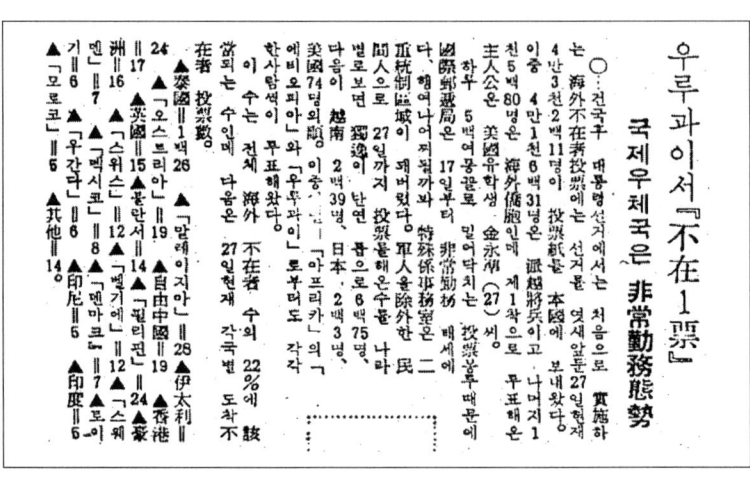

출처: 《동아일보》(1967.4.29.)

3. 정책의 우선순위

　오늘날 세계 각국은 지속가능한 국가경쟁력 창출의 주요인자로 해외에 산재한 자국 동포들의 인적자산의 활용가치를 중시하면서 다양한 네트워크 활성화와 역량결집에 박차를 가하고 있다. 우리 정부도 외교부 산하 재외동포재단(1997) 설립 이후 다양한 재외동포사업을 추진 중에 있다.
　마크 보일과 롭 치킨(Mark Boyle & Rob Kitchen, 2009)의 분석에 따르면 현재 우리의 재외동포정책 환경은 중국, 대만, 아일랜드, 스코틀랜드 등과 함께 비교적 양호한 편(정교한 네트워크와 우호적 환경)에 속한다.241) 그렇지만 그 속내를 들여다보면 반드시 그런 것만은 아니다.

〈표 4-2〉 디아스포라 전략의 위상

디아스포라 환경	비우호적 환경	중간적 환경	우호적 환경
정교한 네트워크들 (sophisticated Diaspora Networks)	아르메니아, 방글라데시, 스리랑카	엘살바도르, 인도, 베트남	중국, 한국, 대만, 아일랜드, 스코틀랜드
부상하고 있는 네트워크들 (Emerging Diaspora Networks)	콜롬비아, 나이지리아, 러시아, 우크라이나	브라질, 멕시코, 파키스탄, 남아프리카공화국, 체제전환국가들	헝가리, 슬로베니아, 말레이시아, 태국

출처: http://www.nuim.ie/nirsa/diaspora/PDFs/kitchinboyle.pdf

　〈표 4-3〉에서 알 수 있듯이 헌법이 규정하고 있는 재외국민보호조항을 뒷받침할 법적 근거(예: 재외국민보호법 또는 재외동포기본법)가 아

---

241) *Fostering Dialogue between Diaspora Strategies* (Diaspora Strategy Workshop, 2009.1.26.~28).

직 마련되어 있지 않으며, 재외동포 관련 정책과 사업이 원스톱 서비스 되지 않은 채 대통령(대통령실·민주평통·국정원·국가경쟁력강화위원회·미래기획위원회)과 국무총리(재외동포정책위원회·국가보훈처) 그리고 외교통상부(재외동포재단·한국국제교류재단)·행정안전부·법무부·문화체육관광부·교육부·통일부·지식경제부·국토해양부·기획재정부·보건복지부·여성가족부·국가보훈처·병무청·국세청·금융위원회 등 각종 정부기관들에 배치되어 있으며, 심지어 대법원·중앙선거관리위원회·한국방송공사(KBS)에서도 해당 업무를 수행하는 이른바 백가쟁명식(百家爭鳴式) '분산형 구조'를 이루고 있기 때문이다.

〈표 4-3〉 각 부처·기구별 재외동포 관련업무 현황(2010.1 현재)

구분	담당부서	관련 업무	비고
헌법		-국가는 법률이 정하는 바에 의하여 재외국민을 보호할 의무를 진다	-헌법 제2조②
대통령	대통령실	-정무수석비서관실 -사회통합수석비서관실 -외교안보수석비서관실 -국민통합 특별보좌관	-대통령실 직제
	민주평화통일자문위원회 사무처	-각 지역에서 민족의 통일의지를 대변할 수 있는 재외동포 대표를 자문위원에 위촉 -북미주·구주·일본·동남아·대양주·중남미 등 해외 42개 지역협의회 구성(제15기): 평화통일 논의 선도역할 수행, 대한민국의 통일정책에 대한 국제사회의 지지기반 확산, 재외동포사회의 통일 기반 조성, 주재국 국민과의 우호증진을 위한 활동, 기타 재외동포 화합과 조국발전에 기여	-민주평화통일자문회의법(제10조) -자문회의법(제29조)·시행령(제25조) -해외협의회운영규정 제3조(기능)
	국가정보원	-국가안전보장 관련 정보·보안 및 범죄수사 사무 담당하기 위해 대통령 소속으로 국가정보원 둔다 -다음 각호의 직무를 수행한다(1. 국외정보 및 국내보안정보의 수집·작성 및 배포 … 4. 정보 및 보안업무의 기획·조정) -국가안전보장 관련 국내외정보를 수집·평가하여 이를 국가안전보장회의에 보고·심의 -대통령경호안전대책 활동(6국장: 행사참관 해외동포 입국자에 대한 동향파악 및 보안조치)	-정부조직법(제15조①) -국가정보원법(제3조①) -국가안전보장회의법(제10조) -대통령경호안전대책위원회 규정(제2조, 제4조)

대통령	국가경쟁력 강화위원회	-대통령 자문기구(해외우수인력 유치 위해 제한적 이중국적 허용 검토: 해외입양아, 국제결혼자 등) -외국인직접투자유치 방안	-국가경쟁력강화위원회 규정
	미래기획위원회	-대통령 자문기구(미래사회전망 및 이에 기초한 사회통합과 안전, 인구, 환경, 교육, 문화, 에너지, 식량, 수자원, 건강, 정보통신과 미디어, 우주개발 등 미래생활과 관련된 총체적 국가비전 및 전략의 수립) -한식세계화, 한류대책	-미래기획위원회 규정 -미래기획단의구성및 운영에관한규정
		-원로회의는 해외동포에게 특별히 자문하기 위해 국가발전에 기여한 해외동포를 명예위원으로 둘 수 있다. -명예위원은 대통령이 위촉하되, 그 수는 50명 이내로 한다.	-국민원로회의 규정 (제4조①, ②)
국무총리	재외동포 정책위원회	-국무총리(위원장) 소속하에 재외동포정책위원회 둔다 -국정운영실장(정책위원회 간사) -국무차장(정책실무위원회 위원장)	-재외동포정책위원회 규정(제1조) -규정(제3조③) -규정(제9조④)
	외국인정책위원회	-국무총리(위원장) 소속하에 외국인정책위원회 설치 -외국인정책에 관한 기본방향과 추진계획의 수립, 대한민국에 체류하고 있는 외국인의 권익 증진 및 사회통합, 외국인정책에 관한 부처간 협의 또는 협조·조정이 필요한 사항 등	-외국인정책위원회 규정
	국외소재한인유산관리추진위원회	-국외 소재한 한인의 유산을 체계적으로 보존·관리하기 위한 관련 부처의 사업과 사업계획을 심의·조정(위원장 국무조정실장)	-국외소재 한인유산 관리추진위원회 규정 (제1조, 제2조, 제4조, 제9조)
	국가보훈처	-국가유공자와 그 유족 보훈, 국외거주 독립유공자 유족 영구귀국지원	-국가보훈기본법
행정 안전부	-읍·면장 -특별·광역시장 또는 도지사 및 위임받은 자	-해외이민자 주민등록 정리, 해외이주포기자의 주민등록 -국내거소신고 재외동포의 인감신고·신청, 인감대장 이송(인감증명법 시행령 제3조, 제5조의3) -자동차등록 변경신청 업무(자동차등록령 제22조)	-주민등록법 시행령 여권법·해외이주법
	경찰청	-외국면허증소지자 중 국내거소신고한 재외동포에게운전면허시험 일부면제 -신원조사(국가보안을 위하여 국가에 대한 충성심·성실성 및 신뢰성을 조사하기 위하여 신원조사를 행한다. … 해외여행을 하고자 하는자, 입국하는 교포를 포함한다)	도로교통법(제84조①) ·시행령(제52조②) -보안업무규정(제31조①, ②③)

		-외사국장(재외국민 및 외국인에 관련된 신원조사) -외사국 외사기획과장(재외국민 및 외국인에 관련된 신원조사)	-경찰청과 그 소속기관 직제(제15조의2②) -직제 시행규칙(제12조의2③)
	소방방재청	-국외 화재, 재난, 재해 그밖의 위급상황 발생시 재외국민보호 위해 국제구조대 편성·운영	-소방기본법(제34조②)
	이북5도위원회	-해외이북도민의 효율적 관리 및 지원 -국외이북도민 고향방문단 초청(연 1회)	-이북5도에관한특별조치법 -이북5도위원회 규정
외교 통상부	법률	-재외동포정책 수립, 재외국민보호·지원 사무관장 -재외동포재단 설립(재외동포사회지원) -외국거주·체류 국민의 등록, 재외국민 현황파악 국내외 활동 편익증진, 행정사무 적절 처리, 재외국민보호정책 수립에 이바지(재외국민등록부 관리) -외무공무원 임무(대외적으로 국가이익 보호·신장, 외국과의 우호·경제·문화관계 증진, 재외국민보호·육성) -재외국민 여권발급 등 거부제한 등 해제, 여권사용 허가 -국내 2년 이상 체류하는 외국인배우자 및 국제입양인 & 3년 이상 국외거주 재외국민이 국내유학시 국내체류기간 연장 -개발도상국가에서 대한민국의 국익과 재외국민의 후생복지 증진시키는데 이바지 -재외국민 가족관계등록 -재외국민단체 또는 재외국민에게 보조금 교부	-정부조직법(제25조) -재외동포재단법·시행령·시행규칙 -재외국민등록법·시행령·시행규칙 -외무공무원법(제5조) -여권법시행령(제26조, 제29조) -여권법시행규칙(제9조4, 5) -국제협력요원에 관한 법률(제1조) -재외국민의가족관계등록창설, 가족관계등록부정및가족관계등록부정리에관한특례법 -재외국민보조금교부규정·시행규칙
	조직	-제2차관(국제기구국·정책기획국·개발협력국·조약국·문화외교국·재외동포영사국 소관업무 관하여 장관 보조) -재외동포영사대사(재외동포에 관한 정책, 재외국민보호 및 영사서비스 개선 관련사항에 관하여 제2차관 보좌) -재외동포영사국장(재외국민보호지원에 관한 외교정책의 수립시행 및 총괄조정, 재외동포육성에 관한 외교정책의 수립시행 및 총괄조정, 재외동포 및 재외동포단체육성을 위한 지원사업, 세계한인의 날 관련 업무, 재외동포재단에 대한 지도감독, 재외동포정책실무위원회 운영, 국외한인유산관리사항, 해외이주신고·해외이주알선업 등록 및 지도감독업무, 재외국민등록 업무, 재외국민의 국적 가족관계등록 및 병사에 관한 업무, 재외난민구호)	-외교통상부와 그 소속기관 직제(제3조) -직제(제5조③) -직제(제13조②) -직제(제25조③) -직제(제25④)

외교 통상부	조직	-심의관(재외동포지원, 재외국민보호 및 영사정책의 조정업무 및 국장이 지정하는 업무에 관하여 국장 보좌) -재외동포과・재외국민보호과・영사서비스과・여권과	-외교통상부와 그 소속기관 직제(제3조) -직제(제5조③) -직제(제13조②) -직제(제25조③) -직제(제25④)
	재외동포재단 (산하기관)	-재외동포사회 지원전담기구 역할	-재외동포재단법
	국제교류재단 (산하기관)	-국제사회에서 한국의 위상을 제고하고 민족적 유대감을 고취하기 위한 재외동포 관련 단체의 활동에 대한 지원 -재외동포재단 사업에 대한 출연 또는 보조	-국제교류재단법(제6조, 제13조)
법무부	법률	-외국국적동포의 입국・체류・취업자격부여에 대한 정책 수립・시행 및 총괄・조정, 재외동포에 대한 법률상담 등 법률지원 사항, 외국국적동포의 국내정착지원 사항, 재외동포의 국내거소신고 사항, 외국국적동포의 국내체류실태조사・연구 및 자료발간, 재외국민의 출입국・체류지원 등 -재외동포 거소신고 사항 -재외동포(F-4 비자)의 취업과 체류자격 -재외공관에 재외국민의 출생・혼인・사망 신고, 재외국민의 개명신고	-재외동포법 (제1조, 제5조, 제6조, 제10조, 제12조, 제14조)・시행령(제4조, 제7조) -출입국관리법시행령(제23조) -가족관계의 등록 등에 관한 법률(제34조, 제99조)
	조직	-출입국외국인정책본부장(출입국관리행정 종합계획 수립・시행, 외국국적동포 입국・체류・취업자격부여 정책수립・시행 및 총괄・조정, 재외동포 법률상담 등 법률지원 사항, 외국국적동포 국내정착지원 사항, 재외동포 국내거소신고 사항, 외국국적동포 국내체류실태조사・연구 및 자료발간, 재외국민 출입국・체류지원) -출입국정책단장・국적통합정책단장(본부장 보좌) -출입국관리사무소(재외동포 거소신고 등 사항) -출입국행정총괄팀・정책기획평가팀・출입심사팀・체류정책팀・조사집행팀・국적난민팀(국적취득, 국적상실 및 이탈, 이중국적자관리)・사회통합팀・외국적동포팀(외국국적동포의 입국・체류・취업자격 부여에 대한 정책수립・시행 및 총괄・조정, 재외동포 법류상담 등 법률지원, 외국국적동포 국내정착지원, 재외 동포 국내거소신고, 재외동포의 출입국 및 체류심의 조정 위원회 운영, 외국국적동포의 국내체류실태조사・연구 및 자료발간)・국제이민협력팀(재외국민의 출입국・체류지원)・정보분석팀	-법무부와 그 소속기관 직제(제13조③) -직제(제13조④,⑤) -직제(제48조①) -직제 시행규칙(제9조②)

법무부	기본법 및 법률	-국가는 국어를 배우고자 하는 외국인과 재외동포를 위하여 교육과정과 교재를 개발하고 전문가를 양성하는 등 국어의 보급에 필요한 사업을 시행하여야 한다 -한국어교원 자격 부여(1급, 2급, 3급) -국민의 독서증진활동을 위하여 우수 정기간행물 구입 & 재외동포교육시설 등에 배포할 수 있다	-국어기본법(제19조①) -시행령(제13조①) -잡지등정기간행물의 진흥에관한법률(제13조)
문화체육관광부	조직	-문화정책국장(해외동포문화예술인에 대한 지원계획 수립 및 추진) & 문화정책국 국제문화협력과장(국내외 문화예술인 및 해외동포문화예술인 지원계획 수립·추진) -체육국장(전통민속경기 진흥 및 한민족축전 사항) & 체육국 체육진흥과장(전통민속경기 진흥 및 한민족축전 사항)	-문화체육관광부와 그 소속기관직제(제10조②)·시행규칙(제10조⑥) -직제(제17조)·시행규칙(제13조④)
	산하기관 (해외문화홍보원)	-재외동포, 국내기업 해외지사, 유학생 등 민간과의 홍보협력방안을 강구	-국정홍보업무의 강화에 관한 규정(제25조)
	법률	-국가는 외국에 거주하는 동포에게 필요한 학교교육 또는 사회교육을 실시하기 위하여 필요한 시책을 마련하여야 한다 -재외국민 정원외 입학 -재외국민의 학교교육 및 평생교육지원하기 위해 외국에 설립되는 한국학교 등 재외교육기관과 재외교육단체 설립·운영 및 지원(국가는 재외국민이 대한민국 국민의 자긍심을 가지고 생활할 수 있도록 재외국민에 대한 교육을 실시하기 위하여 필요한 지원을 하여야 한다. 한국교육원 설치, 교과서 등 제작·보급, 재외국민의 국내교육, 장학금 지급, 필요할 경우 한민족으로서 외국국적을 취득한 자를 교육지원대상 범위에 포함)	-교육기본법(제29조②) -고등교육법시행령(제28조②2, 7) -재외국민의 교육지원 등에 관한 법률(제1조, 제3조, 제28조, 제35조, 제36조, 제37조, 제38조)·시행령·시행규칙
교육과학기술부	조직	-국제협력국장(재외동포교육 기본계획수립 및 교육기관의 설치 및 운영, 재외동포·유학생 등 국외인적자원의 개발·활용, 재외동포교육 유관기관 및 단체협력·지원) -국제협력국 재외동포교육과장(재외동포교육 기본정책수립 및 제도개선, 재외동포교육관리시스템 운영, 재외동포·유학생 등 국외인적자원의 개발·활용, 재외동포교육 유관기관 및 단체협력·지원, 재외동포자녀 모국방문지원) -편사부 연구편찬실(재외동포사 연구편찬) -국립국제교육원장(재외국민의 교육, 국외인적자원에 대한 정보관리시스템 구축 및 운영, 대통령영어봉사장학생사업 운영)	-교육과학기술부와 그 소속기관 직제(제18조) -직제시행규칙(제13조⑥) -직제시행규칙(제18조⑤) -직제(제42조1,6,8)

교육과학기술부	국사편찬위원회	-재외동포 관련 사료집과 재외동포사의 편찬 -재외동포 대상 한국사능력 검정	-사료의 수집·편찬 및 한국사의 보급 등에 관한 법률시행령 (제13조, 제16조)
통일부	법률	-재외국민의 외국에서 북한왕래시 통일부장관 또는 재외공관장에게 신고, 국내에서 북한왕래시 방문증명서 소지 -방문증명서 발급신청, 북한왕래신고 절차	-남북교류협력에 관한 법률(제9조⑤,⑥) -시행령(제10조①, 제18조)
지식경제부	조직	-무역투자실장(주한 외국인단체 및 해외한인상공인단체와의 협력 및 지원) -무역투자실 무역진흥과장(해외한인무역네트워크 구축지원), 통상협력정책과장(해외한인상공인단체와의 협력 및 지원) -교민 무역인을 통한 국산품 수출증대문제	-지식경제부와 그 소속기관 직제(제13조③) -직제 시행규칙(제9조④, ⑦)
국토해양부	법률	-재외국민의 송환, 송환비용 부담 및 상환 -국내거소신고 한 재외동포의 청약예금 및 청약부금 가입, 주택공급신청 -해외교민의 국내소유 토지문제 -선원 해외취업, 선박사고 관리, 교민수산업자관리, 해외선원회관 관리	-선원법(제19조)·시행령(제4조) -주택공급에 관한 규칙(제5조의3①, 제9조①)
기획재정부	조직	-국제금융국: 교민재산 국외반출 허용242), 교민 국내투자, 국내송금 업무 -이중과세방지조약에 따른 국가별 세율	
	국세청	-부동산납세관리국 재산세과: 해외이주비 자금출처의 확인 및 재외동포의 재산반출을 위한 부동산 매각자금의 확인	-국세청과 그 소속기관직제 시행규칙(제8조의2④)
보건복지부	법률	-한국청소년단체협의회(남·북청소년 및 해외교포 청소년과의 교류·지원) -국가와 지방자치단체는 교포청소년의 모국방문·문화체험 및 국내청소년과의 교류활동을 지원하고 장려하여야 한다. & 국가는 청소년단체 또는 청소년시설이 주관하는 교포청소년교류활동의 확대·발전을 위하여 행정적·재정적 지원을 할 수 있다. -국내 3개월 이상 거주 재외국민의 국민건강보험 지역가입 -국내거소신고 재외동포, 재외국민의 국민건강보험 적용신고 -국내거소신고한 재외동포장애인에게 장애인자동차등 표지 발급	-청소년기본법(제40조①) -청소년활동진흥법(제56조①, ②) -국민건강보험법시행령(제64조②) -국민건강보험법시행규칙(제45조①) -장애인복지법시행규칙(제26조2)

---

242) <재외동포 재산반출 절차> 재외동포가 본인명의로 보유하고 있는 국내재산(재외동포 자격 취득 후 형성된 재산을 포함)을 국외로 반출하고자 하는 경

보건복지부	조직	-저출산고령사회정책국 요양보험운영과장(사할린 한인지원 사항), 다문화가족과장(혼혈인 관련 사회복지정책 사항) -국립망향의동산관리소(해외동포의 유해안장, 유해안장을 위한 주선 및 합동위령제에 관한 사항, 망향의 동산 안의 수목 및 시설물 등 관리, 국내외 참배성묘객 안내와 성묘객에 대한 모국소개 등 업무 관장) -아동청소년정책실 아동청소년교류과장(교포청소년 및 남·북청소년교류활동 지원)	-보건복지가족부와 그 소속기관 직제(제12⑧, ⑪) -직제(제28조) -직제시행규칙(제14조⑥)
	산하기관 (한국국제보건의료재단)	-재외동포(한민족혈통)에 대한 보건의료지원사업 수행함으로써 국제협력증진과 인도주의실현에 기여 -진료 및 질병예방서비스 등 지원, 관련 원조단체 및 기관 지원, 보건의료서비스 향상을 위한 조사연구 및 제도개발	-재단법(제1조, 제7조)
여성가족부	법률	-국가와 지방자치단체는 국내외에 거주하는 한민족 여성간의 교류와 연대강화를 위하여 노력하여야 한다	-여성발전기본법(제27조③)
	조직	-권익증진국장 & 권익증진국 교류협력과장(cf.세계한민족여성네트워크: 해외한민족여성 연대강화와 여성리더 발굴)	-여성부직제(제9조)·직제시행규칙(제7조⑤)
국방부	병무청	-이중국적자의 병역의무 관리 -재외국민2세의 병역의무 관리(징병검사 등 연기, 국외여행허가의 취소, 출국확인,	-국적법 -병역법시행령(제128조⑤, 제147조의2, 제148조)
제주특별자치도	법률	-무주택 재외동포에게 주택 특별공급	제주특별자치도설치및국제자유도시조성을위한특별법(제166조)

우에는 다음 절차를 따라야 한다. ① 거래외국환은행을 지정한다. ② 재외동포재산반출신청서에 다음과 같이 취득경위 입증서류를 첨부하여 제출한 후 지정거래외국환은행을 통하여 송금한다. i) 부동산 처분대금: 부동산 소재지 관할세무서 발행 부동산매각자금확인서 ii) 예금·증권매각대금·임대보증금 등: 지급누계금액이 10만불을 초과하는 경우 지정거래외국환은행 주소지 관할세무서장이 발행한 전체 금액에 대한 자금출처확인서

진실·화해를위한과거사정리위원회	법률	-위원회는 다음 각호의 사항에 대한 진실을 규명한다. …일제강점기 이후 이 법 시행일까지 우리나라의 주권을 지키고 국력을 신장시키는 등의 해외 동포사	-진실·화해를위한과거사정리기본법 제2조①②(2010.12.31 활동 종료)
금융위원회	법률	-재외국민 실명거래 확인	-금융실명거래 및 비밀보장에 관한 법률시행규칙(제3조1다)
대법원	등기소	-주민등록 없는 재외국민의 부동산등기 등록번호 부여 절차 -재외국민 등록번호 부여변경신청, 등록번호부 비치, 부동산 등기용등록번호증명서 발급	-부동산등기법(제41조의2) -법인 및 재외국민의 부동산등기용등록번호 부여에 관한 규칙(제4조, 제5조, 제5조의2, 제6조, 제7조)
중앙선거관리위원회	조직	-선거국 재외국민선거준비기획단(재외국민선거도 입방안연구 및 입법지원, 재외국민선거 투·개표 방안연구 및 관리준비, 재외국민선거 사무편람·지침 등 작성, 재외국민선거와 관련한 관계부처와의 업무협의, 기타 재외국민선거사무)	-선거관리위원회 사무기구에 관한 규칙(제8조⑥)
한국방송공사	법률	-국가가 필요 하는 대외방송과 사회교육방송(외국거주 한민족 대상으로 민족의 동질성을 증진할 목적) 실시	-방송법(제54① 5)

특히 재외동포정책이 '기능 중심'이 아닌 '대상 중심'의 정책이라는 점을 감안한다면 각 기능을 담당하는 여러 부처들 간에 유기적인 협조는 물론 최우선순위를 정하는 것이 무엇보다 필요하다. 지금 당장 재외동포정책을 국가 최우선정책으로 삼는다거나 관련 부처들마다 제각각인 사업을 하나의 시스템으로 통합·연계하는 것이 쉽지 않더라도 이스라엘이나 인도정부의 선택을 원용하여 독립된 '재외동포 전담기구' 설치 문제도 진지하게 검토할 때가 되었다고 본다.

4. 10대 핵심과제

　세계 각국이 서로 다른 재외동포정책과 조직체계를 유지하는 것은 각국의 재외동포들이 처해 있는 역사적·문화적·사회적·교육적 환경이 서로 다르고, 해당 정부당국이 갖고 있는 의지와 가용·동원할 수 있는 정책수단이 서로 다르기 때문이다.
　다음은 2012년 재외국민 참정권을 계기로 대한민국과 재외동포사회의 미래발전을 위해 우리 정부가 반드시 추진해야 할 핵심과제들이다.243)

| 핵심과제 1 | 재외동포사회 미래발전을 위한 중장기 기본계획 수립 |

가. 제안배경

　대한민국이 진정한 재외동포강국이 되려면 (가칭) '재외동포사회 미래발전을 위한 중장기 기본계획'을 하루빨리 수립하여야 한다. 이를 위해서는 전 세계 한인회, 재외공관 등 현지사회의 의견을 최대한 수렴하고, 외교부·법무부·국정원 등 각 정부 부처와 재외동포재단 그리고 재외동포 전문가·NGO 관계자들이 참여하는 '기본계획 수립 TFT'를 구성하여 '중장기 재외동포정책 실행계획'(Action Plan, 2011~2020)의 기틀을 마련해야 한다.

---

243) 『재외동포정책개발 및 재외동포재단 비전설정 연구』 (해외교포문제연구소, 2008) 제출 원고(일부 수정).

나. 필요성

- 재외동포기본법이 없는 현실에서 재외동포정책의 기조, 방향 그리고 계획의 내용은 대통령의 강력한 추진의지와 주무부서인 외교부의 정책적 결단에 따라 달라질 수밖에 없다.
- 현재 외교부에서 준비 중인 '재외국민보호법'(정부발의안) 내에 기본적으로 (가칭) '재외동포사회발전을 위한 기본계획' 수립의 법적 근거나 행정적 근거(지침)를 구체적으로 명시해야 한다.
- 전 세계 109개국 155개 재외공관(2009.12 현재)과 117개국 530개 한인회(2007.8 현재)를 적극 활용하여 재외동포사회 관련 기초자료를 수집함으로써 기본계획 수립의 실천의지를 대내외에 천명해야 한다.

다. 기대효과

- 기본계획 수립에 따른 기초자료 수집·가공·분석을 통해 700만 재외동포사회의 실태를 정확히 파악함과 동시에 재외동포사회의 건전 성장을 위한 이론적 토대를 마련한다.
- 거주국 발전에 이바지함은 물론 모국과의 공동번영에 동참할 수 있는 유능한 재외동포 인적자원을 지속적으로 확보함으로써 정부의 국정과제 추진에 실질적인 도움이 된다.
- 모국 중심의 일방적인 재외동포정책 수립에서 탈피하여 현지 재외

동포사회의 수준과 거주국 실정을 충분히 고려한 쌍방향 구조의 재외동포정책 수립으로 재외동포사회의 안정적 정착과 모국과의 유대감 증진의 시너지효과를 추구한다.

| 핵심과제 2 | 재외동포 관련 법 제정 및 해외안전사고 방지대책 강구 |

가. 제안배경

재외동포 관련법 제정을 위한 그동안의 입법부 노력을 높이 평가하고, 이제부터는 행정부 차원에서 재외동포 관련법 제정의 타당성을 직접 조사하여 선진화된 재외동포정책 추진의 기틀을 마련하고, 재외동포사회의 권익신장과 안전사고 방지에 총력을 기울여야 한다.

나. 필요성

- 그동안 입법부내의 법률 제정 움직임은 개별 의원들 간의 정치적 이해득실과 외부의 요구에 따른 법률안 제·개정 추진이 많았던 것으로 평가할 수 있다.
- 현재 외교부가 정부안으로 재외국민의 해외안전사고 방지를 목적으로 하는 재외국민보호법(안)을 준비하고 있는 만큼, 재외동포사회 전반의 발전을 목적으로 하는 재외동포기본법 및 재외동포교육지원법 등 관련법 제정에 대해서도 관심 갖도록 유도할 필요가 있다.

다. 기대효과

☞ 정부가 재외동포 관련법 제정에 적극 나섰다는 사실은 재외동포를 위한 정책의 중요성을 인정하였다는 점뿐만 아니라 모국과 재외동포사회가 동반자로서 현안문제들을 풀어나가야 하는 시대가 점차 도래되고 있음을 의미한다.
☞ 재외국민보호법(안) 등 관련법 입안으로 재외동포사회의 사기진작은 물론 재외국민 안전의 획기적인 개선책 마련이 기대된다.

| 핵심과제 3 | 대통령 주재 '재외동포특별회의'의 정례화 추진 |

가. 제안배경

'재외동포특별회의'는 대통령 주재 하에 전 세계 재외동포 지도자들이 주기적(매년 1회 이상)으로 모여 정부의 주요 정책에 대한 설명을 듣고 재외동포사회가 요구하는 정책의제를 논의하는 쌍방향 의사소통의 자리이다. 이 특별회의가 정례화 된다면 재외동포사회의 실질적 위상을 높일 뿐 아니라 재외동포정책의 추진성과를 지속적으로 모니터링 할 수 있다.

나. 필요성

☞ 재외동포특별회의는 재외동포 각 분야에서 실질적으로 활동하고

있는 재외동포인사들로부터 직접 의견을 수렴하고 대안을 제시받음으로써 정부 정책추진의 효율성을 높이는데 기여할 수 있다.
- 현행 대통령 소속 자문기구인 '국민원로회의'244)가 50명 내외의 해외동포로 구성하도록 되어 있는 '명예회원' 제도를 보다 정교화할 경우, 별도로 만들지 않더라도 충분히 제 기능을 수행할 수 있다.
- 세계한인회장대회는 대표성을 가진 현직 한인회장 중심의 대회[下院]로, 재외동포특별연석회의는 전·현직 한인회장은 물론 각 분야 전문가들이 참여하는 대회[上院]로 각각 차별화함으로써 재외동포의 자율적 참여와 권리보호의 제도적 장치를 마련할 수 있다.
- 재외동포재단으로 하여금 재외동포특별연석회의 사무국 역할을 담당케 함으로써 재단의 위상 제고와 함께 의견수렴 창구로서의 기능도 기대할 수 있다.

다. 기대효과

- 모국에서 개최되는 재외동포특별회의의 수준을 세계유태인회의(WJC) 수준으로 끌어 올려 전 세계 한인동포들의 권익보호와 모

---

244) 국민원로회의 규정(타법개정 2010.8.13 대통령령 제22340호) 제2조(기능) 국민원로회의(이하 "원로회의"라 한다)는 다음 각 호의 사항에 관하여 대통령의 자문에 응한다. 1. 정치·경제·사회·문화·외교안보 등 주요 국가정책에 관한 사항 2. 국민생활과 관련된 국가적 현안에 대한 여론청취 및 전달에 관한 사항 3. 3·1절, 광복절 등 범국민적인 국가행사에 관한 사항 4. 건국60년기념사업 지원 등에 관한 사항 5. 그 밖에 원로회의의 기능과 관련하여 원로회의의 의장이 정하는 사항

국의 현안문제 해결을 위한 대변기구로 키워나간다.
- 재외동포특별연석회의가 활성화됨으로써 재외동포의 참여의식이 제고되며, 재외동포 상호간에 네트워크가 구축되어 재외동포사회 발전이 보다 구체화된다.
- 재외동포 개인들의 리더십과 역량 개발은 물론 정부 정책변화에 대한 지속적인 관심과 전문성을 유지한다.
- 전 세계 재외동포사회의 관심사를 공유하게 됨으로써 동포 상호간의 동질감 형성에 기여한다.

핵심과제 4	재외동포정책위원회 등 전담부처의 정책의지 강화

가. 제안배경

재외동포의 민족자산화와 글로벌 코리아 실현을 위해서는 독립적인 재외동포정책의 수립·추진이 가능하고, 타 부처 재외동포 관련 업무를 총괄·조정하기 위해서는 재외동포정책 심의·조정의 최고기구인 재외동포위원회(위원장 국무총리)와 정책수립 전담부처인 외교부의 정책의지가 그 어느 때보다 중요시 된다.

나. 필요성

- 체계적인 재외동포정책 추진을 위한 독립부처의 설립 주장은 세계한인회장대회 개최 때마다 제기되고 있다.

☞ 민족과 국가발전의 핵심자원으로 부각되고 있는 700만 재외동포와 관련된 정책과제를 정부의 주요국정과제로 격상·편입시키느냐 못 시키느냐는 것은 외교부에게만 기대할 일이 아니다.
☞ 그동안 지적되어 온 재외동포 관련사업의 비효율성·중복성·비일관성을 해소하고, 사기진작과 모국과의 유대감 강화 및 모국 투자·방문을 활성화시킬 새로운 대책 마련이 시급하다.

다. 기대효과

☞ 종합적인 재외동포정책 추진체계 수립과 함께 통합적인 동포지원체계 구축으로 재외동포사회의 현지 역량개발과 모국발전 기여를 독려함으로써 대한민국을 선진화하고 글로벌 코리아로 성장시키는 데 크게 일조한다.
☞ 중장기적으로는 자국 재외동포의 중요성을 인식하고 재외동포를 전담하는 정부 부처를 설치하고 있는 외국의 사례(인도의 재외인도인부, 대만의 외교교민부 구상안)를 연구·검토하다(예: 교민처·청 또는 재외동포부).

| 핵심과제 5 | 재외동포사회 현지조사 및 연구분석 역량 강화 |

가. 제안배경

재외동포사회의 발전을 저해하는 여러 가지 환경들을 개선하기 위해서는 재외동포사회의 현지조사(인구통계 포함) 및 분석기능이 최우선적으로 뒷받침되어야 한다. 특히 국가안보 위협요소를 비롯하여 현지정착, 노인복지, 차세대육성, 소외지역 활성화 등 그동안 정확히 파악할 수 없었던 내용들을 본격적으로 조사·연구함으로써 재외동포사회 발전의 기반을 구축해나가야 한다.

나. 필요성

☞ 거주국 내에서의 안정적 정착에 방해가 되는 제반 요소들이 무엇인지 사전에 파악함으로써 주류사회 진출과 모국과의 교류·협력 속도를 가속화할 수 있다.
☞ 정체성 위기를 겪고 있거나 현지 정착에 어려움을 겪고 있는 동포들의 심리적, 경제적 상태를 조사하여 정부 정책수립과 지원사업 개발에 적극 활용할 수 있다.
☞ 재외동포사회의 현안사항과 숙원사항을 분리함으로써 정책과 지원사업의 우선순위를 정할 수 있다.
☞ 사실상의 준정부(semi-official) 기구에 해당하는 재일민단과 재일조총련의 역할과 역학관계를 조사함으로써 재외동포단체연구의 기본 틀을 제시할 수 있다.

다. 기대효과

☞ 재외동포 권익신장에 방해가 되는 제반 요소들을 줄여나감으로써

건전한 재외동포사회 조성에 기여하며, 재외동포의 올바른 정체성 함양과 역할 부여를 통해 바람직한 재외동포사회상(像)을 제시한다.
- 재외동포사회의 현지 역량을 키움으로써 공동번영과 네트워크 활성화에 기여한다.
- 국가별·지역별·도시별·연령별 재외동포인구와 동태에 관한 정확한 통계DB를 구축한다.

| 핵심과제 6 | 차세대 재외동포인재 육성시스템의 구축 |

가. 제안배경

재외동포사회의 역사가 진전될수록 차세대 재외동포의 수는 늘어나고 있고, 이들의 주류사회 진출속도가 빨라짐에 따라 미래지향적 차세대 육성의 중요성이 널리 공감대를 얻고 있다. 따라서 범정부 차원의 차세대 육성시스템을 가동하여 정체성 위기를 겪고 있거나 모국의 지원을 필요로 하는 이들에게 도움의 손길을 내밀어야 한다. 특히 다양한 국적과 문화와 성장배경을 갖고 있는 차세대 동포들과 국내 또래집단 간의 자연스러운 교류를 활성화하기 위해서는 사전 연구와 동질성 회복 노력이 철저하게 이뤄져야 한다.[245]

---

245) "민단사회의 젊은 2세 지도자들을 훌륭하게 양성하는데 각별한 관심을 가져달라는 것입니다"(1982.11.24, 전두환); "우리는 동포 2·3세에 대한 민족교육에 더욱 많은 관심을 기울여야 합니다."(1996.7.5, 김영삼)

나. 필요성

- 재외동포재단에서 주관하는 차세대지도자포럼의 성과를 적극 반영하여 이민1세대 중심의 세계한인회장대회에 버금가는 (가칭) '세계한인차세대대회' 개최를 추진함으로써 차세대 재외동포들의 위상을 정립할 필요가 있다.
- 정부 각 부처 및 유관기관들과 협조하여 차세대 재외동포 육성시스템을 범정부차원에서 시범 가동함으로써 차세대 재외동포사업과의 연계 및 시너지효과를 극대화해야 한다.
- 정체성의 위기를 겪고 있거나 주류사회 진출에 도움이 필요한 차세대들에게 모국의 지속적인 관심과 여러 대안 프로그램을 제공함으로써 모국과의 유대감을 증진해야 한다.
- 한국의 해외유학생(2010년 4월 현재 251,887명. 2006년 4월 현재 190,364명)[246]과 해외거주 동포 차세대들 간에 유기적인 네트워크가 구축될 경우, 상호간에 공감대형성과 정보교류가 자연스럽게 이루어진다.

---

246) 「2010년도 국외 한국인유학생 통계」(교육과학기술부, 2011.3.24) 참조.

연도	미국	중국	영국	호주	일본	캐나다	뉴질랜드	필리핀	기타	계
2009	69,124	66,806	17,031	18,150	18,862	15,971	10,992	2,653	21,365	
비율(%)	28.7	27.7	7.1	7.5	7.8	6.6	4.6	1.1	8.9	100.0
2010	75,065	64,232	17,275	17,829	27,965	14,104	10,992	2,653	21,772	
비율(%)	29.8	25.5	6.9	7.1	11.1	5.6	4.4	1.1	8.6	100.0

다. 기대효과

- 차세대 재외동포인재에 대한 관심과 지원이 체계적으로 이루어짐으로써 각 부처·기관간의 중복투자가 최소화되고, 지원이 필요한 차세대인재들에게는 신속하고 적합한 서비스가 제공된다.
- 정체성 위기 극복에 일조함은 물론 모국에 대한 정확한 정보를 제공하고 모국문화를 체험케 함으로써 거주국에서 존경받을 뿐 아니라 모국발전에 필요한 인적자원으로 키워나간다.
- 한인으로서의 자긍심과 올바른 정체성을 통해 향후 모국발전을 위한 국제적 협력과 지원세력으로서 기여하는 방안을 스스로 모색한다.
- 이민 1세대들의 네트워크에 뒤지지 않는 차세대 인적 네트워크 활성화를 통해 한민족공동체 형성의 주역으로 등장한다. 국내 차세대들과 재외동포 차세대들간의 동포의식 함양과 다양한 상호교류를 통해 차세대 한인벨트의 구축도 유도한다.

| 핵심과제 7 | 정부 재외동포정책에 대한 만족도 제고 |

가. 제안배경

모국발전에 재외동포들의 기여를 적극 유도하기 위해서는 무엇보다도 정부의 재외동포정책에 대한 만족도를 제고하는 것이 급선무이다. 현재 많은 수의 재외동포들은 정부의 재외동포정책에 대해 비판적인 태도를 갖고 있다. 이는 정부의 재외동포정책이 궁극적으로 무엇을 지양하는지, 핵심가치는 무엇인지, 일관성과 신뢰도는 어느 정도인지가 재외동포들에게 제대로 전달되지 않고 있음을 의미하므로 재외동포들의 의구심을 풀어주는 노력이 절대적으로 요청된다.

나. 필요성

- 재외동포들의 재외동포정책에 대한 만족도를 지속적으로 조사함으로써 정책과 현장간의 시각차를 해소해야 한다.
- 민간부문과 달리 공공부문에 해당하는 재외동포정책에 대한 만족도는 재외동포정책의 궁극적인 목적을 달성하는데 어느 정도 기여하였는가를 파악하는 것이므로 현재 재외동포들이 어떤 생각과 반응을 보이는가는 매우 중요하다.
- 민족적 유대감 유지에의 기여, 거주국내 안정적 정착에의 기여, 모국발전 및 호혜발전에의 기여, 재외동포사회의 요구수용 여부 등을 종합적으로 평가함으로써 모국발전에 대한 재외동포 참여의지를 독려해야 한다.

다. 기대효과

- 재외동포정책 만족도를 제고할 경우, 모국에 대한 관심과 지지 그리고 투자의욕 등을 활성화 하는데 많은 도움이 될 것이다.
- 만족도 조사를 통해 정부의 정책추진 및 지원사업의 성패를 즉각

파악함으로써 모국과 재외동포사회 상호간의 제 역할 찾기가 가능해질 것이다.
☞ 재외동포정책의 실천거점을 모국중심에서 현지 거주국 중심으로 확대하는 계기가 될 것이다.

| 핵심과제 8 | 해외거점 유망 포스트 100개 도시 선정 |

가. 제안배경

2003년 1만 명 이하로 감소된 이후 해외이주인구가 해가 갈수록 급감하다 2010년 899명으로 곤두박질쳤다. 이에 반해 역이민자의 수는 2009년보다 41.8% 증가하여 4,199명에 달하였다. 해외이주의 매력이 상당부분 상실케 된 데에는 이주희망국들의 현지 경기(景氣)가 좋지 않은 점, 우리 경제력과 국력이 여타 선진국과 비교해서 별반 차이가 없다는 점 등이 작용했다는 분석도 가능하지만 이런 단편적 해석만으로는 최근 상황을 충분히 설명하기에 부족하다.

나. 필요성

☞ 미국, 중국, 일본, 러시아·CIS지역 등 재외동포 4대 집중거주지역 가운데 한인인구 5만 명 이상이 거주하는 도시를 선별하여 해외이주 유망 및 적합 여부를 분석해야 한다.
☞ 미국 한인유권자센터(KAVC)가 '2010 미국 인구센서스' 자료를 통

해 조사한 미국내 한인인구 분포에 따르면 20만 명 이상이 1곳(캘리포니아주 로스엔젤레스), 5만 명 이상이 2곳(뉴욕주 퀸즈구역, 뉴저지주 버전카운티) 등 3곳이 최대 한인집거지다.
- 해외이주자가 1천 명당 1명꼴(매년 약 100만 명)인 인구대국 인도와 비교할 때 우리의 경우 5만 명당 1명꼴(매년 약 1천 명)만이 해외이주에 나서고 있다. 이 정도 수준으로는 '핵심인재 확보전쟁'(Talent War) 시대에 경쟁국들과 싸워 절대 이길 수 없다. 선진자본·기술·인재를 지속적으로 확보하기 위한 통로를 얻기 위해서는 최소한 인도의 절반 수준인 2천 명당 1명꼴(매년 25,000명) 정도를 해외로 내보내는 구조를 만들어야 한다.

다. 기대효과

- 전 세계적으로 인구 100만 명 이상 되는 도시의 수가 487개, 인구 1,000만 명 이상 되는 거대도시의 수가 21개나 된다는 점에서 이들 500여 개 도시는 향후 재외동포사회의 잠재적 전략거점의 후보지로 검토 가능하다.
- 2010년 현재 기준으로 재외동포 5만 명 이상 거주 도시를 중심으로 정확한 인구통계가 산출 가능하며, 해당지역 한인커뮤니티를 집중 관리하는 통합시스템이 기대된다.
- 매년 25,000명 이상 해외로 이주하였던 1972년~1989년의 시대상황이 정치적 이유가 크게 작용했다면 앞으로의 해외이주는 문화적·초국가적 이유가 기반이 될 것으로 전망된다.

| 핵심과제 9 | 재외동포사회 발전기금 조성 |

가. 제안배경

현행 재외동포재단의 예산은 국고와 국제교류기금에서 충당되고 있다. 그 규모 또한 미미한 수준이다. 앞서 언급된 '재외동포사회 미래발전을 위한 중장기 기본계획'과 '중장기 실행계획(Action Plan)'도 안정적 예산의 뒷받침이 없으면 무용지물(無用之物)에 불과하다.

나. 필요성

- 재외동포사회 발전기금이 없는 현실에서는 재외동포재단의 기능과 역량강화를 기대하기 곤란하다.
- 외교부를 비롯하여 각 부처에 분산되어 있는 관련 예산을 한 군데로 통합하는 방안이 마련되어야 하며, 이를 위한 법적 근거와 행정적 근거(지침)가 뒷받침되어야 한다.
- 재외동포사업은 정부만이 하는 것이 아니다. 정부를 중심으로 민간분야와 전 세계 재외동포사회가 매칭 펀드 방식으로 동참해야 하며, 이를 위한 상호공감대가 형성되어야 한다.

다. 기대효과

- 그동안의 단기적 사업추진 틀에서 벗어나 중장기적 사업추진 틀로

변화가 가능하며, 특히 재외동포사회 거점 확보와 정체성교육의 지속성을 기대할 수 있다.
☞ 소모성 예산지원이 아닌 생산성 예산지원에 집중함으로써 안정적 정착과 모국과의 유대감 증진에 실질적인 도움이 될 수 있다.
☞ 재원의 출처와 그로 인한 수혜대상이 누구인지가 보다 분명해진다.

핵심과제 10	'재외동포학' 정립 및 기초연구기반 조성

가. 제안배경

새로운 분과학문에 해당하는 '재외동포학'이 제 자리를 잡으려면 기존 학문분야와 학제적으로 협력할 것은 협력하며, 우리 재외동포사회의 발전단계와 미래진로를 설명할 수 있는 이론과 방법론을 제시할 수 있어야 한다. 주변국가나 경쟁관계에 있는 여러 민족집단들과 비교·분석할 수 있는 동향분석, 조사보고, 논문, 저널, 학회, 국제심포지엄 등도 활성화되어야 한다.

나. 필요성

☞ 기존의 다양한 학문분야에서 진행되어온 재외동포 관련 연구를 종합적으로 포괄하는 독립적인 학문영역을 구축하기 위해 다양한 인접학문들과의 느슨한 연대에서 출발하여 점차 '재외동포학'만의 독

특한 문제의식과 그에 걸맞은 연구영역을 지속적으로 확보해나간다.
- 사회적 존재로서의 재외동포 발생현상을 역사적 맥락에서 분석하고 이를 이론화함으로써 학문의 독자성을 확보해나간다.
- 연구방법의 다양화, 현장에 대한 질적 연구 등으로 재외동포연구를 단순 현상기술에서 업그레이드하여 일반이론 정립의 시점을 앞당긴다.

다. 기대효과

- 재외동포 연구자들의 학문적 수준 향상, 활동가들의 사기 진작, 정책결정자들의 시야 확보 등의 효과를 기대할 수 있으며, 인접 학문분야와의 우호적 협력·융합이 가능하다.
- 인접 학문이나 연구자와의 다양한 교류·협력을 도모하며, 재외동포 관련 학문후속세대를 지속적으로 육성하여 우리 학문발전에 일정부문 기여한다.
- 국내외 대학·전문기관들과의 소셜 네트워크(SNS)를 지속적으로 구축하며, 재외동포재단을 재외동포연구의 허브(Hub)이자 재외동포학의 메카(Mecca)로 육성하며, 세계 유수의 기관들과 당당히 겨룰 수 있는 미래형 두뇌집단, 보다 능동적(proactive)이고 창의적(creative)인 전담기구로 탈바꿈시킨다.

결언: 재외동포가 희망이다!

'선진일류국가'의 비전 아래 '중도실용'(中道實用)과 '창조적 실용'을 내건 이명박정부의 국정 슬로건이 '글로벌 코리아'에서 '더 큰 대한민국'[247]으로, 국정철학이 '공정사회'(2010)[248]에서 '공생발전'(2011)[249]으로 옮겨가고 있다. 이처럼 대한민국을 "글로벌 코리아, 세계를 무대로 뛰고 세계로부터 인정받는 선진국가"로 만들 의지가 확고하다면 700만 재외동포를 국가발전과 민족통합의 주역으로 인식하고 정부와 재외동포사회가 국정에 함께 참여하는 거버넌스(governace, 協治)의 정신을 적극 발휘해야 한다.

얼마 전, 한나라당의 싱크탱크인 여의도연구소가 이명박정부의 여러

---

247) 「제64주년 광복절 경축사」(2009.8.15.); 「이명박 대통령 제34차 라디오·인터넷연설」(2010.2.8) '우리는 더 큰 대한민국의 시대를 맞이하게 될 것입니다.'
248) 「제65주년 광복절 경축사」(2010.8.15) '함께 가는 국민. 더 큰 대한민국'; 「이명박 대통령 제59차 라디오·인터넷연설」(2011.2.21) '공정한 사회는 우리가 선진일류국가로 가려면 반드시 거쳐야 할 길입니다.'
249) 「제66주년 광복절 경축사」(2011.8.15) '함께 가는 공생발전, 더 큰 대한민국'

국정과제들 중에서 "재외동포정책위원회(위원장 국무총리)의 기능을 강화하고 조직·예산을 지속적으로 확충하기로 한 것은 긍정적으로 평가"[250]한바 있다. 그러나 그 내용을 자세히 들여다보면 아직 가야 할 길이 한참 멀기만 하다. 특히 2011년 1월 1일자로 '복수국적'(Multiple Nationality)시대가 열렸지만 이를 희망하는 대다수 재외동포들에게는 여전히 '그림의 떡'이며, 2012년 4월과 12월 '재외국민 참정권'(Political Participation of External Citizens)이 실제 행사됨에도 불구하고 아직까지 '재외국민보호법' 제정과 관련된 정부입법안은 18대 국회에 제출되지 않고 있다. 제15대 국회 이후 재외동포정책 논의의 핵심이었던 '재외동포기본법' 제정이나 '전담기구' 신설문제는 아예 뒷전으로 밀려나 있는 형국이다.

세간의 관심은 제19대 국회의원선거(2012.4.11)와 제18대 대통령선거(2012.12.19)에서 240만 해외거주 성인 재외국민들에게 국회의원과 대통령을 뽑을 수 있는 투표권이 부여되면서 얼마나 많은 수의 재외국민이 실제 투표에 참여할는지에 쏠려 있다. 우리 사회 일각에서는 국민으로서의 의무를 다하지 않는 일부 재외국민들에게까지 투표권을 부여하거나 국정의 중요사항들에 대한 '캐스팅 보터'(casting voter)로서의 역할을 허용하는데 대해 반대여론이 만만치 않다. 게다가 재외동포사회를 현지 시민권자(외국국적자)와 영주권자(한국국적자)로 분열시킨다는 주장은 어제 오늘의 지적이 아니다. 재외국민 참정권이 해외이주 목적으로 이 땅을 떠난 이민자들에게 현지정착이나 정치·경제적 역량 신장

---

250) 여의도연구소, 『여연정책자료집: 이명박정부 국정과제 보완방향』(2009.3), 146쪽.

을 유도하기보다 국내정치나 정국변화에 사로잡히거나 민감하게 만드는 역효과를 낳을 수도 있다는 지적은 투표권 행사 이후 불어올 후폭풍의 강도가 어떨지 짐작하기에 충분하다.

그러나 이번 복수국적과 재외국민참정권은 1980년에 제정된 제8차 개정 헌법에 '재외국민보호' 조항이 포함된 것 이상의 의미를 갖고 있다. 복수국적 허용으로 1세대 해외두뇌 유지는 물론 차세대 글로벌인재 확보의 현지 교두보를 마련한다는 점에서 글로벌 코리안 인재네트워크의 실현을 앞당길 수 있을 것이며, 재외국민의 국정참여가 점차 제도화되고, 재외동포사회의 표심(票心)이 결집될수록 한국정치·사회 변화에 미치는 영향력 또한 지속적으로 증대될 것이기 때문이다.

따라서 정부와 여·야 그리고 재외동포학계는 재외동포의 실제 삶에 긍정적인 변화와 공동번영에 필수적인 선진정책과 해외 우수사례가 무엇인지를 철저하게 파악할 필요가 있다. 재외국민보호·지원과 재외동포정책 수립의 주무부처인 외교부와 동포지원 전담부서인 재외동포재단은 심기일전하여 1천만 재외동포시대와 21세기 미래한국의 위상에 부합되는 새로운 재외동포사업 수행을 위한 대대적인 혁신에 착수해야 한다. 재외동포재단(1997.10.30) 설립과 '세계한인의 날'(2007.10.5) 제정으로 마치 할 일 다 한 것으로 착각하거나 '거주국 내 안정정착'과 '모국과의 유대강화' 중에서 우선순위가 무엇인지 분명히 해야 한다. 정부의 정책목표와 정책수단이 전면 재조정되어야 하며, 재외동포재단의 설립목적과 사업범위까지도 재검토하되 재단법과 법인 정관에 나타난 고유목적 외에 재외국민사회와 쌍방향 네트워크 하는 전문기관으로서의 위상을 주도적으로 확보해나가야 한다. 재외동포정책위원회(국무총리)-

외교통상부-재외동포재단으로 이어지는 현행 재외동포정책과 지원사업의 기본축도 원점(zero base)에서 재점검하되 재외동포사회의 역사성과 현재성 그리고 미래를 충분히 고려한 다음 관련 정책들과 사업들을 입안하며, 재외동포가 모국발전에 자발적으로 참여할 수 있는 다양한 사기진작방안들을 개발해야 한다. 재외동포에 대한 기본이념과 철학을 재정비하고, 재외동포의 존재이유와 활용가치를 분명히 밝혀야 한다.

<그림 4-1> 희망 프로젝트: New Vision 2011~2020

이제 주사위는 던져졌다. 재외동포는 더 이상 역사의 짐도 아니고 과거사의 망령(妄靈)도 아니다. 우리와 동시대를 살고 있는 현실적 존재이자 우리의 진로를 예비하는 첨병(尖兵)이자 글로벌사회가 요구하는 최강의 경쟁력을 지닌 미래지향적 존재들이다. 우리 모두 재외국민 참정권시대와 복수국적시대를 맞아 300만 재외국민사회와 400만 외국국적 동포사회의 무한한 잠재력과 글로벌역량의 파워를 재평가함으로써 대한민국의 발전과 한민족 번영의 기틀을 더욱 공고히 다져나가야 한다.

부록

1. 국내 주요 정당의 재외동포 정강·정책 비교(2011)

한나라당251)	민주당252)	친박연대253)
제16조(실용주의 외교의 추구) 한반도의 안정과 국익실현을 위한 실용주의 외교를 추구한다. 동맹 및 우방을 비롯한 이웃나라와의 협력·신뢰관계를 구축, 한반도와 아시아태평양 지역의 평화정착을 도모한다. 국가경제의 발전과 세계화를 위해 WTO(DDA)·FTA 등과 같은 국제통상협상협정에 적극 준비·대응함으로써 소외계층의 피해를 최소화하되, 해외시장 확대 등 국익의 극대화를 도모한다. 평화통일과 경제발전에 보탬이 될 수 있도록 재외동포들의 안정적인 생활과 한민족 정체성 유지를 위한 지원노력을 통해 한민족 네트워크를 강화한다.	6. 국제사회에서의 중심 역할과 재외동포 지원: 우리는 민주주의, 평화, 인권, 빈곤퇴치 등 인류의 보편적인 가치 신장을 위한 범세계적 협력에 앞장선다. 국제연합(UN) 등 국제기구에서 우리의 역할을 확대하고, 제3세계 국가들에 대한 지원을 확대함으로써 국제사회에서 존경받는 국가로 발돋움한다. 700만 재외동포들이 민족정체성을 유지하며 거주국 사회에서 존경받는 구성원으로 생활할 수 있도록 적극 지원한다. 23. 외국인 근로자 등 소수자의 권리보장: 우리는 외국인 근로자, 재외동포, 탈북정착 주민들이 문화·언어 장벽을 극복할 수 있도록 사회통합에 힘쓰고, 인간다운 삶의 질을 보장받고 생활할 수 있도록 지원한다. 다문화가족의 사회통합과 다문화가정의 아동이 차별받지 않고 성장하도록 지원한다.	인권과 민주주의: 친박연합은 민주공화국의 정치적 기본질서를 철저하게 실현한다. 민주사회의 토대는 자유롭고 자주적인 개인이다. 우리는 우리 자신의 자유를 위해서만이 아니라 민주공화국의 기본질서를 위협하거나 다른 사람의 기본권을 해치지 않는 한, 정치적 경쟁자와 반대자를 포함한 만인의 자유를 실현하기 위해 노력한다. 장애우의 교육과 취업 기회를 확대하고 이동권을 비롯한 삶의 기본권을 보장할 의무가 국가에 있다고 믿으며 우리 당은 이를 실현하기 위해 노력하며 정치적 경제적 난민을 보호하는 인도주의적 사명을 충실하게 이행한다. 친박연합은 해외동포와 외국인 노동자를 포함한 사회적 소수자의 인권을 존중하고 보장하는 모범적 인권국가를 만들 것이다.
미래연합254)		평화민주당255)
제14조(재외동포의 정체성과 한민족공동체 의식 강화) 재외동포의 안전한 생활과 활동을 보호하고, 민족 정체성 유지를 위한 제도적 보완과 국가적 지원체계를 강화한다. 국민의 권리보장을 높여주고 거주국 사회에서 존경받는 구성원으로 생활할 수 있도록 국가가 국제사회 역할을 확대, 지원하고 국가브랜드 가치를 상승시킨다. 국가브랜드 가치상승이 대한민국 국민이라는 자부심과 자긍심을 높여주고 한민족공동체 의식강화로 이어지는 글로벌 중심국가를 건설한다.		12. 한민족공동체 구축 및 재외동포 지원 확대: 해외 한국문화원을 민관협력으로 한류문화 전파의 핵심으로 발전시킨다. 국제문화교류를 위한 NGO를 적극 지원하고, 재외동포 지원을 확대하여 한민족네트워크를 구축한다.

2. 지역별·국가별 재외동포 현황(2010)

지역	국가명	재외국민			재외국민 소계	시민권자	재외동포 총계
		영주권자	일반체류자	유학생			
일본	일본	461,627	96,146	20,362	578,135	326,671	904,806
중국	중국	4,161	307,142	57,723	369,026	2,335,968	2,704,994
기타 아주	네팔	0	569	5	574	0	574
	뉴질랜드	8,436	5,739	6,319	20,494	7,926	28,420
	대만	283	2,579	686	3,548	420	3,968
	동티모르	0	57	0	57	0	57
	라오스	0	685	148	833	0	833
	마샬군도	0	21	5	26	19	45
	마이크로네시아	0	45	2	47	0	47
	말레이시아	38	11,628	2,737	14,403	6	14,409
	몰디브	0	19	0	19	0	19
	몽골	0	2,124	114	2,238	0	2,238
	미얀마	0	1,394	14	1,408	0	1,408
	바누아투	0	56	0	56	1	57
	방글라데시	0	901	194	1,095	0	1,095
	베트남	0	81,126	2,512	83,638	2	83,640
	부탄	0	2	5	7	0	7
	브루나이	4	108	3	115	5	120
	솔로몬군도	0	18	0	18	13	31
	스리랑카	0	738	210	948	0	948
	싱가포르	1,878	12,133	2,533	16,544	106	16,650
	아프가니스탄	0	135	0	135	0	135
	오스트레일리아	42,741	26,111	33,556	102,408	29,879	132,287
	인도	0	6,526	3,334	9,860	27	9,887

---

251) 제정 1997.11.21, 개정 2003.6.26, 2004.3.23, 전면개정 2006.1.9.
252) 제정 2008.2.17, 전면개정 2008.7.6, 개정 2010.10.3.
253) 제정 2006.4.19.
254) 제정 2010.4.18.
255) 제정 2010.4.18.

기타 아주	인도네시아	211	35,549	279	36,039	256	36,295
	캄보디아	0	4,182	78	4,260	5	4,265
	키리바스	0	1	0	1	0	1
	태국	114	16,833	500	17,447	53	17,500
	통가	1	17	8	26	1	27
	파키스탄	1	599	5	605	3	608
	파푸아뉴기니	0	198	0	198	14	212
	팔라우	0	75	29	104	0	104
	피지	0	373	407	780	121	901
	필리핀	757	66,304	29,545	96,606	26	96,632
북미	미국	464,154	512,938	105,616	1,082,708	1,094,290	2,176,998
	캐나다	85,951	22,084	20,791	128,826	102,666	231,492
남미	가이아나	0	0	0	0	1	1
	과테말라	3,101	9,765	52	12,918	0	12,918
	니카라과	184	363	3	550	0	550
	도미니카	132	314	6	452	2	454
	멕시코	1,607	8,929	388	10,924	876	11,800
	바베이도스	0	1	0	1	0	1
	베네수엘라	168	95	1	264	29	293
	벨리즈	34	0	0	34	3	37
	볼리비아	577	5	45	627	44	671
	브라질	23,794	1,876	149	25,819	24,954	50,773
	세인트루시아	5	1	0	6	1	7
	수리남	21	30	0	51	12	63
	아르헨티나	14,340	590	4	14,934	7,420	22,354
	아이티공화국	62	63	0	125	0	125
	에콰도르	1,115	178	4	1,297	3	1,300
	엘살바도르	60	172	0	232	17	249
	온두라스	0	271	0	271	13	284
	우루과이	87	58	0	145	24	169
	자메이카	0	122	0	122	2	124
	칠레	2,336	119	7	2,462	48	2,510
	코스타리카	235	237	22	494	26	520
	콜롬비아	378	469	35	882	3	885

남미	트리니다드 토바고	14	57	0	71	1	72
	파나마	64	225	5	294	16	310
	파라과이	1,641	49	16	4,706	499	5,205
	페루	342	909	30	1,281	24	1,305
구주	그리스	6	253	8	267	54	321
	네덜란드	614	796	253	1,663	108	1,771
	노르웨이	144	193	55	392	213	605
	덴마크	43	120	51	214	79	293
	러시아	253	3,733	1,950	5,936	213,020	218,956
	몰도바	0	6	4	10	116	126
	벨라루스	6	18	54	78	1,265	1,343
	아르메니아	0	8	0	8	350	358
	아제르바이잔	0	147	66	213	6	219
	우즈베키스탄	0	2,150	150	2,300	171,300	173,600
	우크라이나	23	278	41	342	12,711	13,053
	조지아	0	27	5	32	8	40
	카자흐스탄	109	1,716	70	1,895	105,235	107,130
	키르기즈스탄	29	829	73	931	17,299	18,230
	타지키스탄	0	107	1	108	1,632	1,740
	투르크메니스탄	0	284	0	284	600	884
	독일	6,414	11,315	5,975	23,704	7,814	31,518
	라트비아	0	59	0	59	0	59
	루마니아	6	364	93	463	0	463
	룩셈부르크	1	36	3	40	10	50
	리투아니아	8	15	49	72	0	72
	마케도니아	0	9	0	9	0	9
	말타	2	5	153	160	1	161
	모나코	0	4	0	4	0	4
	몬테네그로	3	0	0	3	0	3
	벨기에	200	469	82	751	73	824
	보스니아-헤르체고비나	6	0	0	6	0	6
	불가리아	0	75	27	102	0	102
	사이프러스	0	14	0	14	9	23

구주	산마리노	0	0	0	0	1	1
	세르비아	0	75	4	79	0	79
	스웨덴	0	811	111	922	1,128	2,050
	스위스	349		1,585	1,934	538	2,472
	스페인	2,108	827	216	3,151	929	4,080
	슬로바키아	606	978	3	1,587	0	1,587
	슬로베니아	5	10	10	25	2	27
	아이슬란드	6	0	6	12	4	16
	아일랜드	139	198	669	1,006	62	1,068
	알바니아	1	57	0	58	8	66
	에스토니아	5	3	7	15	0	15
	영국	9,170	14,820	19,000	42,990	3,839	46,829
	오스트리아	248	952	748	1,948	439	2,387
	이탈리아	470	1,538	1,912	3,920	221	4,141
	체코	85	934	312	1,331	1	1,332
	코소보	0	15	0	15	0	15
	크로아티아	7	35	0	42	7	49
	터키	8	2,757	55	2,820	17	2,837
	포르투갈	25	111	15	151	14	165
	폴란드	52	856	248	1,156	0	1,156
	프랑스	2,268	3,305	6,325	11,898	786	12,684
	핀란드	66	145	137	348	24	372
	헝가리	159	857	279	1,295	0	1,295
중동	레바논	1	71	4	76	0	76
	리비아	0	111	0	111	0	111
	모로코	0	367	2	369	0	369
	모리타니아	0	43	0	43	0	43
	바레인	0	278	0	278	4	282
	사우디 아라비아	0	2,713	65	2,778	43	2,821
	수단	0	95	4	99	2	101
	시리아	0	121	41	162	0	162
	아랍에미리트	0	5,579	23	5,602	5	5,607
	예멘	0	86	21	107	5	112
	오만	0	387	81	468	0	468

중동	요르단	0	544	48	592	0	592
	이라크	0	113	0	113	0	113
	이란	0	343	20	363	42	405
	이스라엘	19	505	129	653	12	665
	이집트	0	909	65	974	21	995
	카타르	0	2,067	112	2,179	5	2,184
	쿠웨이트	0	994	6	1,000	0	1,000
	튀니지	0	183	13	196	0	196
아프리카	가나	4	671	12	687	4	691
	가봉	90	1	0	91	2	93
	감비아	0	24	0	24	0	24
	기니	0	64	0	64	0	64
	기니비사우	0	10	0	10	0	10
	나미비아	2	17	0	19	0	19
	나이지리아	0	692	0	692	0	692
	남아프리카공화국	1,227	1,879	954	4,060	126	4,186
	니제르	0	22	4	26	0	26
	라이베리아	0	45	0	45	0	45
	르완다	0	78	10	88	0	88
	마다가스카르	0	156	53	209	0	209
	말라위	39	82	0	121	4	125
	말리	0	28	0	28	0	28
	모리셔스	0	11	0	11	0	11
	모잠비크	4	74	0	78	2	80
	베냉	0	15	0	15	0	15
	보츠와나	133	0	0	133	4	137
	부룬디	0	8	0	8	0	8
	부르키나파소	0	72	0	72	0	72
	세네갈	0	212	0	212	0	212
	세이쉘	0	6	0	6	0	6
	스와질랜드	0	14	0	14	5	19
	시에라리온	0	60	0	60	0	60
	알제리	0	1,181	0	1,181	0	1,181
	앙골라	5	272	0	277	2	279
	에티오피아	0	243	12	255	0	255

아프리카	우간다	0	257	6	263	0	263
	잠비아	23	54	0	77	6	83
	적도기니	5	31	0	36	0	36
	중앙아프리카공화국	0	20	0	20	0	20
	지부티	0	20	0	20	0	20
	짐바브웨	36	73	0	109	3	112
	차드	0	29	0	29	0	29
	카메룬	0	170	4	174	0	174
	케냐	0	762	43	805	28	833
	코모로	0	3	0	3	0	3
	코트디브아르	0	139	0	139	0	139
	콩고공화국	0	25	0	25	0	25
	콩고민주공화국	2	143	0	145	3	148
	탄자니아	0	325	139	464	0	464
	토고	3	84	1	88	0	88
계		1,148,891	1,317,533	329,579	2,796,003	4,472,747	7,268,750

출처: 「국가별 재외동포 현황」(외교통상부, 2010.12 기준)[256]

---

[256] 외교통상부 재외동포영사국 재외동포과: 본 자료는 해외에 주재하는 우리나라 재외공관(대사관, 총영사관, 분관 또는 출장소)에서 작성한 공관별 재외동포현황을 취합, 정리(2010.12월 기준)한 것으로서 주재국의 인구 관련 통계자료, 한인회 등 동포단체 조사자료, 재외국민등록부 등 공관 민원 처리기록 직접조사 등을 근거로 산출한 추산치. 본 자료는 2년에 한 번씩 조사가 이루어지며, 홀수년도 하반기에 업데이트.

3. 재외국민・외국시민권자 인구규모별 현황(2010)

구분		국가명	국가수
재외국민	100만 명 이상 거주	미국(1,082,708)[257]	1
	50만 명 이상 거주	일본(578,135)[258]	1
	10만 명 이상 거주	중국(369,026)[259], 캐나다(102,666)[260], 오스트레일리아(102,408)[261]	3
	5만 명 이상 거주	필리핀(96,606)[262], 베트남(83,638)[263]	2
	2만 명 이상 거주	영국(42,990)[264], 인도네시아(36,039)[265], 브라질(25,819)[266], 독일(23,704)[267], 뉴질랜드(20,494)[268]	5
	1만 명 이상 거주	태국(17,447)[269], 싱가포르(16,544)[270], 아르헨티나(14,934)[271], 말레이시아(14,403)[272], 과테말라(12,918)[273], 프랑스(11,898)[274], 멕시코(10,924)[275]	7

[257] 남가주 183,107(남 91,004, 여 92,103), 텍사스주 102,000(남 54,500, 여 47,500), 뉴욕주 89,500(남 41,300, 여 48,200), 버지니아주 35,993(남 16,722, 여 19,271), 북가주 81,389(남 41,470, 여 39,919), 워싱턴주 80,400(남 41,246, 여 39,154), 뉴저지주 59,000(남 27,250, 여 31,750), 조지아주 45,359(남 22,275, 여 23,084), 일리노이주 26,667(남 12,506, 여 14,161), 펜실바니아주 25,300(남 11,750, 여 13,550), 플로리다주 25,284(남 12,427, 여 12,857), 메릴랜드주 24,851(남 11,539, 여 13,312), 노스캐롤라이나주 19,223(남 9,385, 여 9,838), 콜로라도주 18,056(남 9,230, 여 8,826), 오레곤주 14,344(남 7,358, 여 6,986), 메사츄세츠주 12,899(남 6,184, 여 6,715), 하와이주 11,365(남 4,986, 여 6,379), 미시간주 11,264(남 5,282, 여 5,982), 테네시주 9,535(남 4,654, 여 4,881), 네바다주 8,050(남 4,065, 여 3,985), 아리조나주 7,092(남 3,524, 여 3,568), 알라바마주 7,054(남 3,417, 여 3,637), 오하이오주 6,947(남 3,258, 여 3,689), 미네소타주 6,919(남 3,245, 여 3,674), 커네티컷주 6,300(남 2,900, 여 3,400), 인디아나주 5,747(남 2,695, 여 3,052), 오클라호마주 5,200(남 2,100, 여 3,100) 등 5천 명 이상 거주지는 27곳.

[258] 오사카부 129,992(남 60,660, 여 69,332), 동경도 114,273(남 51,578, 여 62,695), 효고현 53,142(남 25,008, 여 28,134), 아이치현 40,643, 가나가와현 34,233(남 15,234, 여 18,999), 교토부 32,305(남 15,271, 여 17,034), 사이타마현 19,750(남 8,521, 여 11,229), 후쿠오카현 19,087(남 9,093, 여 9,994), 치바현 18,853(남 7,753, 여 11,100), 히로시마현 10,792(남 5,033, 여 5,759), 야마구치현 7,824(남 3,766, 여 4,058), 오카야마현 6,771(남 3,148, 여 3,623), 시즈오카현 6,402(남 2,707, 여 3), 미에현 6,147, 시가현

재외국민	5천 명 이상 거주	인도(9,860), 러시아(5,936), 아랍에미리트(5,602)	3
	2천 명 이상 거주	파라과이(4,706), 캄보디아(4,260), 남아프리카공화국(4,060), 이탈리아(3,920), 대만(3,548), 스페인(3,151), 터키(2,820), 사우디아라비아(2,778), 칠레(2,462), 우즈베키스탄(2,300), 몽골(2,238), 카타르(2,179)	12

5,961(남 2,899, 여 3,062), 이바라키현 5,822(남 2,435, 여 3,387), 기후현 5,598, 홋카이도현 5,359(남 2,651, 여 2,708) 등 5천 명 이상 거주지는 18곳.
259) 북경시 77,600(남 42,500, 여 35,100), 청도시 48,200(남 29,620, 여 18,580), 광동성 43,990(남 25,949, 여 18,041), 천진시 37,800(남 20,700, 여 17,100), 요녕성 33,909(남 16,951, 여 16,951), 위해시 23,100(남 14,240, 여 8,860), 상해시 21,073(남 11,587, 여 9,486), 강소성 15,851(남 8,709, 여 7,142), 연대시 14,600(남 8,960, 여 5,640), 홍콩 13,288(남 5,675, 여 7,613), 길림성 11,575(남 5,786, 여 5,789), 흑룡강성 6,550(남 3,274, 여 3,276) 등 5천 명 이상 거주지는 12곳.
260) 브리티시 콜롬비아주 57,086(남 28,326, 여 28,760), 온타리오주 토론토지역 37,048(남17,270, 여 19,778), 알버타주 11,782(남 5,741, 여 6,041).
261) 뉴 사우스 웨일즈주 54,600(남 24,800, 여 29,800), 퀸즈랜드주 23,100(남 10,511, 여 12,589), 빅토리아주 13,484(남 6,135, 여 7,349), 웨스트 오스트랄리아주 5,249(남 2,388, 여 2,861) 등 5천 명 이상 거주지는 4곳.
262) 세부 16,429, 바기오 8,885, 마닐라 7,403, 퀘존 6,785, 마카티 6,738, 탈락/앙겔레스 6,576, 파식 5,991, 타긱/파라나케 5,981, 카비테 5,812, 안티폴로/파잘 5,600등 5천 명 이상 거주지는 10곳.
263) 호치민시 52,998(남 34,999, 여 17,999), 동나이성 10,000(남 8,000, 여 2,000), 빈즈엉성 8,000(남 6,000, 여 2,000), 하노이시 6,300(남 4,250, 여 2,050) 등 5천 명 이상 거주지는 4곳.
264) 런던 25,077(남 11,916, 여 13,161) 등 5천 명 이상 거주지는 1곳.
265) 자카르타시 13,365(남 17,709, 여 13,365) 등 5천 명 이상 거주지는 1곳.
266) 상파울로주 24,495(남 12,755, 여 11,740) 등 5천 명 이상 거주지는 1곳.
267) 노르트라인-베스트팔렌주 5,816(남 2,471, 여 3,345), 헤센주 5,278(남 2,422, 여 2,856) 등 5천 명 이상 거주지는 2곳.
268) 오클랜드 13,270(남 6,695, 여 6,575여) 등 5천 명 이상 거주지는 1곳.
269) 방콕 13,950(남 8,473, 여 5,477) 등 5천 명 이상 거주지는 1곳.
270) 싱가포르 16,544(남 7,757, 여 8,787) 등 5천 명 이상 거주지는 1곳.
271) 캐피탈 페더럴지역 13,224 등 5천 명 이상 거주지는 1곳.
272) 쿠알라룸푸르 및 인근 12,124(남 5,730, 여 6,394) 등 5천명 이상 거주지는 1곳.
273) 과테말라시 12,880(남 5,490, 여 7,390) 등 5천 명 이상 거주지는 1곳.
274) 파리 및 근교 7,918(남 2,232, 여 5,686) 등 5천 명 이상 거주지는 1곳.
275) 멕시코시 5,943(남 3,202, 여 2,741) 등 5천 명 이상 거주지는 1곳.

재외국민	1천 명 이상 거주	오스트리아(1,948), 스위스(1,934), 카자흐스탄(1,895), 네덜란드(1,663), 슬로바키아(1,587), 미얀마(1,408), 체코(1,331), 에콰도르(1,297), 헝가리(1,295), 페루(1,281), 알제리(1,181), 폴란드(1,156), 방글라데시(1,095), 아일랜드(1,006), 쿠웨이트(1,000)	15
	5백 명 이상 거주	이집트(974), 스리랑카(948), 키르기즈스탄(931), 스웨덴(922), 콜롬비아(882), 라오스(833), 케냐(805), 피지(780), 벨기에(751), 나이지리아(692), 가나(687), 이스라엘(653), 볼리비아(627), 파키스탄(605), 요르단(592), 네팔(574), 니카라과(550)	17
	1백 명 이상 거주	코스타리카(494), 오만(468), 탄자니아(464), 루마니아(463), 도미니카(452), 노르웨이(392), 모로코(369), 핀란드(348), 우크라이나(342), 파나마(294), 투르크메니스탄(284), 바레인(278), 앙골라(277), 온두라스(271), 그리스(267), 베네수엘라(264), 우간다(263), 에티오피아(255), 엘살바도르(232), 덴마크(214), 아제르바이잔(213), 세네갈(212), 마다가스카르(209), 파푸아뉴기니(198), 튀니지(196), 카메룬(174), 시리아(162), 말타(160), 포르투칼(151), 콩고민주공화국(145), 우루과이(145), 코트디브와르(139), 아프카니스탄(135), 보츠나와(133), 아이티공화국(125), 자메이카(122), 말라위(121), 브루나이(115), 이라크(113), 리비아(111), 짐바브웨(109), 타지키스탄(108), 예멘(107), 팔라우(104), 불가리아(102)	45
	1백 명 이하 거주	수단(99), 가봉(91), 르완다(88), 토고(88), 세르비아(79), 모잠비크(78), 벨라루스(78), 잠비아(77), 레바논(76), 부르키나파소(72), 리투아니아(72), 트리니다드토바고(71), 기니(64), 시에라리온(60),라트비아(59), 알바니아(58), 동티모르(57), 바누아투(56), 수리남(51), 마이크로네시아(47), 라이베리아(45), 크로아티아(42), 룩셈부르크(40), 적도기니(36), 벨리즈(34), 조지아(32), 차드(29), 말리(28), 마샬군도(26), 니제르(26), 통가(26), 콩고공화국(25), 슬로베니아(25), 감비아(24), 중앙아프리카공화국(20), 지부티(20), 몰디브(19), 나미비아(19), 솔로몬군도(18), 베냉(15), 에스토니아(15), 코소보(15), 사이프러스(14), 스와질랜드(14), 아이슬란드(12), 모리셔스(11), 기니시사우(10), 몰도바(10), 마케도니아(9), 아르메니아(8), 아르메니아(8), 부룬디(8), 부탄(7), 보스니아-헤르체고비나(6), 세이쉘(6), 세인트루시아(6), 모나코(4), 몬테네그로(3), 코모로(3), 키리바스(1), 가이아나(1),바베이도스(1)	62
	소계		173개국
외국 시민권자	100만 명 이상 거주	중국(2,335,968)[276], 미국(1,094,290)[277]	2

[276] 길림성 1,145,688(남 549,930, 여 595,758), 흑룡강성 388,458(남 186,460, 여 201,998), 요녕성 241,052(남 115,705, 여 125,347), 청도시 134,400 (남 80,600, 여 53,800), 북경시 120,000, 광동성 70,000(남 35,700, 여

| 외국 시민권자 | 10만 명 이상 거주 | 일본(326,671), 러시아(213,020)[278], 우즈베키스탄(171,300)[279], 카자흐스탄(105,235)[280], 캐나다(102,666)[281] | 5 |

34,300), 상해시 65,066(남 32,451, 여 32,651), 천진시 48,000, 위해시 33,000(남 19,800, 여 13,200), 연대시 22,000(남 13,200, 여 8,800), 강소성 21,050(남 9,581, 여 11,469), 절강성 8,013(남 3,895, 여 4,118) 등 5천 명 이상 거주지는 12곳.

277) 남가주 320,592(남 159,334, 여 161,258), 뉴욕주 81,200(남 37,400, 여 43,800), 버지니아주 62,800(남 29,200, 여 33,600), 북가주 58,553(남 28,600, 여 29,953), 일리노이주 56,293(남 25,444, 여 30,849), 워싱턴주 53,600(남 27,497, 여 26,103), 뉴저지주 53,500(남24,600, 여 28,900), 텍사스주 51,000(남 24,000, 여 27,000), 메릴랜드주 43,300(남 20,100, 여 23,200), 하와이주 33,929(남 13,880, 여 20,049), 조지아주 26,338(남 12,934, 여 13,404), 펜실바니아주 22,900(남 10,500, 여 12,400), 미시간주 22,821(남 10,315, 여 12,506), 오레곤주 18,256(남 9,365, 여 8,891), 미네소타주 15,214(남 6,887, 여 8,337), 플로리다주 14,682(남 7,216, 여 7,466), 아리조나주 13,939(남 6,928, 여 7,011), 오하이오주 13,541(남 6,121, 여 7,420), 콜로라도주 12,989(남 6,450, 여 6,539), 네바다주 11,404(남5,759, 여 5,645), 메사추세츠주 11,211(남 5,427, 여 5,784), 노스캐로라이나주 11,162(남 5,450, 여 5,712), 미조리주 9,128(남 4,126, 여 5,002), 인디아나주 8,672(남 3,920, 여 4,752), 위스콘신주 7,455(남 3,370, 여 4,085), 아이오와주 5,781(남 2,613, 여 3,168), 커네티컷주 5,700(남 2,600, 여 3,100), 테네시주 5,536(남 2,702, 여 2,834), 켄사스주 5,021(남 2,269, 여 2,752) 등 5천 명 이상 거주지는 29곳.
278) 파볼지예&카프카즈 64,000(남 31,000, 여 33,000), 모스크바&중부지역 29,500(남 14,300, 여 15,200), 사할린주 27,000(남 13,000, 여 14,000), 연해주 17,899(남 8,936, 여 8,963), 상트페테르부르크시 15,000(남 7,000, 여 8,000), 하바롭스크주 9,377(남 5,016, 여 4,361) 등 5천 명 이상 거주지는 6곳.
279) 타쉬켄트주 71,988(남 25,196, 여 46,792), 타시켄트시 59,957(남 20,985, 여 38,972), 시르다리야주 6,864(남 2,402, 여 4,462), 카라칼팍스탄공화국 5,609(남 1,963, 여 3,646), 페르가나주 5,169(남 1,809, 여 3,360) 등 5천 명 이상 거주지는 5곳.
280) 알마티 42,959(남 20,206, 여 23,753), 카라간다 13,544(남 6,177, 여 7,367), 잠불 12,452(남 5,837, 여 6,615), 쉼켄트 9,717(남 4,339, 여 5,378), 끄즐오르다 8,100(남 3,674, 여 4,426) 등 5천 명 이상 거주지는 5곳.
281) 온타리오 토론토지역 52,601(남 26,908, 여 25,693), 브리티시 컬럼비아주 24,080(남 12,458, 여 11,622), 알버타주 10,837(남 5,224, 여 5,613) 등 5천 명 이상 거주지는 3곳.

외국 시민권자	2만 명 이상 거주	오스트레일리아(29,879)[282], 브라질(24,954)[283]	2
	1만 명 이상 거주	키르기즈스탄(17,299), 우크라이나(12,711)	2
	5천 명 이상 거주	뉴질랜드(7,926)[284], 독일(7,814), 아르헨티나(7,420)[285]	3
	2천 명 이상 거주	영국(3,839)	1
	1천 명 이상 거주	타지키스탄(1,632), 벨라루스(1,265), 스웨덴(1,128)	3
	5백 명 이상 거주	스페인(929), 도미니카(876), 프랑스(786), 투르크메니스탄(600), 스위스(538)	5
	1백 명 이상 거주	파라과이(499), 오스트리아(439), 대만(420), 아르메니아(350), 인도네시아(256), 이탈리아(221), 남아프리카공화국(126), 피지(121), 몰도바(116), 네덜란드(108), 싱가포르(106)	11
	1백 명 이하 거주	덴마크(79), 벨기에(73), 아일랜드(62), 그리스(54), 칠레(48), 볼리비아(44), 사우디아라비아(43), 이란(42), 베네수엘라(29), 케냐(28), 인도(27), 필리핀(26), 코스타리카(26), 우루과이(24), 페루(24), 핀란드(24), 이집트(21), 마샬군도(19), 엘살바도르(17), 터키(17), 파나마(16), 파푸아뉴기니(14), 포르투칼(14), 솔로몬군도(13), 온두라스(13), 수리남(12), 이스라엘(12), 룩셈부르크(10), 사이프러스(9), 조지아(8), 알바니아(8), 크로아티아(7), 말레이시아(6), 아제르바이잔(6), 잠비아(6), 브루나이(5), 캄보디아(5), 아랍에미리트(5), 예멘(5), 카타르(5), 스와질랜드(5), 아이슬란드(4), 바레인(4), 가나(4), 말라위(4), 보츠와나(4), 파키스탄(3), 벨리즈(3), 에콰도르(3), 콜롬비아(3), 짐바브웨(3), 콩고민주공화국(3), 베트남(2), 도미니카(2), 자메이카(2), 슬로베니아(2), 수단(2), 가봉(2), 모잠비크(2), 앙골라(2), 바누아투(1), 키리바스(1), 가이아나(1), 세인트루시아(1), 트리니다드 토바고(1), 말타(1), 산마리노(1), 체코(1)	68
소계			112개국

출처: 「재외동포 지역별 상세 현황」(외교통상부, 2010.12 기준)을 토대로 재구성

---

282) 뉴사우스 웨일즈주 18,800(남 8,600, 여 10,200) 등 5천 명 이상 거주지는 1곳.
283) 상파울로주 24,360(남 12,400, 여 11,960) 등 5천 명 이상 거주지는 1곳.
284) 오클랜드주 5,195(남 2,650, 여 2,545) 등 5천 명 이상 거주지는 1곳.
285) 캐피탈 페더럴 6,640(남 3,380, 여 3,260) 등 5천 명 이상 거주지는 1곳.

4. 세계 각국의 재외선거 실태(2007)

구분	국가 또는 속국	선거형태	투표방법	시행원년	비고
1	아프카니스탄	대통령선거(이하 대선)	개인	2004	2002년과 2003년 전국부족장회의(Loya Jirga)와 신헌법 제정 위한 제헌의회 선거, 2004년 대통령선거에 적용. 2005년 상·하원선거에는 적용되지 않음
2	알바니아	없음	없음		
3	알제리아	대선, 의회(이하 총선)·지방선거, 국민투표	혼합(개인, 대리)	1976	1976년 국민투표, 1997년 의원선거에 시행
4	안도라	없음	없음		
5	앙골라	총선	개인	해당 없음	재외선거는 여전히 시행 가능. 대사관 결정이 필요하며, 여러 물리적 조건들이 맞아야 함. 해외거주국민은 선거구 하나를 구성하고 3명의 대표를 선출할 수 있음
6	앙길라	없음	없음		
7	안티구아&바두다	없음	없음		
8	아르헨티나	대선, 총선	개인	1993	
9	아르메니아	없음	없음	해당 없음	-재외선거 폐지(2007)
10	아루바	없음	없음		
11	호주	총선	혼합(개인, 우편, 팩스)	1990	
12	오스트리아	대선, 총선, 국민투표	우편	1990	
13	아제르바이잔	총선	개인	2000	
14	바하마	없음	없음		
15	바레인	없음	없음		
16	방글라데시	총선	우편	해당 없음	
17	바베이도스	없음	없음		
18	벨라루스	대선, 총선, 지방선거, 국민투표	개인	1994	
19	벨기에	총선	혼합(개인, 우편, 대리)	1999	
20	벨리즈	없음	없음		

21	베닌	대선	혼합(개인, 대리)	해당 없음	
22	버뮤다	없음	없음		
23	부탄	-	-		-직접선거에 의한 첫 총선 실시(2008.3.24)
24	볼리비아	대선	미정	해당 없음	-재외선거 조항이 포함된 법률, 하원 통과(2005.12.6)
25	보스니아 헤르체고비나	대선, 총선, 지방선거	우편	1996	
26	보츠와나	총선	개인	1997	
27	브라질	대선	개인	1989	
28	브루나이 다루살람	직선 전망 없음	좌동		
29	불가리아	대선, 총선	개인	1990	
30	브루키나 파소	없음	없음		
31	버마	대선, 총선	개인	1990	
32	브룬디	없음	없음		
33	캄보디아	-	-	-	1993년 의회 구성 위한 선거에만 특별 실시
34	카메룬	없음	없음		
35	캐나다	총선, 국민투표	우편	1944	
36	케이프 베르디 제도	대선, 총선	개인	1991	
37	케이먼 제도	없음	없음		
38	중앙아프리카 공화국	대선	개인		
39	차드	대선	혼합(개인, 대리)	2001	
40	칠레	없음	없음		-관련 법률, 인권·국적·시민권위원회 심의·통과(2006.10.4), 대선과 2010대선 신임투표에 적용할 것이 제안되었으나 아직까지 허용되지 않고 있음
41	중국	직선 전망 없음	좌동		
42	콜롬비아	대선, 총선	개인	1962	-2006대선 당시 해외 콜롬비아인들은 2개 정당의 대선후보자 예비선거에 참여

43	코모로스	없음	없음		-재외 국민투표 허용하는 선거법 개정안 의회 제출
44	브라자빌 콩고	없음	없음		
45	킨샤사 콩고	없음	없음		
46	쿡 아일랜드	총선, 국민투표	혼합(개인, 우편)	1981	-2004년 해외투표자를 위한 지정석 폐지
47	코스타리카	없음	없음		-재외선거 도입하는 선거법안 의회 제출. 재외투표 조항이 포함된 선거법안 하원 제출(2006.5. 대선 및 총선 시 외교사무소에서 개인투표 허용·)
48	코트 드브와르	대선	개인	1995	
49	크로아티아	대선, 총선	개인	1992	
50	쿠바	직선 전망 없음	좌동		
51	사이프러스	없음	없음		
52	북사이프러스	없음	없음		
53	체코	총선	개인	2002	
54	덴마크	총선, 지방선거, 국민투표	우편	1980	
55	지부티	대선, 총선	개인	해당 없음	
56	도미니카연방	없음	없음		
57	도미니카 공화국	대선	개인	2004	-1997년 입법. 해외도미니카 투표자들이 ID/투표 카드를 어떻게 획득할 수 있는지에 대한 토의 진행중
58	에콰도르	대선	개인	2006	
59	이집트	없음	없음		-재외투표 도입 관련 토의 진행 중
60	엘살바도르	없음	없음		
61	적도 기니	대선, 총선	개인	해당 없음	
62	에리트레아	체제전환국	좌동		-1993년 독립 당시의 국민투표에 재외선거 허용
63	에스토니아	총선, 국민투표	혼합(개인, 우편, 인터넷)	1992	
64	에티오피아	없음	없음		
65	포크랜드 군도	총선, 지방선거	우편	해당 없음	
66	피지	총선	우편	해당 없음	

67	핀랜드	대선, 총선, 지방선거	개인	1958	
68	프랑스	대선, 국민투표 (상원12석)	혼합(개인, 대리)	1976	-1924년 독일점령지역 행정가들을 위한 재외선거(우편투표)
69	가봉	대선, 국민투표	혼합(개인, 대리)	해당 없음	
70	잠비아	없음	없음		
71	그루지아	대선, 총선	개인	1995	
72	독일	총선	우편	1985	
73	가나	대선, 총선	개인	2008	
74	지브랄타	총선	우편	해당 없음	
75	그리스	총선	아직 미실시	해당 없음	
76	그레나다	없음	없음		
77	과테말라	없음	없음		
78	건지 제도	총선	우편	해당 없음	
79	기니	대선, 총선	혼합(개인, 대리)	1993	
80	기니 비사우	총선	개인	해당 없음	
81	기이아나	총선	개인	1983	
82	아이티	없음	없음		
83	바티칸시국	직선 전망 없음	좌동		
84	온두라스	대선	개인	2001	
85	헝가리	총선, 국민투표	개인	2004	
86	아이스랜드	대선, 총선, 지방선거	개인	1949	
87	인도	총선	혼합(우편, 대리)	2004	
88	인도네시아	대선, 총선	혼합(개인, 우편)	1955	
89	이란	대선, 국민투표, 지방선거	개인	1980	
90	이라크	총선	개인	2004	
91	아일랜드	대선, 총선, 지방선거, 국민투표	우편	1992	

92	이스라엘	대선, 총선	개인	해당 없음	
93	이태리	총선, 국민투표	우편	2003	
94	자메이카	없음	없음		
95	일본	총선	혼합(개인, 우편)	2002	
96	저지	총선	우편	해당 없음	
97	요르단	없음	없음		
98	카자흐스탄	대선, 총선, 지방선거	개인	1994	
99	케냐	없음	없음		
100	키리바시	없음	없음		
101	북한	없음	없음		
102	대한민국	없음	없음	-2012년, 첫 실시 예정(4월 총선, 12월 대선)	
103	쿠웨이트	없음	없음		
104	키리키즈스탄	대선, 국민투표	개인	2000	
105	라오스	총선	개인	2006	
106	라트비아	총선, 국민투표	혼합(개인, 우편)	1992	
107	레바논	없음	없음		
108	레소토	총선	우편	해당 없음	
109	라이베리아	없음	없음		
110	리비아	직선 전망 없음	좌동		
111	리히텐슈타인	총선, 지방선거, 국민투표	우편	2004	
112	리투아니아	대선, 국민투표	혼합(개인, 우편)	1992	
113	룩셈부르크	총선	우편	1984	
114	마케도니아 (舊 유고)	없음	없음		
115	마다가스카르	없음	없음		
116	말라위	없음	없음		
117	말레이시아	총선, 지방선거	우편	해당 없음	

118	몰디브	없음	없음		
119	말리	대선, 국민투표	혼합(개인, 대리)	1992	
120	몰타	없음	없음		
121	맨 섬	총선, 지방선거	우편	1976	
122	마샬 군도	총선	우편	해당 없음	
123	모리타니	없음	없음		
124	모리셔스	총선, 지방선거	대리	해당 없음	
125	멕시코	대선	우편	2006	
126	미크로네시아	총선, 지방선거	혼합(개인, 우편)	해당 없음	
127	몰도바	대선, 총선, 국민투표	개인	1993	
128	모나코	없음	없음	2007	
129	몽골	없음	없음		
130	몬테니그로	없음	없음		
131	몬세라트	없음	없음		
132	모로코	없음	없음		
133	모잠비크	대선, 총선	개인	2004	
134	나미비아	대선, 총선	개인	1994	
135	나우루	총선	대리	2004	
136	네팔	없음	없음		
137	네덜란드	총선	혼합(우편, 대리, 인터넷)	1989	
138	네덜란드 안틸레스	없음	없음		
139	뉴질랜드	총선, 지방선거, 국민투표	혼합(개인, 우편, 팩스)	1957	
140	니카라과	대선, 총선	해당 없음(개인일 가능성 높음)	해당 없음	-선관위에서 재외선거 6개월 전 결정
141	니제르	대선, 국민투표	개인	해당 없음	

142	나이지리아	없음	없음		-재외선거 도입 가능성 논의 진행 중
143	니우에 섬	없음	없음		
144	노르웨이	총선, 지방선거	우편	1921	
145	오만	총선	해당 없음	해당 없음	
146	파키스탄	없음	없음		
147	팔라우	총선, 지방선거, 국민투표	개인, 우편	1981	
148	팔레스타인	없음	없음		
149	파나마	대선	우편		-2006년 의회 결의, 2007년 선거법원 재외선거 허용
150	파푸아 뉴기니	없음	없음		
151	파라과이	없음	없음		
152	페루	대선, 총선, 국민투표	개인	1980	
153	필리핀	대선, 총선	혼합(개인, 우편)	2004	
154	피트카린 섬	총선	개인	2001	
155	폴란드	대선, 총선, 국민투표	개인	1990	
156	포르투갈	대선, 총선, 국민투표	혼합(개인, 우편)	1976	
157	카타르	직선 전망 없음	좌동		
158	루마니아	대선, 총선	개인	1990	
159	러시아연방	총선, 대선, 지방선거, 국민투표	개인	해당 없음	
160	르완다	대선, 총선, 국민투표	개인	2003	
161	세인트 헬레나	없음	없음		
162	세인트 키트&네비스	없음	없음		
163	세인트 루시아	없음	없음		
164	세인트 빈센트 &그레나딘	없음	없음		
165	사모아	없음	없음		
166	산 마리노	없음	없음		

167	사오 톰&프린시페	대선, 총선	개인	해당 없음	
168	사우디아라비아	직선 전망 없음	좌동		
169	세네갈	대선, 총선	개인	1993	
170	세르비아	없음	없음		
171	세이셸	없음	없음		
172	시에라리온	없음	없음		
173	싱가포르	대선, 총선	개인	2006	
174	슬로베키아	없음	없음	해당 없음	
175	슬로베니아	대선, 총선, 국민투표	혼합(개인, 우편)	1992	
176	솔로몬 제도	없음	없음		
177	소말리아	체제전환중	좌동		
178	남아프리카공화국	총선	개인	1994	
179	스페인	총선, 지방선거, 국민투표	혼합(개인, 우편)	1985	
180	스리랑카	없음	없음		
181	수단	대선, 국민투표	개인	1986	
182	수리남	없음	없음		
183	스와질랜드	없음	없음		
184	스웨덴	총선, 국민투표	혼합(개인, 우편, 대리)	1968	
185	스위스	총선, 지방선거, 국민투표	우편	1977	
186	시리아	대선, 총선	개인	해당 없음	
187	대만	없음	없음		
188	타지키스탄	대선, 총선, 국민투표	우편	1994	
189	탄자니아	없음	없음		
190	태국	총선	혼합(개인, 우편)	2000	
191	동티모르				-1999년 국민투표에서만 재외선거 실시

192	토고	대선, 총선, 지방선거, 국민투표	대리	해당 없음	
193	토켈라우 제도	체제전환국	좌동		-2006년 독립 당시 국민투표에서만 재외선거 실시
194	통가	없음	없음		
195	트리니다드 토바고	없음	없음		
196	튀니지	대선	개인	2004	
197	터키	총선	개인	해당 없음	
198	투르크메니스탄	없음	없음		
199	투르크&카이코스 제도	없음	없음		
200	투발루	없음	없음		
201	우간다	없음	없음		
202	우크라이나	대선, 총선, 국민투표	개인	1994	
203	아랍 에미레이트	직선 전망 없음	좌동		
204	영국	총선	혼합(우편, 대리)	1918	
205	미국	대선, 총선, 지방선거, 국민투표	주로 우편	1942	-각 주마다 투표방법이 다름. 재외선거는 주차원에서 주로 관리
206	우루과이	없음	없음		
207	우즈베키스탄	대선, 총선, 국민투표	개인	1994	
208	바누아투	총선, 지방선거	대리	1980	
209	베네수엘라	대선	개인	1998	-대통령소환을 위한 국민투표에 적용
210	베트남	없음	없음		
211	영국령 버진 아일랜드	없음	없음		
212	예멘	대선, 국민투표	개인	해당 없음	
213	잠비아	없음	없음		
214	짐바브웨	총선	우편	1980	

출처: International IDEA, "External voting: a world survey of 214 countries and territories", *Voting From Abroad: The Internaltional IDEA Handbook*, 2007, pp. 234~245을 토대로 재구성

투표방법		국 가 명	국가수
공관투표		아프가니스탄, 앙골라, 아르헨티나, 아제르바이잔, 벨로루시, 보츠와나, 브라질, 불가리아, 카보베르데, 중앙아프리카 공화국, 콜롬비아, 코트디브아르, 크로아티아, 체코공화국, 지부티, 도미니카공화국, 에콰도르, 적도기니, 핀란드, 그루지야, 가나, 기니비사우, 가이아나, 온두라스, 헝가리, 아이슬란드, 이란, 이라크, 이스라엘, 카자흐스탄, 키르기즈스탄, 라오스, 몰도바, 모잠비크, 나미비아, 니제르, 페루, 피케언섬, 폴란드, 루마니아, 러시아, 르완다, 상투메프린시페, 세네갈, 싱가포르, 남아프리카, 수단, 시리아, 튀니지, 터키, 우크라이나, 우즈베키스탄, 베네수엘라, 예멘	54
우편투표		미국, 오스트리아, 방글라데시, 보스니아헤르체코비나, 캐나다, 덴마크, 포클랜드제도, 피지, 독일, 지브롤터, 건지, 아일랜드, 이탈리아, 저지, 레소토, 리히텐슈타인, 룩셈부르크, 말레이시아, 맨섬, 마샬군도, 멕시코, 노르웨이, 파나마, 스위스, 타지키스탄, 짐바브웨 ※ 미국의 경우 일부 주에서 소수의 재외유권자에게만 제한적으로 팩스 및 전자투표 허용	26
대리투표		모리셔스, 나우르, 콩고, 바누아투	4
혼합투표	공관/우편	쿡아일랜드, 인도네시아, 일본, 라트비아, 리투아니아, 미크로네시아, 팔라우, 필리핀, 포르투갈, 슬로베니아, 스페인, 타이	12
	공관/대리	알제리, 베냉, 차드, 프랑스, 가봉, 기니, 말리	6
	공관/우편/대리	인도, 영국	2
	상기외의 방법	호주(공관, 우편, 팩스), 에스토니아(공관, 우편, 전자), 네덜란드(우편, 대리, 전자), 뉴질랜드(공관, 우편, 팩스),	4

출처: International IDEA(Institution for Democracy and Electoral Assistance)

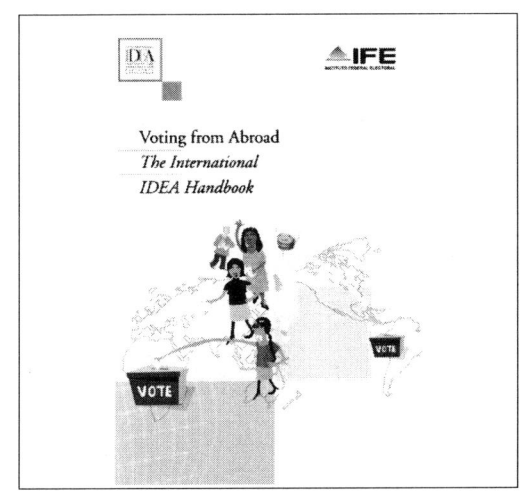

5. 2012 재외선거 일정 및 주요국가 재외선거 투표율(2011)

사무일정	실시사항	제19대 총선	제18대 대선
선거일 전 180일부터 선거일 후 30일까지	재외선거관리위원회 설치	2011.10.14~ 2012.5.11	2012.6.22~ 2013.1.18
선거일 전 150일부터 선거일 전 60일까지	재외선거인등록 신청 (중앙위원회위원장에게) 국외부재자신고 (구·시·군의 장에게)	2011.11.13~ 2012.2.11	2012.7.22~ 2012.10.20
선거일 전 49일부터 선거일 전 40일까지	재외선거인명부 작성 국외부재자신고인명부 작성	2012.2.22~ 2012.3.2	2012.10.31~ 2012.11.9
선거일 전 39일부터 선거일 전 35일까지	재외선거인명부 (국외부재자신고인명부) 열람 및 이의신청	2012.3.3~ 2012.3.7	2012.11.10~ 2012.11.14
선거일 전 30일에	재외선거인명부 확정 국외부재자신고인명부 확정	2012.3.12	2012.11.19
선거일 전 25일까지	재외투표용지·재외선거 안내문 등 송부 (재외선거인에게)	~2012.3.17	~2012.11.24
선거일 전 24일부터 선거일 전 23일까지	대통령선거후보자 등록	-	2012.11.15~ 2012.11.16
선거일 전 15일부터 선거일 전 14일까지	국회의원선거후보자 등록	2012.3.27~ 2012.3.28	-
선거일 전 14일부터 선거일 전 9일까지	재외투표 (6월 중 정하는 기간)	2012.3.28~ 2012.4.2	2012.12.5~ 2012.12.10
선거일	개표	2012.4.11	2012.12.19

출처: 중앙선거관리위원회(2011)

(단위: 명)

국가명	재외국민	선거권자	재외선거인 등록자	투표자	선거권자 대비 투표율(등록자 대비)	비고
미국	약 6,000,000	약 5,000,000	20,118	15,000	0.3%(74.5%)	2008 대선
일본	1,131,807	848,855	113,230	비례 27,600 지역구 26,857	비례 3.25%(24.3%) 지역구 3.16%(23.7%)	2010 참의원선거
프랑스	약 2,000,000	약 1,400,000	821,919	346,310	24.7%(42.1%)	2007 대선
러시아	-	1,665,100	-	400,711	24%	2008 대선
이탈리아	3,919,110	2,939,029	-	1,229,997	41.78%	2008 총선
스페인	-	-	1,205,329	382,568	(31.7%)	2008 총선
멕시코	약 2,000,000	약 4,000,000	40,876	33,131	0.8%(82%)	2006 대선
필리핀	6,388,397	-	503,896	81,732	(16.2%)	2007 총선

출처: 중앙선거관리위원회(2011)

6. 재외국민보호법 제정에 관한 공청회

第289回國會　外交通商統一委員會會議錄　第 3 號
（臨時會）

國會事務處

日　時　2010年4月15日(木)
場　所　外交通商統一委員會議室

議事日程
1. 재외국민보호법 제정에 관한 공청회
2. 북한이탈주민지원기금법 제정에 관한 공청회

審査된案件
1. 재외국민보호법 제정에 관한 공청회 ·· 1
2. 북한이탈주민지원기금법 제정에 관한 공청회 ······································· 26

(10시21분 개의)

○위원장대리 김충환　좌석을 정돈해 주시기 바랍니다.

성원이 되었으므로 제289회 국회(임시회) 제3차 외교통상통일위원회를 개의하겠습니다.

국회법 제58조제6항의 규정에 따르면 제정법률 안이나 전부개정법률안의 경우 공청회나 청문회를 개최하여 전문가 또는 이해관계인의 의견을 듣도록 되어 있습니다.

오늘은 우리 위원회에서 심사 중인 2건의 제정 법률안에 대하여 공청회를 진행하도록 하겠습니다.

오전에는 재외국민보호법안에 관하여 전문가들의 의견을 듣고, 오후에는 북한이탈주민지원기금법안에 관하여 공청회를 계속하도록 하겠습니다.

1. 재외국민보호법 제정에 관한 공청회
○위원장대리 김충환　그러면 의사일정 제1항 재외국민보호법 제정에 관한 공청회를 상정합니다.

동 안건은 신낙균 의원과 김성훈 의원이 각각 대표발의한 2건의 재외국민보호법안에 대하여 전문가들의 고견을 청취하고자 하는 것입니다. 바쁜 일정에도 불구하고 시간을 내서서 오늘 공청회에 참석해 주신 진술인 여러분께 감사드립니다.

그러면 오늘 공청회 진행 순서와 방법에 대하여 말씀드리겠습니다.

오늘 주제와 관련하여 진술해 주실 분이 모두 네 분이십니다. 네 분의 진술이 모두 끝난 다음에 위원님들께서 질의하는 순서로 진행하겠습니다.

진술인들께서는 진술인 상호간에 질의응답하지 않는 것이 관례로 되어 있음을 참고해 주시기 바라며 진술 내용은 오늘 공청회 주제에 국한하여 말씀해 주시기 바랍니다. 또한 진술인들께서는 현재의 좌석에서 의견을 진술해 주시고 진술 시간은 10분으로 하겠으니 시간을 지켜 주시기 바랍니다.

그러면 진술할 순서에 따라 진술인을 소개해 드리겠습니다.

먼저 전 재외동포재단 전문위원이신 김봉섭 진술인을 소개합니다.

다음은 중앙대학교 법학전문대학원 교수이신 제성호 진술인입니다.

다음은 외교통상부 재외동포영사국장이신 백주현 진술인입니다.

다음은 단국대학교 법과대학 교수이신 김석현 진술인입니다.

(진술인 인사)

진술인에 대한 보다 자세한 사항은 배부해 드린 유인물을 참조해 주시기 바라며, 지금부터 진술인의 진술을 듣도록 하겠습니다.

먼저 전 재외동포재단 전문위원이신 김봉섭 진술인께서 의견을 발표해 주시기 바랍니다.

○진술인 김봉섭 감사합니다.
 양해해 주신다면 제가 준비해 온 원고를 읽는 걸로 하겠습니다.
 3페이지가 되겠습니다.
 글로벌화가 진전되고 있는 오늘날, 국가 간의 경제활동이 보다 자유롭게 이루어짐으로써 전통적 의미의 국경 개념이 점차 사라지고 있습니다. 그리고 개인과 비정부기구까지 초국경적 활동을 넓혀 나가고 있는 추세입니다. 그러나 이처럼 국외 활동이 늘어남에 따라 해외에서의 위기상황은 함께 늘어나고 있으며 국외 체류·여행·거주 중에 발생하게 되는 재외국민의 생명·신체·재산 피해 사례가 충분히 예상되고 있는 것이 오늘 우리의 현실입니다. 그리고 자국 영토 내의 국민에 대해서는 헌법과 법률 그리고 물리적 수단으로 적극적인 보호가 가능한 반면, 자국 영토 밖의 국민에 대해서는 직접적인 보호를 기대할 수 없는 것 또한 오늘의 현실입니다.
 이처럼 국외에서 자국민의 안전이 위협받는 위기상황을 우리 정부는 어떻게 관리할 것이며, 외교통상부는 어떠한 조직 체제로 재외국민을 보호·지원해 나갈 것인가 하는 것은 우리 한국 재외동포 정책의 미래상과 관련하여 매우 중요한 정책 과제입니다.
 이명박정부 출범 초기만 하더라도 외교통상부는 정부안으로 제출할 재외국민보호법의 세부 사항까지 최종 점검하는 움직임을 보인 바 있습니다. 그러나 정부안은 아직까지 제출되지 않은 채 의원입법안의 동향 파악에 주력하고 있다는 점에서 제18대 국회에서 진행 중에 있는 입법부 주도의 재외국민보호법 제정 노력은 높이 평가되어야 하겠습니다. 지금이라도 외교부는 이와 같은 합의 도출에 힘을 보태야 합니다.
 두 번째, 재외국민보호법의 쟁점에 대해서 말씀드리겠습니다.
 4페이지가 되겠습니다.
 외교통상통일위원회 수석전문위원께서 재외국민보호법안의 쟁점사항을 모두 열세 가지로 정리하여 보고한 바 있습니다. 그러나 본고에서는 이 중에서 세 가지 쟁점에 국한하여 의견을 제시하고자 합니다.
 첫 번째가 재외국민 정의와 범주의 문제입니다. 현재 재외국민 정의와 관련된 법률은 4개 정도 있는 것으로 알고 있습니다.
 첫 번째가 재외동포재단법입니다. 재외동포재단법에서는 "대한민국 국민으로서 외국에 장기체류하거나 외국의 영주권을 취득한 사람", 즉 재외국민을 재외동포의 한 범주로 규정하고 있습니다.
 두 번째가 재외동포의 출입국과 법적 지위에 관한 법률입니다. 여기에서는 "대한민국의 국민으로서 외국의 영주권을 취득한 자 또는 영주할 목적으로 외국에 거주하고 있는 자"를 재외국민으로 규정하고 있는데 보니 구체적으로는 시행령에서 밝히고 있습니다.
 세 번째가 재외국민의 교육지원에 관한 법률이 되겠습니다. 여기에서는 일반적으로 "외국에 거주하는 대한민국 국민"이라고 규정하는 데 그치고 있습니다.
 네 번째가 남북교류협력에 관한 법률에서 재외국민에 대한 규정은 "외국정부로부터 영주권을 취득하였거나 이에 준하는 장기체류허가를 받은 사람"과 "외국에 소재하는 외국법인 등에 취업하여 업무수행의 목적으로 북한을 방문하는 사람"으로 규정하고 있습니다.
 반면 외교부에서 발표하는 재외동포현황에서는 재외국민의 범주를 영주권자와 일반 체류자 그리고 유학생까지 포함하고 있습니다. 그 결과 2009년도 5월 현재 재외국민은 286만 9921명으로 추산되고 있으며 이는 통계청에서 추계한 국내 인구의 약 5.88%에 해당됩니다.
 그러나 신낙균 의원안과 김정훈 의원안에 따르면 해외 일시 여행자, 한 해에 한 1000만 명 이상이 됩니다마는 이분들도 역시 이 법에 따르면 재외국민의 범주에 포함되게 되어 있습니다. 물론 재외국민보호법안의 입법취지가 이라크 내의 테러단체에 의한 피랍 사건 등 여러 가지 해외에서의 사건에 의해서 위협에 가장 노출되기 쉬운 해외여행자나 일시 방문자 보호가 시급한 과제입니다마는 나중에 제정되게 될 재외국민보호법에서 재외국민의 범주를 확대한다면 기존의 법률들 상호간에 일관성이 없게 되거나 개념적으로 상호 충돌할 가능성이 있다는 점을 충분히 고려해야 할 것입니다.
 특히 헌법의 재외국민 보호 조항을 뒷받침할 재외국민기본법이 부재한 상태에서 재외국민보호법이 기본법으로서의 위상을 갖추려면 재외국민에 대한 명확한 개념 정의와 범주에 대한 합의가 선행되어야 하며, 이것이 현실적으로 어렵다면 법안의 명칭 변경도 한번쯤 생각해 봐야 합니다.

또한 신낙균 의원안과 김정훈 의원안 모두 재외국민 범주에서 해외 체류 북한이탈주민, 특히 탈북 난민이나 복수국적을 소지한 외국국적 동포를 배제하고 있는데 헌법 제3조의 규정에 따라서, "대한민국의 영토는 한반도와 그 부속도서로 한다."는 이 3조의 규정을 적극적으로 해석함과 함께 최근 국적법 개정을 통해 외국인 우수 인재들에 대한 제한적 복수국적 허용을 추진하고 있는 정부의 정책 의지를 감안한다면 이들도 역시 재외국민의 범주에 포함시켜 가능한 보호 대상으로 삼는 것이 헌법의 제정 취지나 국적법 개정 취지에 합당하다고 생각됩니다.

보다 안정적으로 재외국민 보호체계가 정착되기 위해서는 연평균 1000만 명에 달하는 90일 이내의 단기체류·여행자들도 재외국민 등록이 가능하도록 이미 사문화되어 있는 해외국민등록법을 개정하거나 신낙균 의원안과 김정훈 의원안 등 재외국민보호법에 관련 조항을 권고사항으로 포함시키는 것이 필요하겠습니다.

예는 프랑스하고 미국의 경우를 놓았습니다.
넘어가겠습니다.

7페이지, 재외국민 보호의 내용 문제가 되겠습니다.

대한민국 헌법 제2조제2항에 따르면 "국가는 법률이 정하는 바에 의하여 재외국민을 보호할 의무를 진다."라고 명시하고 있습니다. 그러나 이 재외국민 보호 조항을 최초로 규정한 제5공화국 헌법이나 현행 헌법 조항이 실세 효력을 발생하기 위해서는 해외국민기본법이나 재외국민보호법 등과 같은 하위 법률이 제정되어야 합니다.

이는 1980년 당시 공화당과 신민당의 개헌안에 대해서 국내 언론에서 밝힌 바가 있습니다. 그 내용을 한번 인용을 해 보면요,

"나날이 늘고 있는 해외이민, 근로자 진출 및 기존 해외 거주 동포들에 대한 보호조치에 관한 관련된 규정이 들어가야 한다. 재일·재미 교포는 물론 사할린이나 중국 대륙 등에 살고 있는 우리 동포들까지 합치면 해외 거주 동포가 300만명을 넘는 것을 감안할 때 재외교민 보호 조항을 신설한 것은 너무나도 당연한 시대의 추세라 하겠다."라는 환영의 뜻과 함께 바로 그 다음날 "그 같은 규정의 법적 효력을 뒷받침하는 조치가 없다면 무의미한 규정이 될 소지가 있다."며 우려를 표시한 바가 있습니다.

당시의 문제의식은 지금도 유효하다고 하겠습니다.

따라서 재외국민보호법 제정에 즈음하여 재외동포 관련 법령 체계가 재정비되어야 할 필요가 있습니다. 물론 법안의 명칭을 뭐라고 붙이든 실질적인 기본법으로서의 기능을 하는 법률이 없는 상황에서 신낙균 의원안과 김정훈 의원안은 헌법의 재외국민 보호 조항에 대한 후속조치이자 재외국민의 오랜 숙원 사항을 해소하는 청량제와 같은 법안이라고 평가할 수 있습니다.

다만 그 내용이 해외위난의 종류를 비롯하여 여러 가지 면에, 주로 재외국민의 안전과 관련된 내용에 국한되어 있다는 점, 그리고 재외국민 참정권과 사회보장, 교육·단체 지원 등 광의의 재외국민 보호 사항이 없다는 점, 이런 점들은 조금 더 고려해 봐야 되겠습니다.

그리고 신낙균 의원안과 김정훈 의원안에 대한 외교통상부의 검토의견에 따르면 '이 법률에서 규정하는 것보다는 지침이나 하위 법령에서 유지하는 게 좋겠다'는 의견을 밝히고 있습니다. 그리고 국가의 의무에 대해서도 국가의 의무뿐만 아니라 국민의 개인의 책임의 의무도 강조하고 있습니다.

9페이지가 되겠습니다.

본 진술인 역시 가급적 조문의 수를 최소화하자는 외교부의 견해에 대해 공감하는 바가 있습니다. 그러나 재외국민과 해외재난에 대한 정의와 다 법률과의 관계, 재외동포 보호 기본계획과 집행계획의 입안과 시행, 그리고 관련 영역, 그리고 국가의 책무, 개인의 등록의무 사항, 백서 발간, 예산 확보 방안 등은 반드시 법률에 명시되어야 하며, 세부사항은 단순히 영사업무지침으로 대체할 것이 아니라 시행령이나 시행규칙에서 구체화되어야 합니다.

예는 미국과 프랑스, 일본의 예를 좀 들어 봤습니다.

10페이지가 되겠습니다.

우리 외교부가 재외국민 보호 및 권익 향상을 위한 제도 개선에 초점을 맞췄던 2008년도 한 해 동안 했던 실적과 조치를 밝히고 있습니다마는, 그리고 2009년도 성과계획서에서도 해외국민 진출에 대한 지원과 안전, 그리고 권익 보호에 대한 것을 밝히고 있습니다마는 이와 같은 것만으로는 오늘날 급증하는 국외 위기상황에 능동적으로, 예방적으로 대처하기가 상당히 어렵다는 것이 또 오늘의 현실이 되겠습니다.

11페이지, 재외국민보호위원회 설치 문제를 말씀드리겠습니다.

대한민국 정부 수립 이후 첫 번째 법률인 정부조직법에 따르면 재외국민—당시는 재외교민이라고 표현했습니다—에 대한 사무는 외교부장관의 소관이었습니다. 외교부는 이를 근거로 정책기조설 보호와 교도, 보호와 육성, 그리고 보호와 지원 등 해서 지금까지 60여 년 동안 재외국민 보호 업무를 사실상 독점하고 있습니다.

따라서 재외국민보호법안의 규정에 의해 재외국민 보호의 업무가 재외국민보호위원회로 이관될 경우, 외교부는 신낙균 의원안에 대해서는 찬성의 의견을, 김정훈 의원안—여기서는 대통령 소속 위원회입니다—에 대해서는 반대의견을 제시할 것이 확실합니다.

재외국민보호위원회의 취지가 아무리 좋다 하더라도 재외국민 보호 업무를 외교부에서 떼어내어 다른 독립기구나 독립기관으로 이관하는 것에 흔쾌히 동의할 외교부가 아닙니다.

그러나 외교부의 의견대로 재외국민보호위원회가 외교부 산하 비상설기구로 귀착된다면 외교부 내에 설치되었던 기존의 유사기구, 밑에 보시면 표가 있습니다마는, 기존의 유사기구들과는 어떤 차별성을 가질 것인지 그리고 현재 재외국민 보호 업무를 책임지고 있는 재외동포영사국과는 어떤 연관성을 갖는지, 그리고 더 나아가서 현재 정부 재외동포정책을 종합적으로 심의·조정하고 있는 재외동포정책위원회 위원장은 국무총리가 되겠습니다—와는 어떤 지휘체계에 놓일지, 그리고 외교부제2차관을 위원장으로 하는 재외동포정책실무위원회와는 어떤 관계가 될지 이런 것을 보다 좀더 명확히 할 필요가 있습니다.

일본의 예도 밝혔습니다.

몇는 말 가겠습니다.

13페이지 되겠습니다.

하나의 법률이 탄생하려면 대단히 복잡한 과정을 거치는 것 같습니다.

우선 강력한 사회적 요구나 정책적 의지가 필요합니다. 두 번째는 여기에 공감하는 동조 여론이 폭넓게 형성되어야 합니다. 세 번째는 관련 전문가들의 분석과 비판을 거치면서 쟁점사항에 대한 논리적 정리 작업과 적절한 합의가 필요합니다. 네 번째는 이상과 같은 논리나 주장이나 이념들을 누가 보더라도 납득할 수 있는 쉬운 말, 해석의 오해가 없는 명확한 말로 조문화하는 작업이 필요합니다.

이렇게 볼 때 신낙균 의원안과 김정훈 의원안은 사회적 요구 단계와 여론 형성 단계, 그리고 전문적 분석·정리 단계 등을 거쳐서 조문 합의와 합의 도출 단계만이 남아 있는 것으로 보입니다.

재외동포보호법의 제정 논의의 초점이 재외동포보호위원회 신설 등 하드웨어적인 측면보다는 보호법 제정의 당위성과 이념적 기초, 국가책무 선언, 보호정책 수단의 확보 방법과 그 절차, 예산 확보 방안 등에 좀더 집중한다면 지금보다 훨씬 더 나은 결과물을 기대할 수 있을 것 같습니다.

그리고 끝으로 헌법과 재외동포기본법을 중심으로 하는 하위 4법 체계가 앞으로 나아가야 될 방향이지 않을까 생각합니다.

감사합니다.

○위원장대리 김충환 수고하셨습니다.

다음은 중앙대학교 법학전문대학원 교수이신 제성호 진술인께서 의견을 발표해 주시기 바랍니다.

○진술인 제성호 안녕하십니까?

중앙대학의 제성호 교수입니다.

저는 재외국민보호법 제정의 필요성과 입법 방향에 대해서 말씀드리겠습니다.

먼저 필요성은 더 말할 나위가 없는데 짧게 말씀 드리면, 오늘날 세계화·국제화·개방화 추세에 따라서 취업·유학·여행·사업 여러 가지 형태로 인적 교류가 확대되고 있습니다.

그런 상황에서 우리나라 국민들도 해외를 여행하거나 체류하는 경우가 늘어나고 있고 그런 상황에서 여러 가지 우리 국민이 가해자가 되기도 하고 피해자가 되는 경우가 많이 있다……

또 예를 들면 2001년에 중국에서 우리나라 마약사범이 처형된 일도 있었고, 또 조선족에 의해서 우리 기업인들이 납치·살해된 일도 있었고 영국에서 우리 유학생들이 피살된 사건도 있었습니다. 또 김선일 씨가 2003년에 참수됐고……

이런 사건을 계기로 해 가지고 지난 17대 국회에서 2004년부터 여야 의원들이 재외국민보호법을 발의한 것으로 알고 있습니다. 18대 국회에 와서는 김정훈 의원과 신낙균 의원 두 분께서 법안을 내셨고 오늘 입법 공청회가 그런 배경에서 열린 것으로 알고 있습니다.

저는 25페이지 이하의 쟁점사항 중심으로 말씀

을 드리도록 하겠습니다.

첫 번째로는 재외국민보호법의 목적 및 보호범위인데요. 신낙균 의원안에서는 '해외위난상황 발생시'라는 이런 제한 규정이 있고, 김정훈 의원의 경우는 '각종 사고 및 해외위난상황 발생시'에 국가가 재외국민의 보호의무, 또 재외국민 보호체계를 확립한다고 되어 있는데…… 신낙균 의원안을 보면 해외위난상황에서 재외국민 보호에 그치는 것이 아니라 범죄 피해자라든가 범죄인이 된 경우까지도 포함하고 있어서, 또 사고에 있어서 실종자라든가 사고의 환자라든가 이런 사고의 경우에 있어서도 보호를 규정하고 있습니다. 그래서 법안의 목적에 '각종 사고'에 관한 규정도 넣는 것이 법체계상 맞다고 이렇게 생각이 됩니다.

두 번째로 '해외위난상황'의 정의가 되겠는데, 김정훈 의원안에서는 재산상 손해에 관해서 별도 수식어를 두지 않고 피해 규모를 따지지 않는데 신낙균 의원 안에서는 중대한 손해의 경우에 한정하고 있습니다.

그런데 이 법안에서 보면 신체·재산상의 피해라든가 또는 재산상의 손해가 발생하거나 발생할 우려가 있는 경우를 해외위난상황으로 정의했는데, 해외에서 예를 들면 전쟁이나 내란이나 대규모 자연재해라든가 또는 테러라든가 폭동이라든가 이런 것들에 직면했을 때 신변안전에 위협을 느끼고 그에 따른 공포가 있을 때는 재산상의 손해가 중대한 게 아니라 경미한 것이라 할지라도 재외국민 보호를 해야 할 필요성도 있고, 또 본국의 정부에 보호를 요청할 상황이 전개될 거라고 생각합니다. 그런 관점에서 보면 정의 규정에서 '중대한 손해'라고 이렇게 굳이 제한할 필요가 있겠나 하는 게 제 생각입니다.

두 번째로는 '각종 사고에 관한 규정을 두는 것이 좋겠다' 하는 것은 앞에 말씀을 드렸기 때문에 중복을 생략하고……

다만 신낙균 의원안에서는 테러단체나 해적 등에 의한 피랍의 경우를 포함시키고 있습니다. 그래서 이런 사항은 매우 시의 적절하고, 또 최근에도 소말리아에서 우리 어선이 납치된 일도 있고 테러 피해도 있기 때문에 그렇게 하는 것이 좋다고 이렇게 생각합니다.

국가의 책무와 주재국의 조치는, 김정훈 의원의 경우는 '정당한 보호를 받지 못하거나 못할 우려가 있는 경우' 그래서 못한 경우는 문제가 없지만 못할 우려가 있는 경우까지 넣으면 아직

사안이 정당한 보호를 받았느냐 안 받았느냐가 판가름 나지 않고 또 우리가 실질적인 조치를 하기 이전의 상황에서 그런 예단을 하는 것은, 또 거기에 대해서 개입을 하고 보호를 하는 것은 외교적 마찰을 발생케 할 우려가 있다, 본국의 재외국민 보호, 인적 관할권과 본국에 있어서의 영토고권과의 마찰이 있을 수 있기 때문에 좀 신중해야 되지 않나……

또 '영사 보호는 관련 국제법과 주재국 법령에 따라 실시한다'라는 것을 명기하는 게 좋겠다는 생각입니다. 경우에 따라 '국제관례'라는 표현을 쓰는 경우도 있는데 그것도 아울러 검토할 필요가 있다고 생각합니다.

그다음에 재외국민보호위원회와 관련해 가지고 우리 김정훈 의원안의 경우는 재외국민보호위원회를 대통령 소속으로 하고 대통령을 위원장으로 하는 안을 두고 있고, 신낙균 의원안의 경우는 외교통상부장관이 위원장을 맡아서 외교통상부 소속으로 하는 안을 두고 있는데, 다 장단점이 있고 근거가 있다고 생각합니다.

이 법이 헌법 제2조제2항의 재외국민 보호 규정을 실현하는, 실천하는 법률이기 때문에 재외국민 보호에 대한 정부의 적극적 의지를 대내외에 천명하면서 강력한 권한 및 지휘체계 아래 이 업무를 수행할 수 있는 장점이 있지만 대통령이 각종 위원회의 모든 장이 될 경우에 국정 운영에 많은 부담을 느낄 수 있고, 또 재외국민 보호는 정부조직법상 외교통상부의 업무로 규정되어 있다는 점도 감안할 필요가 있다는 것입니다.

그러나 또 다른 반면에 재외국민 보호는 해외위난상황 유형에 따라서 국방부, 국정원, 보건복지부, 경찰청 등 정부의 다른 부처가 관여할 수밖에 없기 때문에 외교부장관을 위원장으로 할 경우에 이런 부처 간의 협조나 일사불란한 재외국민 보호조치에 또 제한적 요소가 있을 수 있다, 어려움이 있을 수도 있다 하는 것이지요.

그래서 두 가지 방안을 검토해서 제가 하나의 대안을 제시한다면 재외국민보호위원회를 대통령 소속으로 두고 총리를 위원장으로 하고 외교부장관을 부위원장, 또 외교통상부차관을 간사로 하는 방안도 생각해 볼 수 있다는 겁니다.

국가테러대책위의 경우에 바로 이와 유사한 규정을 두고 있다는 거지요. 또 테러대책과 재외국민 보호가 일정 불가분의 관계가 있다고 보이기 때문에 이런 거버넌스를 만드는 것도 한번 생각

해 볼 필요가 있다고 생각합니다.
  그다음에 재외국민 보호계획 및 집행계획의 경우에 3년마다 할 것인지 5년마다 할 것인가인데, 오늘날 세계화·국제화뿐만 아니라 날로 급변하고 하는 세계에 있어서의 기본계획은 3년마다 작성하는 것이 좋지 않겠나 하는 생각이고, 또 김정훈 의원의 경우처럼 '재외국민의 인권침해 실태라든가 또 필요한 조사를 정기적으로 실시해서 기본계획에 반영해야 한다. 효율성을 제고해야 한다.' 이런 규정을 들이가는 게 좋겠다는 생각이 듭니다.
  또 재외국민보호위원회의 소속을 어디로 할 것인가에 관계없이 위난수습본부라든가 비상대책반의 설치·운영은 외교부장관 소속으로 하는 것이 적절하다고 보이고요, 다만 재난 및 안전관리법상의 중앙사고수습본부의 업무와 중복될 소지가 있기 때문에 이에 관해서는 좀 교통정리를 하거나 혹은 통합 운영을 할 필요가 있지 않나 하는 그런 생각입니다.
  다음에 위험지역 보호의 인적사항 등록과 강제대피권 명시 여부인데, 특히 강제대피권과 관련해 가지고 김정훈 의원안은 "재외공관장은 대피명령을 받은 자가 그 명령을 이행하지 아니하여 위급하다고 판단되는 때에는 강제로 대피시킬 수 있다."고 이렇게 규정하고 있습니다. 일종의 강제대피 실시권이라고 할 수 있겠는데……
  재외공관에 있어서 공관원이, 직원이 많은 경우도 있지만 어떤 경우는 5명 내외의 직원으로 공관 운영하는 곳도 많은데 과연 이런 강제대피를 실시할 강제력을 행사할 수 있는지, 현실적 수단이 있는지, 또 실효성의 관점에서 과연 그러한 실효성을 확보할 수 있는지, 하는 점이 논란이 될 수가 있겠고, 또 이 경우에 있어서는 저는 모든 해외 위난 상황이 있을 경우에는 그러한 강제대피권이 필요한 것도 아니고 이 강제대피 명령권 운영의 적극적인 행사를 통해서 강제대피 실시의 효과를 확보할 수 있는 부분도 있기 때문에 이러한 강제대피 실시 명령권까지 규정하는 데는 좀 더 검토가 필요하지 않나 그런 생각입니다.
  그리고 재외국민 인적사항 등록은 시의적절하고 바람직하다, 재외국민 보호 관리 체계를 위한 전제조건이고 정부의 준비 태세를 보완·강화할 수 있다는 점에서 바람직하다고 생각합니다.
  그다음에 재외국민 보호업무의 기본원칙이나 영사업무의 원칙이냐에 따라서 양 법안이 차이점을 보이고 있는데, 재외국민 보호가 더 상위 개념이고 재외국민 보호의 외교적 보호, 영사적 보호, 또 기타 국제법적인 보호로 대별되기 때문에 제목은 '재외국민 보호업무의 기본원칙'으로 하는 게 좋겠다는 생각이고요.
  다만 신낙균 의원안 제13조나 김정훈 의원안 제15조에 제2항을 둬서 "제1항의 기본원칙에 따른 재외국민 보호업무의 보다 자세한 내용은 대통령령으로 정한다."라는 규정을 마련하는 것이 좋겠다는 생각입니다.
  현재 법률이나 명령, 대통령령, 규칙도 없는 상태에서 외교통상부 훈령이나 지침으로 영사업무를 하는데 이 영사업무에 관한 지침은 앞으로 이 법이 시행될 경우에 상당 부분은 시행령이나 경우에 따라 시행규칙으로 끌어올려야 되지 않겠는가, 법치주의적 관점에서 볼 때 그런 위임에 관한 근거규정을 두는 것이 좋겠나 하는 생각입니다.
  시간이 초과했기 때문에 짧게 말씀드리면, 범죄 피해자 보호에 관한 규정을 두고 있는데 둘 체계상에 맞지 않은 부분이 있고, 실종자의 경우에는 범죄로 인한 실종자뿐만 아니라 자연재해로 인한 실종자도 있으니까 별도 규정을 두는 것이 좋겠다 생각이고, 또 납치의 경우 재외국민 석방 노력을 규정하고 있는데 그것은 좋은 규정이라고 생각합니다. 신낙균 의원 제15조의 경우, 그러나 이 경우에는 범죄 피해자 보호 조항에 함께 규정하는 것이 좋지 않겠나 하는 생각입니다.
  그리고 긴급구조요청의 경우에는 김정훈 의원의 경우에는 '생명·신체상의 위해가 우려되는 경우'로 한정하고 있고, 신낙균 의원의 경우에는 '재산상의 손해 발생이 우려되는 경우'로 해서 차이를 보이고 그것까지도 포함하는 경우로 되어 있는데, 신낙균 의원처럼 '재산상의 손해 발생이 우려되는 경우로서 급박한 때'도 포함하는 게 좋은데, 이 경우에 저는 '재산상의 중대한 손해'라는 표현을 쓰는 것이 어떻겠는가 하는 생각을 해 보았습니다.
  이러한 긴급구조 요청권을 부여하면 긴급구조 의무가 발생하기 때문에 이 경우에 '모든 재산상의 손해'로 하는 것은 공관에 너무 과중한 업무를 부과하는 것이 아닌가 그런 생각이 들고,
  결론을 드리면, 이 법은 가급적 재외국민 보호를 좀 확대하고 또 선언적인 의미를 갖는, 적극

적인 의지를 밝히는 선언적인 법률이 되어야 된다, 이렇게 생각이 됩니다.
　제 말씀 이것으로 마치도록 하겠습니다.
　고맙습니다.
○**위원장대리 김충환** 수고하셨습니다.
　다음은 외교통상부 재외동포영사국장이신 백주현 진술인께서 의견을 발표해 주시기 바랍니다.
○**진술인 백주현** 감사합니다.
　현재 국회에 신낙균 의원님하고 김성곤 의원님의 재외국민보호법안이 상정되어 있습니다. 재외국민 보호 문제에 큰 관심을 보여 주고 계신 외통위 위원님들께 깊은 경의를 표하는 바입니다.
　먼저 재외국민보호법 제정의 필요성에 관해서 말씀드리겠습니다.
　우리 헌법 제2조제2항은 국가의 재외국민 보호 의무를 명시하고 또 구체적인 방안을 법률로써 정하도록 규정하고 있습니다마는 그간 이러한 법률이 없다는 지적이 있어 왔습니다.
　그러나 실제 다른 나라의 경우를 보면 이러한 포괄적 법령을 가지고 있는 나라가 많지 않습니다. 독일, 스웨덴, 핀란드 등이 법을 갖고 있고, 그 이외에 법을 갖고 있는 나라는 현재 없는 것으로 되어 있습니다. 이러한 법률의 유무가 각국의 재외국민 보호 활동의 우열을 가름하는 척도가 되기에도 무리가 있는 것이 사실입니다. 이는 각국의 법적 전통, 국가와 국민의 역할에 관한 일반적 인식의 차이에서 비롯되었다고 보기 때문입니다. 참고로 대부분의 국가들이 우리나라의 재외국민 보호를 위한 영사업무 지침과 같은 별도 지침이나 가이드라인에 따라서 재외국민 보호 업무를 수행하고 있다는 점을 말씀드리겠습니다.
　46쪽입니다.
　정부는 향후 재외국민보호법이 제정되면 재외국민 보호에 관한 정부의 포괄적 의무를 선언함과 동시에 재외국민 보호를 위한 체계를 확립하고, 이로써 국가와 국민의 책임의 한계 또한 분명해지는 효과가 있을 것으로 기대하고 있습니다. 그리고 재외국민 보호를 위한 법적 제재수단을 확보할 수 있다는 효과도 기대하고 있습니다. 이러한 맥락에서 법 제정의 취지에 동감합니다.
　다만 각국에서 법체계, 관행, 사회 환경 등이 상이한 상황에서 각국의 특수상황에 대한 고려 없이 우리 법률에서 일률적으로 재외국민 보호의 세부 내용에 대한 법적 책임과 권한을 규정한다면 실제로 이 법 집행이 순조롭게 이루어지지 않

을 수 있다는 우려가 있음을 말씀드립니다.
　헌법 제2조제2항은 우리 국민 보호를 위해 국제법상 국가의 권리를 충실히 행사하라는 헌법상 명령이라고 볼 수 있으나 국제법상 외교적 보호권 및 영사조력권의 행사에 관한 국제법상 요건 및 행사의 범위, 그리고 주재국 법령의 범위를 넘어서는 부분까지 우리 국내법으로 의무를 지우는 것은 지양해야 된다고 생각을 하고 있습니다.
　또한 법안의 핵심 내용이 될 영사조력의 범위에 대한 국민적 공감대 형성을 하기 위해서 지난 심의 시와 같이 금일 공청회에서 좋은 의견이 수렴되기를 기대하고 있습니다.
　정부의 영사조력 범위와 국민의 높은 기대수준 간 격차가 좁혀지지 않은 상황에서 재외국민보호법이 제정될 경우, 정부의 영사 서비스에 대한 국민의 불만족이 커지고 결국 대정부 불신감을 초래할 수 있음도 고려해야 된다고 생각합니다. 특히 이 법의 원활한 시행을 위해서는 영사 인력 등 외교 인프라의 보강과 여러 정부의 의무를 이행하기 위한 예산이 확보되어야 된다는 점을 강조하고 싶습니다.
　재외국민에 대한 조력범위 설정 시에는 국내에서 발생하는 유사 사례에서 우리 정부가 제공하는 보호 수준과의 형평성을 고려할 필요도 있다고 하겠습니다. 또한 법정부적인 재외국민 보호 시스템을 구축하기 위해서는 관계 부처들의 전문성을 효과적으로 활용하는 것이 중요하므로 법률에서 관계부처의 역할을 구체적으로 명시할 필요가 있다고 생각합니다.
　법안의 핵심 내용이 될 영사조력 범위에 대한 국민적 공감대를 형성하기 위해서는 금번 공청회를 시작으로 다양한 전문가의 의견 수렴 등을 통하여 충분한 논의가 이루어지기를 기대합니다.
　구체적으로 몇 가지 말씀을 드리겠습니다.
　먼저 법안의 목적 및 적용 범위와 관련해서 국가의 재외국민 보호 의무와 더불어 국민 스스로도 안전 확보를 위한 노력을 기울여야 한다는 국민의 의무도 규정하여 양자의 균형을 도모할 필요가 있다고 생각합니다. 또한 동 법안은 '해외위난상황'뿐만 아니라 '일반적인 사건·사고'에도 적용되어야 할 것이므로 적용의 범위를 포괄적으로 설정할 필요가 있다고 봅니다. '각종 사건·사고'로 일원화하는 것이 적절하다고 봅니다.
　둘째, 재외국민 보호업무를 담당하는 사람이 지켜야 할 재외국민 보호업무의 기본원칙과 관련

해서 동 조항은 원칙보다는 구체 업무를 기술하고 있는 것이므로 현재 외교부가 사용 중인 '영사업무지침'상의 기본원칙을 준용하는 것이 적절하다고 보입니다. 즉, 영사관계에 관한 비엔나협약을 비롯한 국제법규와 주재국 법령을 준수하고, 공공의 이익을 저해하지 않으며, 주재국의 문화와 관습 등 특수한 사정을 고려하고, 국내에서 제공하는 보호의 수준을 초과하지 않는다는 등의 원칙들입니다.

셋째, 재난 및 안전관리기본법의 적용 문제인데, 이 법이 기본적으로 우리 주권이 미치는 국내 상황에 주로 적용되는 법률인 만큼 이 법률 중 해외 상황에 관계된 부분만 특정해서 적용할 필요가 있다고 봅니다.

넷째, 국가의 책무 부분인데, '외교적 조치'라는 부분이 국제법상의 '외교적 보호'와 혼동될 소지가 있다는 점에서 "재외국민이 정당한 보호를 받지 못할 경우 국제법에 따라 외교적 조치를 취한다."라고 하기보다는 '관련 국제법 및 주재국 법령에 따라 필요한 조치를 취한다.'라는 식으로 수정하는 것이 필요하다고 봅니다.

다섯째, 범죄 피해자나 가해자, 환자, 사망자, 피랍 재외국민의 석방 등 영사조력에 관한 사항입니다.

범죄피해자 보호 제도는 각국마다 상이한 점을 감안해서 국제법뿐만 아니라 주재국 법령의 범위 내에서 영사조력을 해야 한다는 점이 명시되어야 한다고 봅니다.

또한 신학균 의원님 안에 의하면 범죄 피해자가 주재국의 정당한 피해구제를 받지 못할 경우 주재국에 필요한 조치를 취하도록 되어 있는데 이는 국제법상 국가의 권리인 외교적 보호권을 국내법상 국가의 의무로 규정하는 조항이므로 각별히 신중할 필요가 있다고 봅니다.

한편 이와 관련한 조항에서 '재판'을 언급하는 경우에는 반드시 민사재판은 제외되어야 한다는 단서조항을 둘 필요가 있으며, '변호사 선임 등 필요한 지원' '치료 또는 국내송환을 위한 필요한 지원' '유해의 발굴 등을 위한 필요한 지원' 등에서 '필요한'의 범위가 확대 해석될 소지가 크고 과도한 기대심리를 촉발할 수 있으며, 내국민이 받는 국가의 서비스와의 형평에도 어긋난다는 점에서 현행 '영사업무처리지침'의 수준에서 보다 한정적으로 규정할 필요가 있다고 봅니다.

여섯째, 해외 위난지역의 지정·고시 및 여권의 사용제한 등에 관해서는 이미 여권법에 규정되어 있는 바와 맥락을 같이하여 재외공관장의 대피명령권 및 위반 시 제재규정을 포함하는 것은 적절하다고 봅니다.

다만 김정훈 의원님 안에서 언급한 강제대피권은 주재국 공권력 사용과 관계된 만큼 신중할 필요가 있다고 봅니다.

일곱 번째, 재외국민보호위원회의 설치에 관한 부분인데, 대통령 직속보다는 외교부의 전문성과 정책의 통일성을 기하는 차원에서 외교부장관 소속하에 동 위원회를 두는 것이 보다 적절하다고 봅니다. 이 경우 위난수습본부도 외교부장관 소속하에 설치함이 자연스러울 것입니다.

마지막으로 경비 지원 및 상환에 관한 규정 부분입니다.

이 법이 제정되면서 결국 실질적으로 국민들에게 가장 큰 혜택이 될 수 있음과 동시에 재정적으로는 가장 큰 부담으로 작용할 가능성이 있다고 봅니다. 이를 위해서 국고나 예산보다는 기금(가칭 재외국민보호기금)을 조성하여 지원하는 방안을 중점 검토해 볼 필요가 있다고 봅니다. 또한 기존의 기금, 예를 들어서 관광진흥기금의 일부를 사용하는 방안도 고려 가능하며, 이 경우에는 해당 관련되는 법을 개정하여서 사용 목적에 추가하는 방안도 검토해 볼 필요가 있다고 생각합니다.

단, 재외국민에 대한 경비 지원 시에는 재외국민의 도덕적 해이를 불러일으킬 가능성이 있다는 점을 고려할 필요가 있고, 또 국내 재난 피해자와의 형평성을 고려할 필요가 있습니다. 특히 해외영주권 등 납세의 의무를 이행하지 않는 재외국민에 대한 지원이 이루어질 경우 국내 납세자들의 반발이 예상된다는 점에서 지원 범위를 최대한 제한적으로 규정하는 것이 필요하다고 봅니다.

따라서 국고와 예산이 아닌 국민적 출연을 통한 기금을 통해 지원할 경우 국가의 직접적 지원이 아닌, 국민 상호간 국민적·사회적 연대 차원에서 피해자에 대한 보상이 이루어진다는 점에서 원칙적으로 문제 해결이 가능하다고 봅니다.

한편 지원된 경비의 상환을 위한 효과적인 제도가 마련되지 않은 상황에서 지원할 경우 예산 또는 기금의 낭비가 발생할 수 있는 만큼 관계기관의 협조를 통한 상환 방안을 구체적으로 명문화할 필요가 있다고 생각합니다. 아울러 미상

환자에 대한 제재 방안도 포함시킬 필요가 있다고 생각합니다.
이상 개괄적으로 검토의견을 말씀드렸습니다.
○위원장대리 김충환 수고하셨습니다.
다음에 마지막으로 단국대학교 법과대학 교수이신 김석현 진술인께서 의견을 발표해 주시기 바랍니다.
○진술인 김석현 안녕하십니까?
단국대학의 김석현입니다.
저도 국제법을 전공하는 교수로서 법안 검토해 달라는 부탁을 받고 한번 들여다봤습니다.
앞서서 세 분 좋은 말씀 많이 했기 때문에 중복되지 않는 범위 내에서 간단하게 말씀드리도록 하겠습니다.
검토 대상이 되는 법률안이 재외국민보호법으로 되어 있는데 우리가 일반적으로 '재외국민 보호'라고 하면 크게 3개 카테고리로 정리할 수 있을 겁니다.
하나는 '영사보호', 그러니까 영사보호라고 하는 것은 주재국의 법률이 허용되는 범위 내에서 영사가 자국민을 보호하는 그런 것을 말하지요.
그다음에 '외교적 보호'인데, 외교적 보호는 자국민이 그 영토국 내에서 심각한 권익 침해를 받았을 때 주재국의 법에 의해서 국내적 구제 절차를 밟았음에도 불구하고 구제가 안 됐을 때 소속국의 중앙정부가 나서서 영토국 정부를 상대로 손해배상을 청구하는 것을 의미하는 겁니다.
그다음에 마지막으로 '자국민 보호를 위한 무력행사' 이것까지도 우리가 개념상으로는 포함을 시켜야 될 것 같습니다.
그런데 두 분 의원께서 발의하신 두 법안은 모두 다 제목을 재외국민보호법안이라고 하고 있는데 그 내용을 보니까 주로 '위난상황', 신낙균 의원께서는 '위난상황'이라고 하는 것에 집중을 하셨고, 그다음에 김정훈 의원안에서는 여기에다가 추가를 해서 '각종 사고 및 위난상황' 해서 주로 위난상황과 중대한 사고의 경우를 집중적으로 다루고 있는 것 같습니다.
그러다 보니까 이들 두 법안은 평상시의 일반적인 재외국민 보호, 다시 말씀드리면 1963년에 영사관계에 관한 비엔나협약에서 규정하고 있는 일반적인 재외국민 보호에 관련된 영사 기능, 영사 보호의 내용을 충분히 다 반영하지 못하고 있다는 것, 지적이 될 수가 있겠습니다.
그리고 김정훈 의원안에서 규정하고 있는 '각종 사고', 이것은 그 규정된 바에 따르면 "(체류국 당국에 의해서) 조사가 개시된 경우나 체포된 경우, 그리고 행방불명된 경우 등으로 재외국민의 생명·신체 또는 재산상의 침해가 발생하거나 발생할 우려로 국가의 보호가 요구되는 상황"이라고 규정하고 있는데, 여기서는 그렇기 때문에 단순한 폭행이라든지 절도라든지 강도 또는 질병 등에 처한 경우는 배제되고 있어서 이러한 경우에는 법률안 제6조에서 규정하고 있는 경비 지원과 같은 보호가 불가능하게 되어 있기 때문에 따라서 이것은 보완의 여지가 있지 않겠나 생각을 합니다.
그리고 이 법안에서는 외교적 보호에 대해서는 구체적인 언급을 안 하고 있는데 다만 김정훈 의원안 제4조제2항에서 "재외국민이… 정당한 보호를 받지 못하거나 못할 우려가 있는 경우 외교통상부장관은 관련 국제법에 따라서 주재국에 대하여 필요한 외교적 조치를 취하여야 한다."라고 규정하고 있는데, 이게 외교적 보호를 의미하고 있는지는 확실하지가 않습니다. 외교적 보호라고 하는 것은 아까도 말씀드렸다시피 영토국이 외국인 보호에 관한 국제법상의 의무를 위반했을 때 그 외국인의 국적국이 해당 영토국을 상대로 손해배상을 추궁하는 것을 말하는데 이러한 외교적 보호는 그 피해를 받은 개인의 이익과 그 국적국의 이익, 2개를 비교 형량을 해서 국가 입장에서 이것을 취할 것인지 말 것인지를 결정할 수 있는 소위 재량 범위에 속하는 것이라고 인식이 돼 있습니다.
(김충환 간사, 신낙균 위원과 사회교대)
그다음 무력적 보호인데, 무력적 보호는 그동안 선진 군사 강국들에 의해서 종종 취해져 온 것은 사실입니다. 그런데 이러한 무력적 보호는 대체로 어떠한 경우에 문제가 됐냐면, 중대한 피해가 자국민에게 발생을 했고 영토국으로부터 어떠한 구제 또는 보호 조치를 기대할 수가 없다 하는 극한적인 상황을 전제로 하는 것인 만큼, 일반적인 경우를 규정하는 법률안에다가 이것을 직접적으로 언급할 필요는 없다 하는 점에서 볼 때 이들 두 법안이 이에 대해서 구체적으로 규정하지 않고 있는 것에 대해서는 저도 공감을 합니다.
그런데 전체적으로 보면 두 법안은 '위난상황' 그리고 '중대한 사고' 이 경우에만 초점을 맞추고 있기 때문에 보완을 위해서 2개의 방안을 한번 검토해 볼 필요가 있지 않겠나 생각을 합니다.
 하나는 법안의 제목과 일치하도록 재외국민 보호에 관해서 포괄적인 내용을 규정하는 것, 그리고 또 하나는 법안의 내용과 일치하게끔 제목을 '위난상황 및 각종 사고 시 재외국민 보호에 관한 법률'로 하는 것, 이 2개를 한번 검토해 볼 필요가 있지 않겠나 생각을 합니다.
 그다음 구체적인 내용별로 간단하게 한번 차례대로 말씀을 드리도록 하겠습니다.
 두 법률안의 기본적인 취지에 대해서는 저도 전체적으로는 공감을 하는데, 몇몇 일부 조항과 관련해서 좀 수정이 필요하다 하는 부분만 챙겨서 말씀을 드리도록 하겠습니다.
 우선 다른 법률과의 관계인데, 두 법안 모두 다 언급을 하고 있습니다. 공통 조항으로 제3조에서 "해외위난상황에 관하여 이 법에 규정된 것을 제외하고는 재난 및 안전관리기본법을 적용한다."라고 규정하고 있습니다.
 그런데 이 재난 및 안전관리기본법은 기본적으로 국내에서 발생한 재난 상황에 적용될 것을 목적으로 하는 만큼 해외위난상황에다가 이 법을 그대로 적용하는 것은 적절하지 못하지 않나 생각을 합니다.
 쭉 이 재난 및 안전관리기본법을 검토를 해 보니까 재외국민 보호와 관련해서 직접적으로 적용 가능한 규정들이 몇 개 있더라고요. 그러나 그 외의 것들은 다 국내적 상황을 전제로 하는 것이기 때문에 이 법을 그대로 재외국민 보호 분야에다가 적용하는 것은 무리가 따른다, 생각을 합니다.
 따라서 이 법률안에서는 굳이 다른 법률과의 관계에서 재난관리기본법을 우리가 언급을 하려면 "재외국민 보호를 위한 필요한 범위 내에서 재난 및 안전관리기본법의 규정들을 준용할 수 있다."라고 하는 포괄적인 규정을 두는 것이 바람직하지 않겠나 생각을 합니다.
 그다음 재외국민 보호의 기본 원칙, 신낙균 의원님이 내신 안에는 제13조에서 재외국민 보호 업무와 관련된 기본 원칙을 규정하고 있는데 거기에 추가적으로다가 규정되어야 될 게, 규정되는 게 좋겠다 하는 게 몇 개가 있어서 좀 적어 봤습니다.
 하나는 뭐냐 하면 재외국민 보호는 해당 외국의 영역고권을 침해하지 않는 범위 내에서 이루어져야 한다 하는 것, 그다음 또 하나는 재외국

민 보호는 해당 재외국민의 의사에 반하지 않는 범위 내에서 이루어져야 한다는 것, 싫다고 하는 데 억지로 할 수는 없는 거지요.
 그다음 또 하나는 재외국민 보호는 유사 상황에서의 내국민에 대한 지원과의 균형을 벗어나지 않는 범위 내에서 이루어져야 한다는 것, 국내에서 세금 내고 살아가는 사람들보다 보다 더 가중된 보호를 재외국민한테 주는 것은 역시 국민적 반발을 초래할 우려가 있지 않겠는가, 형평의 원칙에도 어긋나지 않겠나 생각을 합니다.
 그다음 재외국민 보호는 국가이익에 반하지 않는 범위 내에서 이루어져야 한다 하는 겁니다. 피해를 받은 자국민의 보호도 중요하지만 그로 인해서 발생할 수 있는 그보다 더 큰 국가이익의 보호에 대해서 우리가 주목하지 않을 수가 없겠습니다.
 그다음 경비 지원에 관련된 문제입니다.
 법안들은 각각 '해외위난상황' 그리고 '각종 사고 또는 해외위난상황'에 처한 재외국민들에 대해서만 경비 지원 할 수 있다라고 규정하고 있는데 이러한 지원들을 굳이 이 위난상황이나 각종 사고에 처한 재외국민들만 대상으로 할 것이 아니라 질병에 걸리거나 절도라든지 폭행 등을 당해 가지고 개인적인 곤경에 처한 그런 경우까지도 커버될 수 있도록 수정하는 것이 낫지 않겠는가 생각을 하고, 현실적으로 또 그와 같은 보호가 이루어지고 있는 것으로 알고 있습니다.
 그리고 이러한 경비 지원을 받을 수 있는 경우를 좀 세분을 할 필요가 있겠습니다. 해당 재외국민이 스스로 경비를 조달할 수 없는 경우 또는 그 가족 등으로부터 경비를 지원받을 수 없는 경우에 한해서 국고로서 지원하는 것이 적절하지 않겠는가 생각을 합니다.
 그다음 경비 상환의무도 법률안에서는 규정하고 있는데 그 상환의무를 이행하지 않을 경우에 그 강제이행을 위한 조치에 대해서는 언급이 없어서 경비의 환수를 위한 강제집행 조치도 역시 원칙적으로는 규정이 되는 것이 좋지 않겠나 생각을 합니다.
 그다음 재외국민보호위원회인데, 신 의원안에서는 위원장을 외교통상부장관으로 하고 김 의원안에서는 위원장을 대통령으로 한다 하는 방향으로 규정하고 있습니다. 앞서서 두 분 말씀도 계셨지만 저도 그렇게 생각합니다.
 재외국민 보호의 주된 책임이 외교통상부에 속

한다는 점을 감안해 볼 때 위원장을 외교통상부 장관으로 하는 것이 보다 더 효과적이지 않겠는가 생각을 하고, 부위원장은 외교통상부 제2차관으로 하는 것이 외교통상부 직제에 입치한다고 보고, 그리고 위원들은 관계 부처 국장급 정도로 구성하는 게 적절치 않겠나 생각을 하고, 필요한 경우, 간사 1명이 필요하다 했을 때는 외교통상부 재외동포영사국장이 주무 국장으로서 간사로 나서는 게 좋지 않겠나 생각을 합니다.

그다음에 이 재외국민보호위원회는 비상설적인 고위급 기관이라고 생각을 할 때 보다 더 실무적인 상설기구도 하나 마련하는 게 좋지 않겠나 생각을 합니다. 각 부처 간 실무협의체로서 관련부처 공무원들로 구성된 상설기구로서 명칭은 어쨌든 간에, 재외국민보호센터라든지 이런 것을 하나 둠으로써 업무의 지속성을 유지하는 것 필요하지 않겠나 생각을 합니다.

그다음에는 넘어갑니다.

그다음 위난지역 그리고 위험지역에서의 보호, 탈출, 대피와 관련해서입니다.

두 법률안 모두 공통 규정으로서 두고 있는 것이 재외공관장으로 하여금 "해당 지역 안에 있는 재외국민으로 하여금 해당 지역 밖으로 대피할 것을 명할 수 있다."라고 규정하고, 김 의원님안에서는 한 걸음 더 나아가서 재외공관장으로 하여금 규정 시 이들을 "강제대피 시킬 수 있다."라고 규정하고 있습니다.

위난지역이라든지 위험지역으로부터 재외공관장이 우리 국민들을 대피하도록 명령할 수 있는 것은 자국민 보호를 목적으로 하는 대인고권의 행사라고 볼 수 있어서 문제가 없겠지만 그 명령을 이행하지 않을 경우에 강제대피 시키는 것은 주재국의 관할권의 침해를 초래할 수 있다는 점에 우리가 유의해야 될 것입니다.

그다음 범죄피해자 보호인데, 두 법률안 모두 "범죄피해자가 주재국의 정당한 피해구제를 받지 못하는 경우 외교통상부장관은 관련 국제법에 따라서 주재국에 대하여 필요한 조치를 취하여야 한다."라고 규정하고 있는데 이거 아마 외교적 보호를 의미하는 것으로서 이해될 수 있을 것 같습니다.

그렇다면 외교적 보호가 국가의 재량 범위라고 우리가 인정한다면 필요한 조치를 "취하여야 한다."가 아니라 '취할 수 있다.'라고 규정하는 것이 보다 더 적절하지 않겠나 생각을 하고, 그다음

여기서 문장의 주어가 "외교통상부장관"인데 "주재국"이라 하는 표현은 다소 어색하다 하는 것도 역시 지적될 수가 있겠습니다.

그래서 이것을 수정을 해서 하나 제안을 해 보면, 이런 식으로 바꾸면 좋겠지 않겠나 생각을 합니다. "범죄피해자가 그 체류국으로부터 정당한 구제를 받지 못하는 경우 외교통상부장관은 국제법에 따라 그 국가를 상대로 손해배상을 요구할 수 있다."라는 취지로 수정되는 것이 적절치 않나 생각을 해서 한번 적어 봤습니다.

그다음 체포·구금된 자 또는 복역 중인 자의 보호와 관련해서입니다.

두 법안 모두 다 이에 대해서 규정을 두고 있는데, 이 체포·구금 또는 기소 중이나 복역 중인 자들의 보호와 관련해서 가장 중요한 것이 영사접견권입니다. 그런데 이게 여기서 직접적인 언급이 없어서 반드시 이게 규정이 되어야 될 거라고 생각합니다.

그다음 변호사를 선임할 수 있도록 규정을 했는데, 공관장이 변호사 선임을 해 주도록 규정을 하고 있어서 이 경우에 마치 국가가 변호사 비용을 부담하는 것으로서 오해될 소지가 있고, 따라서 "변호사와 통역인의 선임을 알선할 수 있다."라는 취지로서 수정되고, 비용은 본인 부담으로 하는 것이 타당치 않나 생각을 합니다.

○**위원장대리 신낙균** 예, 정리해 주시지요.
○**진술인 김석현** 예, 간단하게 이만 정리하겠습니다.
○**위원장대리 신낙균** 예, 수고하셨습니다.

이제 네 분 진술인의 의견 발표가 모두 끝났습니다.

다음은 위원님들의 질의 순서가 되겠습니다.

위원님들의 질의는 일문일답으로 하고, 질의 시간은 답변 시간을 포함해서 7분으로 하고자 합니다. 보충질의가 필요하신 위원님께는 나중에 보충질의 시간을 드리도록 하겠습니다.

위원님께서 질의하실 때에는 의견을 듣고자 하는 진술인을 지명해서 말씀해 주시기 바랍니다.

또 진술인들 또한 위원님들 질의 시간이 한정되어 있기 때문에 간단명료하게 답변해 주시면 감사하겠습니다.

그러면 먼저 한나라당 홍정욱 위원님 질의해 주시기 바랍니다.

○**홍정욱 위원** 예, 이춘석 위원님과 순서를 바

뭐 질의하겠습니다. 위원님들의 양해 바랍니다.
 백주현 국장님께 여쭙겠습니다.
 진술문 보면 대부분의 국가가 재외국민보호법 같은 이런 법령 형태가 아니라 별도 지침이나 가이드라인으로 이 보호업무를 수행하고 있는, 이 같은 법 제정은 하지 않더라도 결국 재외국민 보호에 어려움이 없다라는 그런 의견으로 이해할 수 있겠습니까?
○진술인 백주현 예.
○홍정욱 위원 그렇게 생각을 하시는 거에요?
 간단하게 대답해 주세요.
○진술인 백주현 예, 그렇습니다.
○홍정욱 위원 그렇다면 지금 현재 재외국민 보호를 위한 영사업무지침 이것만으로 갈수록 늘어가는 재외국민 보호 업무를 처리하기는 어렵지 않겠습니까?
○진술인 백주현 그러니까 외교부로서도 그러한 법이 있는 것이 도움이 될 수 있지만 법을 제정을 하기 위해서는 법 제정에 따른 여러 가지 조건들이 있습니다. 조건이라기보다는 그러한 여건이 되지 않은 상황에서 법이 제정될 경우에는 국민들의 과대한 기대만 올리고 실제로는 시행되지 않는다는 그런 취지입니다.
○홍정욱 위원 예, 그 말씀 들었는데 선반석으로 "이 법 제정이 국민들의 기대처를 높일까 우려된다." 이 말씀을 진술문에서 계속 해 주셨는데, 저도 일견 동의합니다만 이 법 제정으로 오히려 외교부 영사인력 확보를 좀 앞당기고 아주 고질적인 인력과 예산 문제를 좀 풀어 나갈 수 있는 계기가 될 수 있지도 않겠습니까?
○진술인 백주현 그런 점도 있다고 생각합니다.
○홍정욱 위원 그리고 경비 문제 관련해서 진술문에서 보면 "재외국민보호기금을 만들거나 관광진흥기금 활용하자." 이렇게 말씀하셨는데, 저도 아이티 지진 때 본 것처럼 해외재해 지원 재원 조달을 위해서 해외긴급구호기금 형태로 기금 신설을 현재 저희 의원실도 검토를 하고 있습니다.
 그런데 가장 큰 문제가 기재부 등 재정당국의 협조를 얻어 내는 것이 보통 어려운 일이 아니고, 또 두 번째로 이 기금을 설치하려면 결국 기금의 수입이 있어야 되는데, 그렇지요? 부담금을 새로 만들기도 어려워서 결국 예산에 의존하는 형태가 되지 않을가 이런 생각을 하는데, 기금 신설이라면.
 견해가 어떠세요?

○진술인 백주현 사실은 저희도 그 발언문에서 강조를 드렸습니다마는 예산으로 하는 데는 분명한 한계가 있고, 더군다나 지난 2년 동안은 예산을 감액 조정했던 그런 부문이 있고, 앞으로도 그런 경제적인 어려움이 있을 때 예산은 급격하게 삭감이 되거나 할 이런 우려가 있기 때문에 과연 법에 의거한 재외국민 보호가 제대로 이루어지겠느냐 그런 안정성에 대한 우려를 갖고 있습니다.
○홍정욱 위원 관광진흥기금 활용 문제도 "기금법 개정해서 목적사업에 해외안전여행 포함시키면 활용할 수 있다." 이렇게 말씀을 하셨는데 재외국민의 범위가 아시다시피 여행자뿐만 아니라 장기 거주자도 있고 우리 교민들이 포함되는 상황에서 관광진흥기금 재원을 끌어다 쓰는 것이 가능합니까?
○진술인 백주현 관광진흥기금을 끌어다 쓰는 것이 아니고요, 관광진흥기금이 부여된 것과 같은 취지로 그것을 활용할 수 있다는 그런 말씀입니다.
○홍정욱 위원 다시, 관광진흥개발기금법을 개정해서 관광진흥기금의 재원을 활용하자라는 의견 아니었나요?
○진술인 백주현 그러니까 해외를 여행하는 분들에 대해서 부과하는 그 세금이 관광 진흥에만 이용되는 것이 아니라 재외국민 보호에도 이용이 되어야 된다는 뜻입니다.
○홍정욱 위원 그런데 목적사업에 아까 해외안전여행을 포함시키자고 하셨잖아요?
○진술인 백주현 그렇습니다.
○홍정욱 위원 그런 경우에도 장기 거주자와 우리 교민들이 그 사업목적에 포함될 수 있느냐는 질문입니다.
○진술인 백주현 장기 거주자도 당연히 거기에 포함될 수 있지요.
○홍정욱 위원 알겠습니다.
○진술인 백주현 영주권자까지 포함하는 개념이기 때문에……
○홍정욱 위원 해외에서 문제가 발생할 경우에 신속 해외송금제 통해서 1회 3000달러 한도로 이렇게 지원해 주고 있는데, 이 제도를 보완하고 재원을 확충해서 재외국민 보호 재원으로 활용할 수 있지는 않을까요?
○진술인 백주현 해외 신속 송금은 서울에서 개신 분이 입금을 했을 때 나가는 돈이고요, 그러

니까 그것은 정부예산이나 보조금이 들어가는 개념이 아닙니다. 그거보다는 현재 해외에서 긴급구난기금이 있습니다. 그런데 예산이 지금 거의 없는 상황이지만 그것을 확충해서 하는 그런 개념입니다. 그것은 구분이 되어 있습니다.

○홍정욱 위원 알겠습니다.
아이디어 차원이지만 본 위원이 구상하고 있는 해외긴급구호기금하고 재외국민보호기금하고 합쳐서 이것을 외교부가 직접 관할하거나 한국국제협력단이나 재외동포재단이 운용하는 방안에 대해서도 검토를 한번 해 볼 만한 필요가 있다고 저는 생각을 합니다.
참고해 주시고요.
제성호 교수님께 잠깐 여쭤겠습니다.
재산상의 중대한 손해에 대해서도 동법의 적용필요성 강조하셨는데, 언급하신 대로 재산상의 손해를 얼마까지로 규정하느냐 이 부분이 상당히 어려운 문제 같은데, 자칫 잘못 들으면 법과 영사인력이 아주 오남용될 소지가 있지 않은가 하는 우리가 느끼는데 어떻게 생각하십니까?

○진술인 제성호 그래서 아까 중대한 손해라는 규모를 어떻게 정하느냐 그것이 굉장히 좀 쟁점이 될 것입니다.
아까 말씀하신 것처럼, 우리 백 국장님도 말씀하셨다시피 예를 들어 일종의 재외국민의 도덕적 해이도 불러올 수 있고 또 과도하게 우리 재외공관에서 이쪽 업무에 투입이 될…… 인력은 부족한데, 그런 문제점이 있기 때문에 그래서 제가 아까 일반 손해가 중대한 손해라고 하는 액수를, 추상적인 기준이지만 그런 게 필요하지 않을까 하는 점, 말씀드립니다.

○홍정욱 위원 예, 감사합니다.
김봉섭 진술인께도 잠깐 여쭤 보겠습니다.
진술문 보면 일본의 경우에 전염병에 대해서 국민보호 실시하고 있음을 유념하여야 한다고 그러셨는데, 지금 재외국민보호법 보면 해외의 재난에 대해서 재난 및 안전관리기본법 3조 2호의 '해외재난' 정의를 따르도록 하고 있지 않습니까?

○진술인 김봉섭 예.

○홍정욱 위원 그런데 우리가 안전관리기본법 3조1항에 보면 재난에 '전염병 확산'이 포함돼 있거든요. 그러면 결국 3조2항의 '해외 재난'에도 '감염병' 혹은 '전염병 확산'이 포함되어야 된다라고 저는 개인적으로 생각하는데, 어떻게 생각하십니까?

○진술인 김봉섭 예, 저도 홍 위원님 말씀에 동의합니다.

○홍정욱 위원 그리고 김봉섭 선생님의 진술문을 보면 사스나 신종플루 같은 감염병 확산이 차원을 넘어서서 풍토병같이 여행자들이 걸리기 대단히 쉬운 병들이 있는데 이것에 대한 보호도 가능하지 않은가 하는 생각이 드는데, 견해가 어떠세요?

○진술인 김봉섭 예, 저도 동의를 합니다.

○홍정욱 위원 아, 그러세요, 알겠습니다. 참고하겠습니다.
그리고 이건 질의는 아니고 김석현 교수님께서 말씀해 주신 재외국민 보호에 추가적인 기본원칙 및 가지, 아주 중요한 부분으로 느껴집니다. 이 부분 첨부하는 걸 긍정적으로 검토해야 한다고 생각합니다.
이상입니다.

○위원장대리 신낙균 홍정욱 위원님 수고하셨습니다.
다음은 민주당 송민순 위원님 질의해 주시기 바랍니다.

○송민순 위원 우선 질의에 들어가기 전에 국회에서 이런 재외국민 보호 관련 법안이 이렇게 말의가 되는 것 자체는 정부의 재외국민 보호 노력을 더 강화해야 된다, 또는 강화해 달라는 국민들의 욕구를 반영한 것 아니겠습니까?
백주현 진술인 말씀이지요, 그래서 이것을 정부 당국에서 귀담아들을 필요가 있다는 점을 먼저 말씀을 드리고, 그러나 이것을 보호를 해야 한다는 당위와 보호를 할 수 있는 실질적인 수단, 이 능력이 되느냐, 실행을 보장해야 되느냐 하는 그 같이 가야 되지 않겠습니까?
그러니까 실행할 수 있는 능력의 범위를 벗어난 법을 만들어 놓으면 굉장한 갈등이 생기고 정부가 국민에 대해서 신뢰를 못 갖게 되는 것이지요.
그런 차원에서 우선 결론부터 말씀드리면, 제 생각은 위원님들이 제안한 이 법안에 녹아 있는 내용을 최대한 반영을 해서, 그러니까 실행을 보장하는 범위 내에서겠지만 최대한 반영해서 이 안에 대한 정부안을 내놔야 되지 않겠느냐, 물론 앞으로 법안소위에서 논의를 하겠지만 정부안을 내놔야 되겠는데 거기에 대해서 검토를 하고 있습니까?

○진술인 백주현 정부안을 현재 제출할 것인가

에 대한 결정을 하거나 검토는 하지 않았지만 양 의원님들이 제출하신 법안에 지금 말씀하신 취지대로 이게 실현 가능한지 또 이런 것이 적절한지에 대해서는 검토를 하고 있습니다.

○송민순 위원 검토를 하고 있는 게 아니고, 제가 보기에는 정부에서 여기에 들어 있는 그러한 필요한 사항들을 최대한 반영한 정부안을, 현실적으로 가능한 범위를 이야기하는 겁니다. 그러면서 최대한 반영된 법안을 제시하지 않으면 이 법안 2개에서의 절충안이 돼 가지고 법안이 통과가 됩니다. 통과가 되었을 때 제가 말씀드린 이 법안에 따른 국민들의 기대와 정부가 제공해 줄 수 있는 그 자산의 한계 이것 때문에 굉장히 대정부 불신이 생기는 겁니다.

그래서 그것은 정부안을 내야 된다고 이렇게 생각이 되는데, 거기에 대해서 다시 한번 의견을 말씀해 주시겠습니까?

○진술인 백주현 지금 송 위원님께서 말씀하신 부분을 고려를 해서 외교부가 어떻게 할지 다시 보고를 하는 것으로 그렇게 하겠습니다.

○송민순 위원 저는 지금 이 법안이 지향하는 바의 세부적인 내용보다도 현실적인 능력에 대해서 좀 질문을 드리겠는데, 우리가 1991년부터 2000년, 20년 사이에 해외여행객 숫자나 우리의 해외무역, 대외무역 규모 이런 게 한 5배 정도 늘었어요.

그런데 영사 업무를 담당하는 인력을 포함한 총 외교인력은 한 10% 정도 늘었지요?

○진술인 백주현 그렇습니다.

○송민순 위원 그러면 500%가 늘었는데 10% 인력을 가지고 감당을 할 수 있는 그런 역량이 가능하냐, 조금 전에 홍정욱 위원께서도 이야기를 제기 했습니다마는 외교부 자체가 역량을 강화하는 노력을 얼마나 했느냐 이런 게 문제가 되기든요.

그다음에 재외동포 보호 업무도 일부 관여하고 재외동포의 전반적인 업무를 하는 재외동포재단, 이것도 지금 예산이 없어 가지고 국제교류재단에서 빌려서 쓰는, 빌려서 쓰는 게 아니라 지원을 받아 가지고 61%를 국제교류재단에서 이렇게 받아다 씁니다.

그러니까 예산 배정이 전혀 안 된 상태에서 법을 만들어서야 되겠느냐, 거기에 대해서는 어떻게 생각하세요?

○진술인 백주현 제가 진술에서도 이미 언급을 했습니다마는 실질적으로 법은 제정이 돼 있는데 예산이나 인력이 따르지 않는 경우에는 심각한 문제가 발생할 수 있다고 보기 때문에 현재 또 외교통상부가 앞으로 상당한 인력을 확보하는 방안을 지금 검토를 해서 정부 내에서 협의를 할 그런 예정에 있습니다.

그렇기는 하지만 또 기획재정부가 금년부터는 예산을 확대해서 편성한다고는 하고 있지만 과연 이것을 담당할 만한 수준의 예산 증액이 이루어질지에 대해서는 확신이 없기 때문에 외교통상부가 재외국민보호법에 신중한 입장을 갖고 있는 것입니다.

○송민순 위원 글쎄, 그런 점을 감안해서 기금 제안을 하신 것 같은데, 왜냐하면 기획재정부는 지금 재외국민보호 예산이 필요하다고 그러면 전부 '외교부의 다른 예산에서 뽑아서 재외동포 보호에 쓰라.' 이렇게 나오게 돼 있잖아요? 지금 예산 구조가 그렇게 돼 있지 않습니까? 어떻게 돼 있습니까?

지금 이 법이 제정돼 가지고 재외국민 보호 예산을 확충하는 데 도움이 되겠습니까, 아니면 법과 예산과의 괴리는 그대로 상존할 것 같습니까?

○진술인 백주현 사실 금년도 예산 내역을 보면 외교부의 다른 분야에 대해서는 전부 감액 예산이 편성된 데 비해서 특히 재외국민 보호에 관한 부분은 상당 증액이 됐습니다. 지금 송민순 위원님이 말씀하신 게 현실이고 그에 따라서 추가로 증액이 될 경우에 과연 이것이 순증으로 이루어질지에 대해서는 확신이 없습니다.

○송민순 위원 확신이 아니라 순증이 안 되지요. 지금 우리 예산 제도가 그따위 체제로 돼 있기 때문에 다른 데서, 예를 들어서 통상외교, 안보외교, 북한 핵 문제다, 경제 협상하는 거다, 이거 예산을 뽑아서 재외국민보호에 써라, 지금 이렇게 돼 있잖아요. 그러니까 그런 점도 다 감안해서 정부안을 낼 때 만들어 보라 이런 말씀이고요.

○진술인 백주현 예.

○송민순 위원 그다음에 구체적인 사항들 중에서, 예를 들어서 보호 대상이 미국의 영주권자도 …… 지금 미국이나 다른 나라의 영주권자도 현재 이 법안에는 대상으로 돼 있지 않습니까?

○진술인 백주현 그렇습니다.

○송민순 위원 미국의 의료비가 굉장히 비쌉니다. 지금 미국의 최대 이슈가 의료개혁처럼 돼

있는데……
　그러면 돈이 아주 많이 들어가는 병원에 우리 재외동포가 '나는 돈이 없어서 못 하니까…… 나는 여기서 치료를 했다. 그런데 병원비를 못 대니까 우리 정부가 대줘야 된다.' 이렇게 이 법은 그대로 적용이 되는 것 아닙니까, 지금 현재 이 법안에 보면? 그렇지요?
○진술인 백주현 예, 그런 부분에 대해서는 실제로 정부의 지원이라는 것이 불가능하고, 불가능한 것뿐만 아니라 설사 일시적으로 지원한다고 그래도 국내에 있는 국민과의 형평의 문제에서 현격한 문제가 발생할 수 있기 때문에 지원 불가하다고 생각하고 있습니다.
○송민순 위원 불가한데, 그런데 현재 법에 의하면 '굉장히 중병에 걸리고, 내가 미국에 영주권을 갖고 살고 있는 한국여권 소지자인데 나는 도저히 형편이 안 돼서, 나 지금 중병에 걸렸다.' 그리고 병원에 입원하고, 그러면 이 법에 따라서 국가를 상대로 해서 소송할 수 있습니다. 그렇지요? 국가가 하게 돼 있거든요. 그런 아주 현실적인 문제점들을 잘 감안을 해서 정부안을 내는 게 좋겠다, 이런 생각이고요.
　재성호 교수님께 질문은 아니고 거기에 돼 있는 것처럼……
(발언시간 초과로 마이크 중단)

(마이크 중단 이후 계속 발언한 부분)
정부가 지금 다른 나라에 강제 대피시키고 이런 것은 안 되지요? 그 나라에서, '우리는 공권력을 행사한다' 이것은 안 되는 것이지요?
　그런 것뿐만 아니라 지금 여기에 굉장히 많은 문제점들이 있기 때문에 이것을 면밀히 검토해서 정부 대안을 제시해서 좀 비교를 하는 것이 좋겠다 하는 그런 제안을 한번 합니다.

○위원장대리 신낙균 송민순 위원님 수고하셨습니다.
　다음은 미래희망연대의 송영선 위원님 질의해 주시기 바랍니다.
○송영선 위원 진술인 내 분, 내용 잘 들었습니다.
　먼저 김봉섭 박사님한테, 전문위원님한테 질문을 하겠습니다.
　재외동포재단법, 재외동포의 출입국과 법적 지위에 관한 법률, 재외국민의 교육지원 등에 관한

법률, 많습니다. 방금 제가 언급한 세 가지 법만 봐도 재외동포의 범위가 달라요. 성격이 달라요.
　그리고 전문위원님께서도 이 법에서 제일 선행돼야 될 게 재외동포의 정의와 범위라고 했는데 본인이 보시는 재외동포의 정의와 범위는 어디까지입니까?
○진술인 김봉섭 그러니까 이 법률 구조상으로 보면 재외국민이 가장 우선된다고 생각합니다.
○송영선 위원 그러니까 '장기체류'이게 아니고 거기에서 최소한 '영주권'을 가진……
○진술인 김봉섭 예.
○송영선 위원 그 다음에 두 번째, 김봉섭 전문위원이 지적한 문제에 저는 절대적으로 동감하는 내용이 하나 있는데 뭐냐 하면, 원래 신낙균 위원님이나 김정훈 의원님이 내놓은 법안에 보면 국가의 책무에 대해서만 언급을 해 놨습니다.
　그런데 전문위원님께서 지적하신 것이 국가의 보호 책무 플러스 쪽 여기에 들어가야 되는 게 '국민 스스로 안전 책임에 대한 의무규정이 필요하다'라고 지적을 해 놨는데 이 부분에 대해서는 저도 절대적으로 동감입니다.
　일례를 들면 예멘이나 아프간처럼 외교부에서 '여행금지구역, 여행제한구역' 하고 수없이 고시를 해도 가서 사고를 냅니다. 관광을 가거나 종교단체들이 선교한다고 가서, 사고가 나면 이게 완전히 국가 전체의 안보 문제로 대두되고 수백억, 수십억 돈을 갖다 넣고 그 나라와의 관계도 엉클어지기 때문에 근본적으로 정부가 확고한 방침을 가지고 국민들한테 홍보하고 교육시키는 것도 굉장히 중요하다고 생각합니다.
　그래서 '개개인은 보호받을 권한만 가진 게 아니라 자기 스스로가 자기의 목숨과 재산을 지켜야 할 의무도 갖고 있다'라는 것을 이 조항에는 꼭 명시될 필요가 있다고 생각합니다.
　그런 차원에서 뒤에 나오는 것하고 다시 또 언급을 하겠습니다마는 저도 존경하는 송민순 위원님이 말씀하신 것처럼 오늘 이 자리에서 논의되는, 위원님들이 논의하시는 그런 문제 플러스 또 정부 부처에서의 현실, 조금 이따 예산 얘기를 하겠습니다만 현실적인 이런 문제, 현실 가능성, 실현성의 문제 등에 대해서 이런 것을 적극 같이 반영한 정부안을 내는 것이 꼭 필요하다고 생각이 됩니다.
　다음으로 김식현 교수님께 질문을 드리겠습니다.

김석현 교수님하고 백주현 국장님하고 예성호 교수님이 거의 비슷한 내용으로 같이 지적한 문제이고 앞에서 존경하는 송민순 위원님도 똑같이 지적을 해 주신 문제인데, 저는 '강제대피권'이라는 것을 법안에 넣는 것은 외교 문제를, 외교 갈등을 일으킬 수 있는 씨앗을 우리가 법제화해 놓는 것하고 똑같다고 생각합니다.

남의 나라의 관할권을 넘어서서 우리가 재외공관장에게 강제대피권을 부여할 때 자칫하면 그쪽의 주권을 침해하는 아주 엄청난 문제, 우리가 볼 때는 단순한 쉐어포배, 안전 문제라고 하는데 그쪽에서는 주권 문제로까지 볼 수 있기 때문에 저는 강제대피권 부여에 대해서는 법안을 내신 분들에 대해서, 새 분이 지적한 부분에 대해서 저도 뜻을 같이하고 있다, 이것은 부여해서는 안 되는 것이다……

그다음에 김석현 교수님이 지적한 '범죄 피해자 등의 보호에 있어서 필요한 조치를 해야 한다.' 이 내용만 고치는 게 아니라 '국가를 상대로 손해배상을 요구할 수 있다.'라고 해 놓은 것이 본 내용, 두 법안보다는 훨씬 더 명쾌하고, 사실은 무조건 조치를 취할 수 없을 경우도 있습니다. 그래서 '할 수 있다'라는 가능성을 제시하는 게 필요하고, 그다음에 또 김석현 교수님이 경비 지원에 있어서 '질병·천도·폭행' 포함하되 가족으로, 저는 이 법위뿐만 아니라 법위를 더 포함했으면 좋겠습니다. 불가항력적인 경우도 있습니다. 이외에도, '가족으로부터 경비를 지원받을 수 없을 경우에 제한한다'는 것도 굉장히 필요합니다. 충분히 부유한 사람이 해외라는 이유로, 아까 김봉집 박사님께서는 '재외국민은 거기서 완전히 영주권을 가진 사람에 한한다.' 하지만 지금 나와 있는 '재외국민'이라는 타이틀로 시작되는 많은 법들을 보면 재외국민의 범위가 너무 넓어요. 하여튼 뭐 한 달 상사로 가 있어도 재외국민, 거기에서 영원히 살아도 재외국민이에요.

그래서 그런 차원에서 본다면 국내에 있는 분들이 이와 유사한 상황에 처해 있을 때 형평성이 굉장히 깨지기 때문에 '가족으로부터 경비를 지원받을 수 없을 경우'로 제한하는 것은 굉장히 중요한 일이고, 또 '경비 환수를 하도록 해야 된다.'고 해서는 안 된다고 생각하지요. 경비 환수를 강제집행할 그런 규정이 필요하다…… 우리 군 입대를 기피해서 외국에 유학 간 사람들이 서른여섯 살 될 때까지 계속 기다리고 앉아 있습니다. 안 올 경우에 벌금을 물려요. 그런데 그 벌금을 물림에도 불구하고, 강제집행조치를 두고 있음에도 불구하고 사실상 재산이 없는 것처럼 하거나 이래서 그 돈을 안 내는 경우도 있거든요.

그래서 강제집행 조치를 넣는다고 해도 사실은 이게 얼마만큼 실현성이 있을지 모르는데 최소한 법적으로라도 이 정도의 강한 명기는 꼭 필요하다……

그다음, 백주현 교수님께 여쭙겠습니다.

이 문제는 김석현 교수님도 똑같이 지적을 하신 문제인데, 이렇게 많이 떠들어 봐도 돈 문제입니다. 돈 없으면 못 하는 것입니다. 돈 문제인데, 예산 확보가 제일 중요한데 지금 근거가 없습니다.

우리 국장님께서는 관광진흥기금법 개정으로 혹은 재외국민보호기금법 신설하거나 관광진흥기금 개정한다 했는데 둘 다 현실적으로 한계가 있다는 것이지요.

관광진흥기금법 개정이면 기재부·문광부와 협의가 다 돼 있습니까?
○진술인 백주현 아직 시작하지 않았습니다.
○송영선 위원 그건 뭐, 자기들이 만들어 놓은 떡을 내놓을 리가 없습니다.

그래서 그런 문제가 있고, 아니면 우리가 재외동포청을 만들려고 하고 있습니다. 재외동포청을 만들면 재외동포재단기금은 불가피하게 신설이 돼야 됩니다. 그러면 재외동포재단기금이 재외국민보호기금과 또 중복될 수도 있습니다.

이러면 파이는 하나 놔두고 어디까지 쓸 수 있느냐, 아까 송민순 위원님 지적하신 것처럼 재외동포재단기금도 300억을 지금 어떻게 하는가 하면 외교통상부에서 이미 받아 놓은 것이 200억, 자기 자체 내에서 어떻게 어떻게 해서 100억, 이렇게 하고 있거든요. 거의 전세, 월세에 세 들어 사는 것하고 똑같은데 엄밀하게 법으로 따지면 그것도 지금 돈 받아서는 안 되는 그런 묘한 입장이에요. 불법까지는 아니지만 위법의 수준에 도달합니다.

그래서 재외동포청 신설 시 재외동포재단기금 신설도 해야 될 경우에 이 2개가 중복되고, 또 얼마만큼 쓸 수 있느냐, 어떤 항목을 쓸 수 있느냐, 갈등이 분명한데 이 문제를 정부에서 내는 법안에서……

(발언시간 초과로 마이크 중단)

(마이크 중단 이후 계속 발언한 부분)
이 문제를 제일 먼저 명쾌하게 하고 다른 부분을 서술을 해야 이 법이 나름대로, 처음 법안을 내신 의원님들의 의도에 충실하게 갈 수 있을 것 같습니다.
이상입니다.

○위원장대리 신낙균 송영선 위원님 수고하셨습니다.
다음은 한나라당 정옥임 위원님 질의해 주시기 바랍니다.

○鄭玉任 委員 한나라당 정옥임 위원입니다.
저도 대체로 비슷한 지적을 하지 않을 수가 없는데요. 지금 발의된 재외국민보호법을 보면 "국외에서 거주·체류 또는 여행하고 있는 대한민국 국민"으로 되어 있습니다. 그런데 또 재외국민등록법상에 보면 "일정한 지역에 계속해서 90일 이상 거주하거나 체류하는" 이렇게 돼 있거든요. 그래서 일단 이 정의를 통일해야 되는 문제가 먼저 남아 있는 것 같습니다.
그다음에 역시 법안의 실효성 관련해서도 이미 지적되어 있었는데요. 결국은 이러한 재외국민보호를 위해서는 각 국가나 지역별로 특성화된 그런 전문인력이 필요합니다. 또 이 법도 중요하지만 그 법 규정보다 중요한 것은 해당 공관에서 얼마만큼의 인력을 그리고 역량을 발휘할 수 있느냐 하는 것이 굉장히 중요할 것 같고 또 이런 부분에 대해서 많은 지적이 나왔는데, 일단 백주현 국장님의 답변을 듣도록 하겠습니다. 이 두 가지 문제에 대해서요.

○진술인 백주현 제가 참고로 말씀을 드리면, 현재 재외동포영사국장은 1년 중에 한 서너 차례 대륙별로 돌면서 재외국민 사건·사고 관련 영사회의를 개최를 하고 있습니다. 과거에 비해서 경찰청으로부터 약 50명에 가까운 인력을 파견받아서 지금 주재관으로 파견을 하고 있고요, 또 외교부 내에도 이미 전입을 해서 온 사람들도 있습니다. 사실 이런 정도의 인력 보충이 없었다고 하면 지금 정 위원님이 말씀하시는 그런 영사 보호가 되었겠느냐 하는 데에 대해 저는 전적으로 동의합니다.
그리고 아까 이미 언급한 대로 외교부 인력 확충에 대해서도 이러한 부분을 심각하게 고려를 해서 현재 추진 중에 있습니다.

○鄭玉任 委員 그다음에 김석현 교수님께 질문을 드리겠습니다.
아까 말씀 중에 '국가 이익에 관한 내용이 들어가야 한다.' 또 송영선 위원께서는 '국민의 의무'를 강조를 하셨는데, 사실 이 부분이 상당히 중요하지만 또 민감한 부분이기도 합니다.
그런데 실제로 법이 제대로 발효가 되기 위해서는 이 부분에 대한 분명한 그러한 명기가 필요할 것 같습니다. 그래서 '국가이익'이라고 아까 표현을 하셨는데 국가이익을 좀더 구체화시키면 어떤 식의 명기가 가능할지 좀 말씀해 주시기 바랍니다.

○진술인 김석현 아까도 말씀드렸지만 외교적 보호, 이 문제는 어느 나라나 다 같이 이것은 해당 국가의 재량으로 인식을 하고 있습니다.
그렇기 때문에 다른 나라에 가 가지고서 권익 침해를 받은 자국민의 보호도 중요하지만 그 책임을 추궁하려다가 본의 아니게 해당 국가하고 외교적인 마찰이 생긴다든지 기타 경제관계·군사관계·협력관계가 깨진다든지 통상관계에 마찰이 생긴다든지 이러한 국가적인 불이익이 재외국민 보호를 해 가지고 얻을 수 있는 이익보다 더 크다면 외교적 보호를 할 권리가 있음에도 불구하고 삼가고 있는 것이 국가들의 기본적인 추세입니다. 우리나라도 아마 외교적 보호를 한다고 하면 그런 추세에서 벗어날 수 없을 것으로 생각을 합니다.

○鄭玉任 委員 다시 백 국장님께 질문을 드리겠는데요.
예산 문제에 대한 지적도 역시 나왔는데, 예산 문제는 차치하고라도요 지금 재외국민보호기금을 제안하셨습니다. 여의치 못하면 다른 기금으로 보완하는 방법에 대해서도 제시를 하셨는데, 우리가 오후에 북한이탈주민지원기금법에 대해서 논의를 할 예정입니다. 그래서 예산이 여의치가 못하니까 이렇게 법안을 제정 내지는 개정하면서 여러 가지 기금에 대한 제안이 나오고 있는데, 실제로 이러한 기금이 신설이 될 경우에 과연 재원 확보가 가능한 것인지 또 실제로 현 정부의 입장은 이 기금을 통폐합하려고 하는 그런 입장인데 이런 정책 방향과 이것이 일맥상통한다고 보시는지, 중요한 문제이기는 하지만 이게 모런 해서도 가능성도 역시 재기될 수가 있고요.
그래서 좀더 실효성이 있는 방안이 제시돼야 될 것 같은데 어떻게 생각하십니까?

○**진술인 백주현** 외교통상부가 기금을 꼭 이용해야 된다고 주장하는 건 아니고 하나의 예로서 그렇게 했는데 미국이나 프랑스의 경우도 보험에 니가 부과한 경우도 있습니다. 그리고 '그것을 기금으로 할 것이냐, 예산으로 할 것이냐? 또 어떤 금액으로 할 것이냐?'는 전적으로 우리 국가의 국정과제 중에 재외국민 보호가 어느 위치에 있느냐와 관련이 있다고 생각을 합니다.
그래서 외교통상부로서는 이것은 해외여행을 하면서, 예산의 문제도 있지만 실질적으로는 아까 송영선 위원님이 지적하신 대로 해외여행을 하는 국민들이 부주의해서 국가에 과도한 부담을 안기는 그런 문제가 있습니다. 그것과 같이 고려를 해서 국민들이 일부를 부담하고 자기가 그 기금의 운용에 대해서도 권리를 갖는 그런 식으로 하자는 취지입니다.

○**鄭玉任 委員** 마지막으로 한 가지를 질문드리겠습니다. 제성호 교수님께서 답변을 해 주시면 좋겠는데요.
아직 완료된 사안은 아니지만 지금 우리 입법부 내에서 복수국적을 허용하는 국적법 개정이 논의되고 있는 상황입니다. 그래서 이 개정안을 보면 우리 대한민국에서 외국국적을 행사하지 않는 조건으로 외국국적을 유지하면서도 우리 국적을 계속 보유할 수 있는 길을 열어 주는 그러한 안입니다.
그래서 복수국적을 제한적으로 허용하면서 복수국적자들의 국민적인 역량도 좀 활용해 보자는 취지인데, 이렇게 복수국적자가 외국에서 대한민국 국민으로서 재외국민보호법에 따라서 권리를 요구할 경우를 우리가 상정하지 않을 수가 없습니다. 이때 어떤 문제가 발생될 수 있는지, 또 이런 부분에 대해서는 어떤 고려를 하셨는지, 제성호 교수님·김봉섭 위원님께서 답변해 주셨으면 좋겠습니다.

○**진술인 제성호** 물론 그런 사람들은 본국의 국적을 이유로 해서 외교적 재외국민 보호를 요청할 수는 있지만 일반 국제법에 의하면 이중 국적자의 경우는 쌍방 간에 있어서 재산상의 손해가 발생했을 때는 그것은 보호를 하지 않는 것으로 제가 알고 있습니다. 그리고 특히 그 사람이 해당 국가에서 거주하고 여러 가지 재산상의 손해나 인명 피해를 봤을 때는 그 국가가 보호할 수 있으니까, 아마 우리 대한민국에서 거주하고 또 대한민국에서 여러 가지 활동을 하고 우리 국익을 위해서 활동할 때는 우리 영토고권이고 우리 국적을 갖고 있지만 이중 국적자인 경우에는 이것을 제외시키는 것이 일반적인 원칙, 관례인데 그런 걸 명기할 수도 있다, 이렇게 저는 생각이 됩니다. 여기 법안에다가.

○**진술인 김봉섭** 저도 제 교수님 의견하고 거의 비슷한데요. 지금 복수국적 제한하는 이유가, 그 생활권을 어디로 둘 거냐를 상당히 중시하고 있지 않습니까. 만약에 해외에 나가 계시면서 그 이중 국적을 활용한다는 건 법의 취지나 이 복수국적 허용하고는 전혀 맞지 않다, 이렇게 보입니다.

○**鄭玉任 委員** 이상입니다.
○**위원장대리 신낙균** 정옥임 위원님 수고하셨습니다.
다음은 계속해서 한나라당 정진석 위원님 질의해 주시기 바랍니다.
○**정진석 위원** 앞에서 다 해버려 가지고 뭐……
김봉섭 진술인께서 아까 송영선 위원이 해외국민 정의에 대한 그 견해를 물어봤을 때 "영주권자로 한정하는 것이 바람직하다"라고 말씀하셨지요?
○**진술인 김봉섭** 예.
○**정진석 위원** 영주권자라는 것이 영주권자일 수도 있고, 영주권을 얻기 위해서 해외에 체류하는 사람일 수도 있고, 그런 사람들을 일반적으로 교민이라고 칭할 수 있습니까?
○**진술인 김봉섭** 예, 그렇습니다.
○**정진석 위원** 지금 헌법 제2조2항에 "국가는 법률이 정하는 바에 따라 재외국민 보호 의무를 진다"라고 규정되어 있는데 헌법의 이 '재외국민'은 그러면 이 교민, 교민들을 얘기하는 걸로 이해를 해야 되지요?
○**진술인 김봉섭** 그러니까 제가 아까 말씀드렸던 게 법이, 재외국민과 관련된 정의 법이 너무 다양한데 그것마다 다 다르지 않습니까. 그러니까 재외국민을 정의하고 있는 기본법이 지금 없는 상태에서는……
○**정진석 위원** 없는 상태란 말이지요?
○**진술인 김봉섭** 예.
○**정진석 위원** 오늘 발제하신 분들 중에서 유일하게 우리 김봉섭 진술인께서 이 개념 정의 문제에 대해서 말씀을 좀 하셨더라고요.
그래서 여쭤 보는데, 어쨌든 지금 신낙균 의원님·김호 의원님의 재외국민보호법 입법취지라는 게 최근 해외에서의 사건·사고 같은 것, 그런 것에 대해서 이제 임시 출국인들에 대한 보호의무를 우리가 좀더 강화해야 되겠다라는 취지에서 이런 개정이 발단이 됐다면 이런 교민으로 한정되는 것보다는 오히려 국외에 거주하고 체류하고 또는 여행하는 모든 대한민국, 그러니까 외국에 존재하는 모든 국민들을 재외국민으로 봐야 되는 거 아니냐 이런 견해가 있거든요.

○진술인 김봉섭 예, 그런 견해로 어느 정도 이제 의견이 통일이 돼야 되지 않는가, 지금 이 법은 그런 분들보다는 임시 여행자 그다음에 잠시 잠깐 가시는 분들에 상당히 많이 초점이 맞춰지는 걸로 보입니다.

○정진석 위원 자, 여기서 백주현 국장님께 질문을 좀 드리면, 국민들이 기대하는 보호와 정부나 국가가 실질적으로 제공할 수 있는 보호와는 좀 차이가 있지 않을까, 보호가 행해지는 곳이 우리나라가 아니고 해외의 다른 나라이기 때문에 우리 정부의 관할권이나 통제권이 제한되는 경우가 있을 것이란 말이지요.

그래서 제가 질문하는 것은, 국민이 기대하는 모든 보호를 우리 정부가 제공하기에는 상당한 제한이 있고, 그래서 이 보호 범위와 한계에 대해서는 어떤 견해를 갖고 계신지 제가 한번 여쭙고 싶습니다.

○진술인 백주현 그것은 상당히 광범위한 개념이겠지만 현실적으로 보면 재외동포영사국장으로서 가장 염려를 하고 있는 것은, 우리 국민이 해외를 여행하거나 거주하는 과정에서 불의의 사고로 인해서 사고를 당하고 어려운 처지에 빠져 있는데 구제할 수 없는 부분이 있다, 이런 것에 우리 언론이나 또 정치권에서도 많은 관심을 갖고 계신 것으로 알고 있습니다. 그런 부분이 제도에 의해서 보완되어야 될 부분이고, 또 하나는 다른 국민들에 비해서 우리 국민들이 유독 소홀히 해서 생기는 문제도 있을 수 있습니다. 그런 부분에 대해서는 단순하게 법에 있다고 해서 국민이 그렇게 할 건 아니지만, 아까 어떤 위원님이 지적하신 바와 같이 홍보와 안내를 강화하는 것과 동시에 법에도 그런 한계를 분명하게 규정하는 것이 필요하다고 그렇게 생각하고 있습니다.

○정진석 위원 좋습니다.
제성호 교수님께 한번 여쭤 보겠습니다.
지금 현재 헌법에 규정되어 있는 재외국민 보호 의무 조항이 87년 제9차 헌법 개정 때 문구가 수정된 이후에 지금까지 내려온 거 아닙니까?

○진술인 제성호 예.

○정진석 위원 여기에서는 '법률이 정하는 바에 의하여 보호' 이렇게 해 놨기 때문에 다소 유보적인 문구로 되어 있는데, 최근에 헌법 개정 논의가 불이 붙어서 아마 지방 선거 이후에는 국회에서도 헌법 개정 논의가 활발하게 진행이 될 것 같은데, 이 조항에 대한 헌법 개정의 필요성을 어떻게 보시는지 여쭙고 싶은데요.

○진술인 제성호 그 법률 유보는 법률에 위임한 것이란 말이지요. 그런데 그 조항 자체는 필요성이 있고…… 글쎄요 뭐……

○정진석 위원 그러니까 재외국민의 범위와 정의에 대한 것을 좀더 명확히 헌법에 규정할 필요성은 없는지, 이런 질문입니다.

○진술인 제성호 지금 국적법도 보면 우리 국민의 범위를 법률에 위임하고 있단 말이지요. 그런 상황에서 '국민'의 정의가 나와 있지 않은데 '재외국민'을 헌법에 정의한다는 건 현실적으로 거의 불가능하지 않겠냐 그런 생각입니다.

○정진석 위원 알겠습니다.
김석현 교수님께 한 가지 여쭙겠습니다.
재외국민 보호 의무가 쟁점이 되었던 어떤 판례 같은 것, 재미있는 것 하나 소개해 주실 수 있습니까? 재외국민 보호와 관련된 쟁송에서, 소송에서 우리가 참고할 만한 판례 같은 거 있으면 어떤 게 있을까요?

○진술인 김석현 아마 2, 3년 전일 거예요. 미국에서, 미국하고 멕시코지요, 멕시코 사람들 상당수가 미국에서 사형 판결을 받았습니다. 그래 가지고 그중에 하나가 사형 집행이 되려고 하는 상황이에요. 이 상태에서 멕시코가 미국을 상대로 ICJ에 제소를 했습니다, 국제사법재판소에.

제소 청구 취지가 뭐냐 하면 멕시코 사람들을 갖다가 사형선고를 내리는 과정에서 영사 접견권을 허용하지 않았다 이거예요. '영사 접견권도 허용함 없이 사형선고 내리는 거 절차상에 하자가 있다. 따라서 사형 집행 자체를 갖다가 재판소 입장에서 요 사건, ICJ의 이 판결에 본안판결이 나올 때까지 사형 집행을 하지 않도록끔 가처분조치, 잠정조치를 내려 달라'라고 하는 잠정조치 요청과 함께 '그 문제의 사형 판결 자체가 불법임을 선언해 달라'라는 청구 취지로다가 소가 제기된 바 있었습니다.

그렇기 때문에 제가 아까 재외국민 보호와 관

런해 가지고 기소 중인 자, 복역 중인 자 관련했을 때 영사 보호, 영사접견권 이게 가장 출발점이고 동시에 가장 핵심적인 것이라는 얘기입니다. 그렇기 때문에 이것은 재외국민 보호와 관련해 가지고서 기본적인 사항을 우선적으로 규정을 하고 그 다음에 자잘한 것들을 규정해야 옳은데 지금의 우리 분위기가 위난상황 말이지요, 밖에 나가서 해적한테 납치당하고 소말리아 가 갖고서 뭐 그리고 또 끌려가서 죽임당하고 막 이러다 보니 위난상황만을 우리가 의식하다 보니까, 거기에 초점을 맞추다 보니까 평상시의 일반적인 재외국민 보호 규정에서도 좀 등한시되지 않았나 생각을 하고, 기왕에 우리가 '재외국민보호법'이라고 하는 명칭을 가지고 법률을 만들 바에야 재외국민 보호와 관련된 일반적인 사항을 베이스로 갈고 난 상태하에서 위난상황에 대해서 좀 더 강조하는 그런 방향으로 나가야 될 걸로 생각합니다.

○정진석 위원 적절한 지적인 것 같습니다. 마치겠습니다.

○위원장대리 신낙균 정진석 위원님 수고하셨습니다. 다음은 한나라당 정의화 위원님 질의해 주시기 바랍니다.

○정의화 위원 정의화 위원입니다. 대부분의 얘기는 다 질의응답이 된 것 같고요, 이 자료도 충분히 잘 들었습니다. 아까 존경하는 송민순 위원님께서도 말씀이 계셨는데 이게 예산과 직결될 수 있기 때문에 정부에서 이 안에 대한 확실한, 이 법에 대한 의견을 정부안의 형식이건 또는 의견이건 우리 법안소위에서 논의를 할 때 충분히 함께 논의가 될 수 있도록 준비를 해 주시기 바라고요.

저는 한 가지만 묻도록 하겠습니다. 지금 우리 재외국민의 범위, 이건 제성호 교수님이나 김석현 교수님 두 분 중에서 한 분이 대답해 주시면 되겠는데요.

○정진석 위원 특정하셔야 돼요.

○정의화 위원 아, 그렇습니까? 그러면 제성호 교수님! 자주 나오셨는데 제가 오래간 만에 한번 묻겠습니다. 재외국민의 범위 선정에 관한 논의 가운데 저는 그 하나가 북한이탈주민일 것으로 생각이 되는데 이게 지금 우리 헌법의 영토 조항에 의해서 북한이탈주민이 국민에 포함이 된다 하더라도 현

제3국에 체류 중인 이탈주민에 대해서는 사실상 관할권 행사가 어려운 실정이기 때문에 저는 좀 문제가 있다고 보는데요.

그러나 3국에 체류 중인 북한이탈주민의 보호는 기본인권과 동포애적인 차원에서라도 포기할 수 없는 것 아니겠느냐 하는 그런 생각이 듭니다. 물론 우리 한반도의 특수한 상황을 고려해서 북한이탈주민의 보호는 매우 조심스러운 얘기가 될 수도 있는데, 이 점에 대해서는 이번 재외국민보호법하고, 보호법에 어떻게 정리가 되면 좋을는지 혹시 생각해 본 바가 계시는지?

○진술인 제성호 제가 2004년인가 2005년에 공청회 할 때는 마지막에 고려사항으로 그것을 언급을 했었는데 제가 이번 공청회 발제에는 뺐습니다.

넓은 의미에서 우리 헌법의 정신, 영토조항의 정신을 보면 북한이탈주민도 재외국민으로 봐야 되잖아요? 되는데, 그러다 보면 이 법의 내용·구성·체계상에 약간의 짜임새가 좀 떨어진다 그럴까 그런 점이 있을 거라고 느껴지고, 또 하나는 북한이탈주민의 보호 및 정착지원에 관한 법률이라는 게 있단 말이지요. 거기 가면 재외공관에 보호를 요청한 자에 대해서 우리가 보호를 제공해 왔고 그 법이 일종의 재외국민에 대한 특별법이라고 말할 수가 있을지는 모르겠으나 그 법에 따라 보호를 받고 있습니다. 그런데 전반적으로, 기본은 보호 요청이 있는 경우에 한해서 제시하고 있고, 또 주재국이나 이런 것의 관할권 충돌을 물론 고려해야 되겠지요.

그러나 북한이탈주민의 경우 보호 요청이 없는 상황에서, 아까 여기 해외위난상황이라든가 또 각종 사건·사고 발생했을 때 개입하기는 어렵지 않나 이거지요. 그러니까 북한이탈주민의 경우는 우리 공관에 보호 요청한 경우에만 개입하는, 그게 또 현실적인 거고요. 주재국과에 관한……

그래서 좀 미약하지만 그 법에 따라서 제한적인 보호는 가능하다, 그래서 이 법에서 의도적으로 법안을 발의하신 분들이 그런 고려를 했는지는 모르겠으나 일단은 전혀 보호가 없는 건 아닙니다, 우리 헌법과 법률에 따라……

그 정도만 지적드리고 싶습니다.

○정의화 위원 알겠습니다. 제가 이 질문을 한 이유는, 우리 소위원회에서 논의를 할 때 이 부분에 대한 논의도 우리 새 교수님의 의견을 참고하는 게 좋겠다 싶어서 말씀

을 드렸고요.
　아까 제가 밖에서 모니터를 통해서 봤기 때문에 그렇습니다만 아까 재외국민보호위원회 설치와 관련해 가지고, 이건 우리 김석현 교수님이 그렇게 말씀하셨지요, 외교통상부장관 산하에 두는 게 좋겠다고?
○**진술인 김석현** 저도 그렇고 앞선 분들도 아마 외교통상부장관을 위원장으로 하는 것이 더 적절치 않나 하는……
○**정의화 위원** 대통령 소속으로 갈 것인가에 대한 검토는, 우리 제 교수님 어떻게 생각하세요?
○**진술인 제성호** 그래서 제가 아까 그게 장점이 있는데 여러 가지, 대통령께서 모든 각 부처 위원회, 소속 위원회를 다 대통령께서 떠안을 수도 없고 국정에 여러 가지 또 바쁘신 분이……
　그런 점에서 제가 아까 대안으로 대통령 소속으로 하고 총리를 위원장으로 하고 외교부장관을 부위원장으로, 차관을 간사로 하면 뭔가 정부의 적극적 의지도 보여 주면서…… 부위원장이 또 위원장으로 회의를 주재하는 경우도 많이 있을 수 있고, 외교부가 주도하면서 여러 가지 각 부처 간의 협력을 유도하는 방안이 될 수 있지 않나 그래서 대안을 한번 제시해 봤는데, 아마 국회에서 외교통상위 위원님들께서 여러 가지 장단점을 따져 보시고 법을 제정하는 게 어떨까 싶습니다.
○**정의화 위원** 알겠습니다.
　보호위원회 자체가 아무래도 법적인 장치가 뒷받침된 기구가 되기 때문에, 그러니까 운영을 잘하기 위해서는 재외동포재단이나…… 아까 예산 문제 얘기가 나왔습니다만 외교부 산하에 재외국민 관련된 여러 가지 기구가 있으니까 서로 업무 배분이나 예산 분배나 이런 데 대한 충분한 사전 논의가 이 법이 제정되기 전에 필요하다고 저는 그렇게 생각하는데, 동의하시지요?
○**진술인 제성호** 예.
○**정의화 위원** 알겠습니다.
　이상입니다.
○**위원장대리 신낙균** 정의화 위원님, 수고하셨습니다.
　그러면 한나라당 김충환 위원님 질의해 주시기 바랍니다.
○**김충환 위원** 김충환 위원입니다.
　"재외동포국민보호법이 있는 나라가 독일, 스웨덴, 핀란드 이렇게 세 나라가 있고 나머지 나라들은 현재 법으로 하는 것은 아니고 행정부의 규칙이나 또는 지침으로 하고 있다." 이런 말씀을 아까 백주현 진술인이 하셨지요?
○**진술인 백주현** 예, 그렇습니다.
○**김충환 위원** 그렇다면 이게 지금 우리 정부 입장에서 봤을 때 좀 시급하다고 봅니까, 아니면 시급하지는 않다고 봅니까? 어떻게 보시나요?
○**진술인 백주현** 입법 취지에 동의하는 이유는 우리나라는 특히 해외 의존도가 높기 때문에, 또 글로벌 코리아를 지향을 하면서 실질적으로 해외 진출이 많기 때문에 그 입법 취지에는 동의한다는 뜻입니다.
○**김충환 위원** 그러면 아까 말씀하시기를 "국민의 기대와 외교부 영사 지원할 수 있는 역량 사이에 갭이 많이 일어나지 않도록 하는 게 중요하다." 그런 말씀 하셨지요?
○**진술인 백주현** 예, 그렇습니다.
○**김충환 위원** 그렇다면 이것이 큰 의미에서 본다면 하나의 선언적 의미의 법이라고 그렇게 볼 수 있습니까?
○**진술인 백주현** 기본법이기 때문에 그렇고요. 실질적으로 재외국민보호법이 제정이 돼도 상세한 사항은 또 대통령령이나 이런 것으로 추가로 제정을 해야 됩니다. 그런데 그 제정이 되는 시기하고 지금 추진 중인 인력 증원이나 예산 확충이 가능하면 비슷한 시기에 이루어졌으면 하는 게 바람입니다.
○**김충환 위원** 그러면 재외국민이 인원으로 볼 때 얼마나 된다고 보나요, 연간 이 법의 적용을 받는 국민 숫자가?
○**진술인 백주현** 300만 정도는 된다고 봅니다.
○**김충환 위원** 300만 국민을 지원하고 돌보기 위한 조직과 인력과 예산이라면 상당히 큰 규모가 되어야 되지 않겠습니까?
○**진술인 백주현** 예, 그렇습니다.
○**김충환 위원** 현실적으로, 그런 조직과 예산을 갖추기에는 조금 현실적으로 보면 무리가 있나요?
○**진술인 백주현** 현실적으로는 외교부 직원의 증원뿐만 아니라 아까 말씀드린 대로 경찰 인력의 파견이라든가 이런 T/O를 늘려서 하는 방안을 지금 검토 중에 있습니다.
○**김충환 위원** 이 법이 만들어지면 그러면 현재 재외국민을 보호하고 있는 수준보다 어느 정도로, 획기적으로 개선이 될 수 있는 방법이 있다

고 봅니까, 현실적으로?

○**진술인 백주현** 아까 정옥임 위원님도 말씀을 해 주었는데, "사실은 외교통상부의 재외공관이 대부분 3~4인 공관들이 많이 있기 때문에 그런 경우에 법이 있다 하더라도 실질적으로 영사 조력이 제공되는 범위가 작다"라고 말씀을 하셨습니다. 그래서 지금으로서는 법 제정과 더불어서 영사 인력을 포함한 외교부 인력의 대폭적인 확충이 시급한 그런 실정입니다.

○**김충환 위원** 아까 300만 명이라고 했을 때는 영주권자까지 포함한 개념인가요?

○**진술인 백주현** 그렇습니다.

○**김충환 위원** 그 지원의 범위를, 예를 들면 긴급한 신체상 또는 재난을 당했을 때 도와주는 것은 당연한데, 보호의 범위를 재산적 보호까지 보호해 주는 것은 좀 어렵겠지요?

○**진술인 백주현** 재산적 보호에 관한 부분이라든가 이런 것은 아주 극히 제한적으로 정부가 조력을 하고, 일반적인 민사 사항이나 이런 것에는 정부가 개입하지 않는 게 원칙입니다.

○**김충환 위원** 예를 들어서 어떤 재외국민이 해외에서 사망을 했다 그러면 그 사망한 국민을 한국으로 모셔 오는 게 필요하지 않겠습니까?

○**진술인 백주현** 예.

○**김충환 위원** 그러면 그 일을 이 재외국민보호법에 따라서 외교부 대사관이 한다면 거기에 대한 비용을 원칙적으로 법에다 어떻게 규정하는 게 좋습니까?

국가가 부담해 주나요, 아니면 본인이 나중에 그것을 갚도록 해야 되나요?

○**진술인 백주현** 운구 비용이나 이런 것은 본인 부담이고요, 거기에 필요한 체류국과의 협상이라든가 아니면 그런 것을 영사들이 제공하고 있습니다.

○**김충환 위원** 현실적으로 인적·물적 능력이 부족해서 필요한 만큼의 지원을 못 하는 경우가 있을 수가 있겠지요?

○**진술인 백주현** 예.

○**김충환 위원** 그랬을 경우에 국가에 대한 법적 책임을 이해 관계자 또는 해당 국민이 요구를 할 때 그 관계를 어느 정도로 어떻게 규정을 해야 된다고 봅니까?

○**진술인 백주현** 국민들이 영사 보호를 충분히 받지 못한 것에 대한 소송을 하는 부분은 굉장히 제한적으로 아주 극단적인 경우 이외에는 인정하기 어렵다는 그런 입장입니다.

○**김충환 위원** 아까 "국내 국민과 재외국민 사이에 형평성이 유지가 되어야 된다." 이렇게 말씀하셨지요?

○**진술인 백주현** 그렇습니다.

○**김충환 위원** 그런데 국내에 있는 국민들은 사실은 이미 그런 재난이 있을 때 정부가 도와줄 수 있는 부분이 아주 제한되어 있지요?

○**진술인 백주현** 그렇습니다.

○**김충환 위원** 그러면 해외에 있는 국민들도 그런 정도로 하게 되면 그 기대에 많이 부족할 것 같은데, 왜냐하면 해외에 나가게 되면 도와줄 사람이 아무도 없기 때문에, 일반적으로 국민들이 '대사관에서가 부탁해야 된다' 또는 '대사관의 도움을 받아야 된다' 이렇게 생각하고 있기 때문에 그게 기대 수준은 국내에 있을 때보다 굉장히 높아질 가능성이 있지 않습니까?

○**진술인 백주현** 현재에도, 법 제정 이전에도 재외공관을 통해서 제공하는 영사 조력이나 이런 것은 국내 범위하고는 상당히 성격이 틀리고 있습니다. 그렇게 틀린 이유는 우리 국가의 공권력이 미치지 않는 범위 내에서 우리 국민들이 원치 않는, 또 본의의 그런 피해를 입을 수 있기 때문에 그런 조력을 제공하고 있는 것입니다.

그러니까 법이 제정되더라도 그러한 조력은 제공이 되겠지만 그것이 재산상이나 보상이나 이런 문제에 있어서 국내와 형평성이 상당한 차이가 나는 그런 보호는 불가능하다 하는 그런 입장입니다.

○**김충환 위원** 재외국민보호위원회는 외교부 산하에 두는 게 좋다고 보시는 것 맞지요?

○**진술인 백주현** 현재는 재외동포에 관한 위원회가 총리를 위원장으로 하는 재외동포위원회가 있고, 그다음에 총리실 국무차장을 위원장으로 하고 있는 실무위원회가 있습니다. 그리고 제가 간사 역할을 하고 있는데, 현재 대부분 일어나는 긴급한 사건 같은 경우에는 외교부가 항상 그 일을 처리하기 때문에 외교통상부장관이 하는 것이 구체적 실현성에서 적절하다고 봅니다.

○**김충환 위원** 아까 다른 진술인이 말씀하시기를 '지금 외교부 산하에 둔다면 기존의 조직과 무슨 차이가 있겠느냐?' 이런 질문을 아까 하시는 것 같던데, 그 점에 대해서는 답변할 수 있습니까?

예를 들면 지금 재외국민에 관한 여러 위원회

가 외교부 산하에 있는데 또 재외국민지원위원회를 다시 외교부에 둔다면, 이게 말하자면 '업무가 중복되지 않겠느냐? 효과가 있겠느냐?' 하는 문제에 대한 대답은 어떻게 하실 수 있습니까?
○진술인 백주현 위원회 전체에 관한 제 입장을 말씀드리는 것은 적절치 않지만, 실례를 들어 보면 총리께서도 지금 주재해야 되는 정부 부처 간의 회의가 50개에 달하는 것으로 알고 있습니다. 그래서 실질적으로 총리 주재로 하는 것도 쉽지 않다는 생각을 갖고 있고, 또 외교부에 있는 다른 위원회의 예가 제시되어 있습니다마는 그것시 이 문제를 꼭 결부시킬 필요는 없다고 생각을 합니다. 결국은 외교통상부장관이 얼마나 우선순위를 두고 그 위원회를 얼마나 지속적으로 개최하느냐가 중요하다고 봅니다.
○김충환 위원 '재외국민이 정당한 보호를 받지 못한 경우에는 국제법 및 주재국 법령에 따른다.' 이 규정이 아까 적절치 않다고 말씀하셨지요?
○진술인 백주현 국제법과 주재국 법령에 따라야 한다고 말씀드렸습니다.
○김충환 위원 '그 법이 먼저 우선되어야 된다' 그런 뜻입니까?
○진술인 백주현 우선이 아닙니다. 그 범위 내에서 하지 않으면 불필요한 마찰이 생기기 때문에 실질적인 보호는 이루어지지 않고 양국 간에, 양자 간에 갈등만 이루어진다는 그런 뜻입니다.
○김충환 위원 예, 됐습니다.
○위원장대리 신낙균 김충환 위원님 수고하셨습니다.
저만 아직 발언을 안 해서 그냥 여기서 마무리하고 맡겠습니다.
발의한 사람 중의 한 사람으로서 다행히 이 법 제정의 필요성은 모두가 공감해 주시기 때문에 다른 발언은 필요 없을 것 같습니다. 다만 그렇다면 입법 목적이 흔들려서는 안 된다는 말씀을 강조하고요. 그리고 논리적으로 또 법체계적으로 적합하면서도 실효성 있는 그런 법안으로 다듬어지기를 기대합니다.
다만 정부가 좀더 적극적으로 전향적인 자세를 가져 주셨으면 하는 겁니다. 국민의 생명과 재산을 보호하는 게 국가의 최우선 의무고 책임인데 여기에 더 우선하는 것은 없을 것으로 봅니다.
그러면 예산이라는 것은, 필요한 곳에 배정하는 것이 예산의 생리 아닙니까? 그래서 그런 것도 같이 확보하는 데 적극적으로 임해 주실 것을

부담을 드리면서요. 다만 한 가지 입법 목적에서, 제성호 진술인이 하셨지요. 국민의 의무도 규정해야 된다는 것이 이 보호, 그래서 양자의 균형을 도모해야 된다는 말씀을 하셨는데, 저는 국민의 책임도 상당히 필요하고 중요한데 그럼에도 불구하고 같은 무게로 이 법에 명시하는 게 이 보호법 취지에 맞는가 하는 그런 회의를 가집니다.
그리고 또 하나는 그 보호 수준에 대해서 어느 분이 말씀을 해 주셔도 좋은데요, 보호 수준에 대해서 '국내에서 발생하는 유사 사례의 수준을 초과하지 않는' 이렇게 하는 것, 이런 것도 이렇게 법에 명시하는 게 상당히 오히려 재외국민 위난 시에 보호하는 데 오히려 장애요인이 되지 않을까?
유사한 사고라도 국내에서 일어날 때와 해외에서 일어날 때의 경우가 상당히 다를 수 있습니다. 언어 장벽, 문화 차이, 외국인에 대한 편견, 범오감 여러 가지 요인이 있을 수 있는데요. 그래서 그런 면에서 형평성도 필요하지만 이게 법에 명기되었을 때 오히려 적절한 위난 사고 시에 보호가 어렵지 않겠냐 그런 의문이 있어서 그런 감에 대해서 회의를 가졌습니다.
그 감에 대해서 답해 주실 수 있으면 지금 해 주시고……
질의를 마치려고 합니다.
○진술인 백주현 지금 신 위원님께서 말씀하신 그 부분은 제가 아까 발언을 통해서도 설명을 드렸습니다마는 해외에 있는 경우에 해외에 있기 때문에 우리 국가의 관할권이 미치지 않아서 생기는 그런 피해에 대해서도 우리 정부가 현재에도 영사 조력을 제공하는 부분이 있습니다.
그러나 그것이 '제공을 해야 된다'라는 그런 식으로 규정이 됐을 경우에 논란의 여지가 많기 때문에 신중해야 된다는 그런 입장입니다.
○위원장대리 신낙균 보호 수준은 그렇고, 그다음 국민의 의무 강조……
○진술인 제성호 그것은 제가 말씀드릴까요?
○위원장대리 신낙균 예.
○진술인 제성호 위원님께서는 '국민의 협력'이라는 말을 쓰셨는데 저는 협력을 정부가 요청하는 그런 취지가 아닌가, 약간 좀 약하다는 느낌이 들고요. 이때 국민은 해외여행을 하거나 또는 이런 경우에 생명·신체·재산의 안전은 일차적으로 자기가 스스로 주의 의무를 기울여서 피해

를 최소화하고 자신의 행동거지, 위험 지역에 안 간다거나 이런 노력을 한 때의 어떤 의무를 선언적으로 밝힌 것이기 때문에 크게 무리는 없을 거라고 생각합니다.

○**위원장대리 신낙균** 고맙습니다.
수고하셨습니다.
이상으로 위원님들의 1차 질의가 모두 끝난 것 같습니다.
그리고 보충질의 하실 위원님이 계신 것으로 아는대요, 송민순 위원님 보충질의 하시겠습니까?

○**송민순 위원** 예.

○**위원장대리 신낙균** 보충질의 시간은 5분으로 하고 있습니다.

○**송민순 위원** 네 분이 나와 계시는데 좋은 말씀 많이 하셨는데 밥이 말씀이지요. 처음부터 이렇게 굉장히 크게 시작을 하면 나중에 현실적으로 그것이 적용이 안 될 때 줄이지는 못합니다, 줄이지는. 다시 말씀드려서 이 법을 만들 경우에 법의 보호 대상과 그 내용을 크게 시작했다가 다시 줄이지는 못한 겁니다, 줄이면 그것은 굉장한 문제가 생기기 때문에.

그런 측면에서 제가 한번 진술인 네 분의 말씀을 다 듣고 싶은데, 보호를 주로 받아야 될 분들이 어떤 분들이냐 하면 해외여행자, 그리고 단기 체류자 이런 분들이 그 나라에서 자기가 있는 곳에서의 상황에 적응하지 못해 가지고, 제도나 관습 이런 것을 몰라서 생기는, 물정을 몰라서 생기는 경우들이 많거든요.

그래서 제 생각에 일차적으로 우리가 이 법을 시행할 때 해외여행자와 단기체류자에 대한 보호를 먼저 한번 하고, 그 문제를 시작하고 영주권을 포함한 장기체류자와 그다음에 다른 나라의 국적을 갖고 있는 사람들은 아닌 거지요. 그렇게 해서 대상을 구분을 한번 해서 검토를 해 보고.

그다음에 보호 내용도 보면 결국 이 안에 두 가지로 구분이 될 겁니다. 하나는 경제적·금전적인 보호, 재정적 보호와 법적·외교적 보호, 두 가지의 형태가 될 텐데 재정적 보호는 정부가 예산을 내는, 지원하는 재원과 실제 보호를 받는 사람과 이와 같이 갈등 관계가 있을 수 있기 때문에 이것을 해외여행 할 때 보험제도로 한번 활용을 해 보는 겁니다.

해외 나갈 때는 비행기표를 살 때 이 보험에 가입을 하도록, 해외에서 법률적 구호 또는 이런 긴급상황이 생겼을 때 보호를 받을 수 있는 보험제도를 하고, 그다음에 남는 것은 법적·외교적 보호거든요. 법적·외교적 보호는 사실은 정부조직법에, 조금 전에 위원회가 많이 나와 있었습니다마는 다른 나라는 이렇게 위원회들이 많지 않습니다.

어떤 문제가 생기면 그것을 주무하는 부서, 소위 프린시플 에이전시(principle agency), 서포팅 에이전시(supporting agency) 이렇게 나누어지거든요. 이것은 대통령이나 총리가 '아, 이것은 외교부가 주무다. 나머지 어느 어느 부서는 이것을 지원하라.' 이렇게 하고, 또 다른 반대의 경우도 생기겠지만 그렇게 정해 주면 되는 거지 위원회를 이렇게 많이 하는 나라는 제가 알기로는 별로 없는 것 같아요. 위원회는 상당히 쇼(show)지 그게 실체하고는, 별로 효력을 발휘 못 하는 점을 감안해서.

그래서 그것은 외교부가 현재 있는 법적 보호, 그리고 외교적 보호에 대한 시행령을 확실하게 좀더 세분화시키고, 일종의 SOP가 되지요, 이렇게 접근하는 방법이 어떤 것인가라는 생각을 제가 지금 하게 됐는데 이것에 대해서 간단하게 각 진술인들이 다 생각이 있으실 테니까 의견을 한 말씀씩 해 주시면 좋겠습니다.

○**진술인 김봉섭** 송민순 위원님 말씀처럼 지금 이 법의 적용 대상이 사실은 불분명합니다. 여러 유형의 재외국민이 있는데. 그래서 법의 명칭을 조금 더 규정할 필요가 있지 않겠나 이런 생각이 들고요.

지금 그렇게 발생하게 된 이유가 기본법적인 성격을 갖고 있는 보호법으로 봐야 될 것인지, 아니면 그런 특수 대상을 일차적인 혜택으로 보는 특별한 법률로 봐야 될 것인지에 대해서도 조금 더 생각을 깊이 하셔야······

이게 잘못 그냥 기본법적인 보호법으로 보여지게 되면 너무나 많은 대상들이 포함되게 되고, 지금 일반적으로 우리가 이야기하는 재외국민이 300만, 286만이라고 합니다마는 플러스 해외여행자, 지금 1300만 정도 되는 이분들이 그러면 이분들의 안전은 어떻게 할 것인가라는 법이 지금 2개가 합쳐져 있기 때문에 그러면 이것을 어떤 식으로는 이 법률에서 '이 법은 어떠어떠한 분들에게 적용한다'라는 단서가 반드시 들어가지 않으면 이 법은 상당히 혼란을 일으킬 수 있을 것 같고요.

그다음에 보호위원회 말씀인데, 지금 이 법률 안에 따르면 외교부와는 독립된 기구로 보이고 있습니다. 그런데 외교부는 이것을 외교부 내에 소속시키는 비상설 기구로 생각하고 있는, 그러 니까 이 법이 제안하는 것하고 실질적으로 외교 부가 받아서 해야 될 것하고는 너무나 큰 차이가 있습니다.

그러니까 이런 부분에 대해서도 명확하게 이 기구는 외교부에 소속을 시키지만 독립적으로 한 다든가, 예를 들면 여성가족부 내에 청소년보호 위원회가 존재하고 있지 않습니까? 청소년보호 위원회의 업무는 여성가족부 내에 있지만 독립적으 로 한단 말씀이에요.

그러니까 그런 형태로 할 것인지, 그러니까 유 형을 어디에다 두느냐가 중요한 것이 아니라 재 외국민의 보호와 지원 육성에 대한 주무부처는 외교부이기 때문에 외교부가 가지고 있는 생각이 조금 더 명확하게 나와서 거기에 대한 어느 정도의 합의가 필요하지 않겠나 이런 생각이 듭 니다.

○진술인 제성호 송 위원님께서 질문하신 것은 사실 의미가 있고 또 이 법의 제정 필요성에 대한 근본적인 질문을 던지는 것 같은 느낌이 드는 데, 해외여행자라든가 단기체류자에 대한 우선적 보호는 저는 충분히 공감을 하는데, 지금 참정권 같은 경우도 현재에서 말이지요, 내국민에 대해 서만 참정권 선거권을 인정하는 것을 위헌이라고 하는 상황에서 재외국민보호법에서 단기체류자・ 해외여행자만 보호를 적용하는 이 법을 만일 만 든 경우에 영주권자들이 '우리는 재외국민 아니 야? 우리도 같은 재외국민인데' 이래서 만약에 헌재 위헌소송을, 헌법소원이나 그것을 내면 그 것도 또 받아들여질 가능성이 있지 않을까 그런 생각을 해 봤습니다. 갑자기 질문을 하셔서.

그런 느낌이 들고, 만약에 해외여행자나 단기 체류자의 보호에 관한 이런 법을 생각한다면 그 냥 그것은 재난관리법을 개정을 해 가지고 해외 재난 상황에 테러라든가 이런 것을 포함해서 거 기에 정비, 여러 가지 보호체계를 강화한다든가 그리고 해외공관장의 책임이라든가 이런 규정을 보완해서 대처하는 것이 낫지 않나, 차라리 재외 국민보호법이라는 법을 만들어 가지고 제한을 해 버리면 위헌소지가 나올 것 같습니다.

그래서 만약에 그런 의도가, 일단 단기적인 처 방이 그런 거라면 기존의 법체계를 보완하는 재

더 낫지 않겠는가, 이런 법의 명칭을 만들면 서 는 문제가 있지 않을까, 문제의 소지가 있을 거 라고 생각하고.

위헌의 문제는 다른 분이 얘기하셨기 때문에 저는 그것은 생략하겠습니다.
○진술인 백주현 제가 이해하기로는 지금 송민 순 위원님께서 질문하신 부분은 이 법이 타깃으 로 하는 대상이 누구냐를 분명히 하고서 법의 내 용을 정하는 것이 좋다라고 그렇게 이해를 하고 있고, 그런 면에서는 물론 영주권자의 경우도 지 진의 피해라든가 이런 피해의 대상이 될 수 있지 만 상당 부분의 사건・사고라든가 이런 것이 단 기여행자나 단기체류자에게 생기는 것이 현실입 니다. 그러한 부분을 의식을 하고, 실제 경우의 수에서 발생하는 사건・사고의 유형이라든가 그 런 영사조력이 필요한 부분에 대해서 조금 더 스 터디(study)할 필요가 있다고 생각을 하고 있습 니다.

그리고 위원회의 문제는 가장 주의해야 할 것 은 위원회의 개수가 늘어나는 것이 가장 위험하 다고 봅니다. 그러면 실질적으로 '바쁘기 때문에 개최할 수 없다' 하는 그런 상황이 많이 벌어지 고 또한 그 위원회와 비슷한 분야의 위원회에 참 석하시는 분이 이중 삼중으로 계속 정부 위원회 에 나와야 되는 그러한 부담도 발생을 하기 때문 에 앞으로 법이 제정되고 위원회 문제가 거론될 때는 그런 부분을 염두에 두고 가장 경제적인, 그리고 효율적인 위원회를 만드는 방안을 검토를 하겠습니다.
○진술인 김석현 앞서서 말씀하셨기 때문에 중 복 안 되는 범위 내에서 간단하게 언급하도록 하 겠습니다.

지금 송 위원님 말씀하신 취지를 제가 정확히 이해했는지는 모르겠지만 단기여행자라든지 단기 체류자 그리고 장기체류자, 나아가서는 영주권 취득자들에 대해서 이게 수준별로 보호의 강도가 달라져야 되지 않겠는가, 그런 취지로 말씀하신 것 같습니다. 맞습니까?
○송민순 위원 일단은 구분하는 거예요.
○진술인 김석현 예, 그리고 나중에 점진적으로 통합해 나가는 그런 방향으로……

그 말씀 듣고서 저도 정서적으로 공감하는 것 은 그겁니다. 우리 한국 사람이 외국에 나가서 살 때 그 체류국과의 관련성이 높으면 높을수록 국적국인 한국의 보호의 정도는 떨어져야 정상이

샜지요, 그렇지요?
 그러나 우리가 재외국민보호법안을 만든다고 했을 때는 일단은 해외에 나가 가지고서 여행을 하거나 체류하거나 그 동기라든지 또는 체류 기간 여하가 무엇이든 간에 일단은 대한민국 국적을 가지는 우리 국민이라는 측면에서 볼 때는 포괄적으로 보호가 주어져야 되지 않겠는가, 단 그 저 그쪽에다 세금을 내고 이쪽에는 세금을 내지 않는 일부 영주권 취득자 같은 경우 그런 경우에 있어서는 아무래도 의존도가 그쪽에 높은 만큼 우리 쪽으로부터의 재정적인 지원은 그만큼 떨어져야 정상이겠지요. 그런 재정적인 측면의 경우를 제외하고 그냥 일반적인 보호 측면에서 볼 때는 크게 구분해야 될 필요가 과연 있는가, 이런 의문이 들기도 합니다.
 그다음에 긴급적 지원하고 외교적 보호 이 2개의 카테고리를 예시적으로 말씀하신 것 같은데, 저는 그렇게 생각을 합니다. 어차피 우리가 제목을 재외국민보호법이라고 한다면 현재 우리가 느끼는 법 감정이 '아, 이 법은 재외국민 보호와 관련해 가지고 사실상 기본적인 것은 망라적으로 규정하는구나' 하는 인식을 주게 될 겁니다. 국민들도 그렇고 또 전문가들 입장에서도 그러하고.
 그렇기 때문에 제목을 재외국민보호법이라고 우리가 한다면 기본적으로 이와 관련된 기본적인 사항들은 다른 선진 국가들의 경우하고 비교해 볼 때 어느 정도 균형에 맞도록끔 기본적인 것은 나름대로의 체계를 이루어야 될 거라고 생각을 하고, 그런 면에서 '영사적 보호' 그리고 '외교적 보호' 이렇게 양 축을 이루는, 그리고 영사적 보호 내에서 우리가 '일반적인 평상시의 보호'하고 '긴급 위난 시 상황에서의 보호' 이런 식으로다가 대항목과 소항목을 체계적으로 구분해 주는, 이런 편장(篇章) 분류도 저는 필요할 거라고 생각을 합니다.
 그다음에 위원회 관련해서 말씀을 하셨는데 지금 재외국민보호위원회가 공통적으로 다 언급되고 있는 가장 위원회인 것 같은데 이것은 아무래도 제안하신 입장에서 볼 때도 비상설적인 위원회로서, 협의체로서 제안하신 것 같고, 그런데 여기는 아무래도 급한 마당에 와서 회의하자고 하니까 그때는 상당히 진지할지 모르지만 또 그게 시간이 가다 보면……
 그래서 저는 이 문제와 관련해서 전담할 수 있는 실무자 그룹이 하나 있으면 좋겠다는 생각입

니다. 그래서 위에는 상위 기관으로서 재외국민 보호위원회가 있고 거기서는 정책적인 것을 결정해 주고 거기서 또 결정도 하고 위임도 하면 그 정책을 집행하기 위해서, 또 위임받은 사항을 구체적으로 논의하기 위한 실무자 그룹이 하나 있어 가지고서 그것은 상설적인 조직으로 각 부처에서 사람들을 파견 받아 가지고서 거기서 하도록 해가끔 하면 업무의 지속성이 유지되지 않겠나 그런 생각을 해 봅니다.
 감사합니다.
 (신낙균 위원, 김충환 간사와 사회교대)
○송민순 위원 아까 제성호 진술인께서도 이야기를 하고 지금도 같은 말씀을 하셨는데 제가 이야기한 그 안으로 하면 법 명칭을 '재외국민'이라는 명칭으로 하면 그것은 굉장히 갈등의 소지가 있습니다. 그래서 실질적으로 해외여행하는 사람들이, 사고를 당하는 경우가 주로 여행객과 단기 체류자들이거든요.
 그렇기 때문에 법 명칭 자체를 '재외국민'이라는 명칭을 쓰지 않으면서 실질적으로 보호가 되는 그런 방법을 생각을 해야 되지 않겠나 해서 내가 말씀드린 겁니다.
 이상입니다.
○위원장대리 김충환 아주 다양한 입장에서 이번 재외국민보호법안에 대한 의견 진술과 또 거기에 대한 질의가 이어졌습니다.
 오늘 공청회에서 논의된 모든 내용들은 우리 위원회 위원님들께서 재외국민보호법안을 심사하는 데 많은 도움이 될 것으로 생각이 됩니다.
 오늘 공청회 진술인으로 참석해 주신 김봉섭 전문위원님, 제성호 교수님, 백주현 국장님, 그리고 김석현 교수님, 정말 수고가 많으셨습니다.
 회의 시간이 많이 경과되었습니다.
 그러면 오전 회의는 여기서 마치도록 하고 잠시 정회하였다가 오후 2시 30분에 속개하여 공청회를 진행하겠습니다.
 정회를 선포합니다.
  (12시25분 회의중지)
  (14시54분 계속개의)
○위원장대리 신낙균 의석을 정돈해 주시기 바랍니다.
 성원이 되었으므로 회의를 속개하겠습니다.

2. 북한이탈주민지원기금법 제정에 관한 공청회
○위원장대리 신낙균 의사일정 제2항 북한이탈

『재외동포 강국을 꿈꾼다』

발행일 | 2011년 11월 23일 발행

저자 | 김봉섭
발행 | 도서출판 엠-애드
편집 | 편집부

발행인 | 이승한
출판등록 | 제2-2554
주소 | 100-273 서울시 중구 필동3가 21-29
전화 | 02-2278-8064
팩스 | 02-2275-8064
E-mail | madd1@hanmail.net

표지 | 임선실

정가 : 16,000원

ISBN 978-89-6575-017-8 03900

※불법 복사는 지적재산을 훔치는 범죄행위입니다.
※잘못 만들어진 책은 바꾸어 드립니다.